吴冠中

1919—2010

永无坦途 *No Royal Road to Success*

吴冠中自述 *Autobiography of Wu Guanzhong*

吴冠中◎著

湖南美术出版社

目送飞鸿（自序）　吴冠中

苦其心志，劳其筋骨，孟子这样说我，但天却未必降我以大任。耄耋之年，看到出版了自己的全集，手抚沧桑，辛、辣、酸、甜，遍尝世间苦乐。

年轻任性，弃工程而投身艺海，艺海波涛连天，且无救生船，能奋力自救者寥寥。一度沉湎故国传统，一度拜倒西方现代艺术，两家门下都转轮来，却不愿当地上地下之走狗，一味竭力探寻属于自己的所爱所思，自己的脚印连成了自己的生命之轨迹，每一个脚印都踩得深深的。

继承传统，在传统的基础上创新；中西融合，中学为体，西学为用；中西要拉开距离……嘈嘈切切错杂谈，自相矛盾，自我标榜的噪声震耳，却听不到真正的琵琶语音。

我于是对画技之老调感到日益反感，技与艺原来隔着思想的海洋。我想搬家，搬出画室，寻个读书的邻居。

中西融合，源于情之亲近，异性相吸，事出必然。如彼此并不相爱，甚至相憎，便谈不上亲和与结合。至于如何结合，变幻无穷，纯属创造行为，但结果成败未知。

推翻成见是知识分子的天职，创造新意境、新审美，更要艺术家的身家性命，亦即对后人的全部贡献。

夕阳晚风，留下这套画集，目送飞鸿。　2006年。

苦其心志，劳其筋骨，孟子这样对我说，但天却未必降我以大任。耄耋之年，看到出版了自己的全集，手抚沧桑，辛、辣、酸、甜，遍尝世间苦乐。

年轻任性，弃工程而投身艺海，苦海波涛连天，且无救生船，能奋力自救者寥寥。一度沉湎故国传统，一度拜倒西方现代艺术，两家门下转轮来，却不愿当地上地下之走狗，一味竭力探寻属于自己的所爱所思，自己的脚印连成了自己的生命之轨迹，每一个脚印都踩得深深的……

——《吴冠中全集》自序《目送飞鸿》节选

Contents 目录

上编

自述 01

第一章 我的苦瓜家园 03

我的父亲母亲 05 / 苦瓜藤上结苦瓜 10 / 两个舅舅 11 / 叔叔与婶婶 13 / 庙会·万花筒 /14
渔船·黄雀·芦苇荡·芦帘 15 / 缪祖尧老师 19 / 楝树港 21 /

第二章 茅草窝里要出笋 23

私立吴氏小学 25 / 鹅山小学 28 / 茅草窝里要出笋 31 / 渔船摇向无锡去 41 /

第三章 青春期的草木都开花 35

青年感情如野马——从工专转入艺专 45 / 我和朱德群 47 / 乱画嘛 50 / 我的启蒙老师潘天寿 52 /
杭州艺专的旗帜——吴大羽 53 / 初恋 56 / 木头（model）也是人 60 / 大红袍 63 / 画了个大麻子 65 /
沙坪坝学法文 66 / 一见钟情 67 / 洞房花烛 金榜题名 69 / 海外游学札记 72 / 公费留学到巴黎 75 /
致吴大羽信 77 / 国立巴黎高等美术学校 83 / 巴黎学生生活的一天 85 / 种到故乡的土里去 87 /
爱情的力量 90 / 归国 91 /

第四章 风雨独行人 93

故园的阴影 95 / 北京居 97 / 董希文荐我人中央美院 99 / 列宾是谁？ 102 / “偏差”和“照顾” 104 /
找不到路，找不到桥 ——改行画风景 113 / “老子天下第一” ——离开中央美院 115 / 风雨独行人 117 /
艺术家将来都穷 119 / 我是工人阶级了！ 120 / 回归文艺领域——北京艺术学院 121 / 外出写生 125 /
双燕飞去，乡情依然 130 / 风筝不断线 133 / 真情实意卫天霖 136 / 陋室原是会贤堂 138 /
1965 年朱家屯下乡“四清”犯肝炎 140 / “文革”来了，一家五口六处 142 / 粪筐画家 143 /
速度中的画境 147 / 重归会贤堂 148 / 《长江万里图》149 / 偷画码头 150 / “脏饰” 151 /
误人崂山 153 / 致邹德侬信 155 /

第五章　在夕照中创新　159

地动山摇笔未停 161 / 正值东风送喜讯 163 / 云南行 164 / 伟大，伟大——1979 年长沙绘《韶山》166 / 养在深闺人未识——发现张家界 167 / 巴山春雪与形式美之争 169 / 高昌故国与阿勒泰的白桦林 171 / 重出国门，巴黎再会朱德群 173 / 搬入劲松七区 176 / 白色的小巷 181 / 印度国家美术馆中国油画展 182 / 香港艺术中心吴冠中回顾展 184 / 重画巴黎 187 / 1989 年，美国两月 191 / 老虎高原 193 / 夕照看裸体 194 / 香港绘旧街 197 / 年龄飞升，看寰宇块垒 198 / 偷画与千里鹅毛 202 / 大英博物馆与林布朗对展 204 / 我想展画于巴黎 208 / 《北京雪》与《北国风光》210 / 假画与炮打司令部 212 / 一画之法 214 / 最后一次油画野外写生 219 / 吴冠中艺术展 221 / 一个花岗石脑袋的汉子 222 / 我自己成了蛋白基因 224 / 汉字春秋 226 / 写生维多利亚港 227 / 送盲 229 / 我负丹青！丹青负我！ 231 /

下编　文选　237

第一章　魂寓何处　239

1946 年公费留法试卷 249 / 绘画的形式美 252 / 内容决定形式？ 258 / 关于抽象美 263 / 风筝不断线——创作笔记 267 / 笔墨等于零 270 / 三方净土转轮来：灰、白、黑 272 / 魂寓何处——美术中的民族气息杂谈 274 / 何处是归程——现代艺术倾向印象谈 277 /

第二章　雨雪霏霏总相忆　289

寂寞耕耘六十年——怀念林风眠老师 291 / 形象突破观念——潘天寿老师的启示 298 / 吴大羽——被遗忘、被发现的星 300 / 魂与胆——李可染绘画的独创性 306 / 朴实的灵魂 斑斓的色彩——悼念老油画家卫天霖老师 312 / 剪不断，五十年——记与朱德群、熊秉明的情谊 314 /

第三章　手抚沧桑　317

黄金万两付官司 319 / 毁画 328 / 他和她 331 / 他和她（续）342 /

上编

自述

Autobiography

第一章

我的苦瓜家园

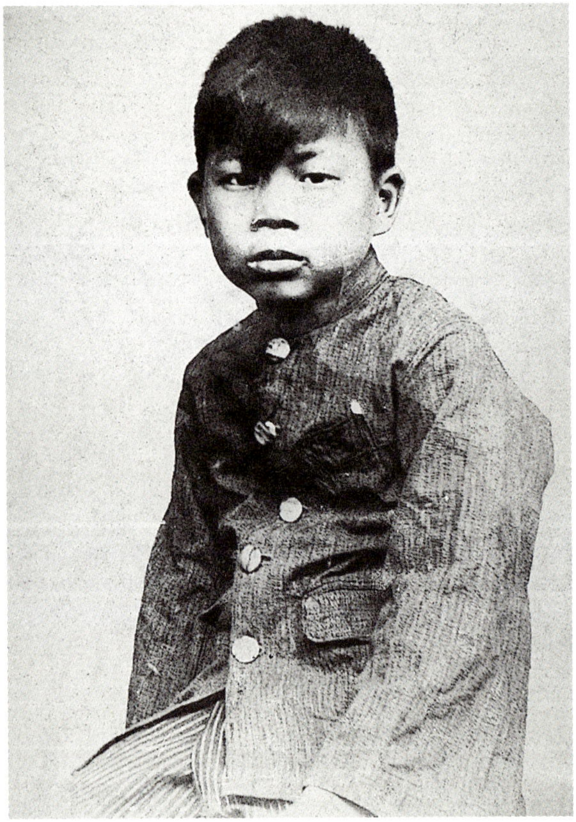

我的父亲母亲

父亲

1919年我诞生于江苏省宜兴县闸口乡北渠村，地地道道的农村，典型的鱼米之乡。河道纵横，水田、桑园、竹林包围着我们的村子。春天，桃红柳绿。

厚地植桑麻，我的家乡种着大片大片的桑园，用以养蚕。当桑叶嫩绿的季节，小路上的行人都被淹没在绿色的波浪中。

熟悉的桑园，我曾经常常钻进去采桑椹，捉蟋蟀；亲切的水牛，我也曾放过牛，骑过牛背，看着这牲口大堆拉屎，哗哗撒尿。虽也有雪亮眼睛乌黑头发的漂亮姑娘，但我童年故乡的女孩却是黄毛丫头居多，也许是由于营养不良吧。

我家原有十余亩水田，父亲也种田，兼当乡村小学教员。家里平常吃白米饭，穿布衣裳，生活过得去，比起高楼大屋里的富户人家来，我家很寒酸，但较之更多的草棚子里的不得温饱的穷人，又可算小康之家了。

父亲送我到无锡投考及上学时都是借了姑爹家的渔船，同姑爹一同摇船到无锡，带了米在船上做饭，晚上就睡在船里，不花饭钱和旅店钱。仅有一次，父亲同我住了一个最便宜的小客栈，夜半我被臭虫咬醒，遍体都是被咬的大红疙瘩，父亲心痛极了，叫来茶房（客栈服务员），掀开席子让他看满床乱爬的臭虫及我的疙瘩，茶房说没办法，要么加点钱换个较好的房间。父亲动心了，想下决心加钱，但我坚持不换，年纪虽小，我却早已深深体会到父亲挣钱的艰难。他平时节省到极点，自己是一分冤枉钱也不肯花的，我反正已被咬了半夜，只剩下后半夜，也不肯再加钱换房了。父亲的节省习惯是由来已久的，也久久地感染了我，影响了我。

配合父亲的节俭，母亲也勤俭持家，她爱干净，衣服洗得勤，而且什么都要自己提到河边去洗，洗得彻底。虽然家里经济很拮据，但事事安排得井井有条，也总是布衣暖，菜饭饱。

父亲忙学校的事，忙种田的事，忙祠堂里的事，因他是吴氏宗祠的会计。后来母亲病倒，他又要忙烧饭洗衣了。他在家做家务便围上母亲用的围裙，有时门外突然有人来找，呼喊“吴先生”或“大先生”（他是老大），他首先匆忙解掉围裙，然后出门见客。他是村上少有的识字先生，学堂里的老师，是头面人物，围着女人烧饭用的围裙太失体面。

我童年的家墙面是灰白色的，大门两旁各有一个安放马灯的壁龛，就像两只眼睛，老远就盯着我，它认识我，我也认识它。

半个世纪流失了，老屋早已拆除，父亲的坟早湮没于荒草或庄稼丛中，他的儿女天各一方，有时会怀念他。他的孙子，孙子的孩子们不再知道他，乡里的孩子们也不再知道他。但，就是他，受吴氏宗祠的委托，在村里首创私立吴氏小学。最初的私立吴氏小学今天已发展成一千余师生规模的中心小学，我用他的名义在小学里设立了教学奖励基金，作为纪念，忘却的纪念或永远的纪念。

母 亲

父亲和母亲的婚姻当然是媒妁之言，包办婚姻，爱情未曾显现，却经常吵架。他们共同生活一辈子，合力同心只为了养活一群子女，而且也怀有望子成龙的奢望。

这虚幻的龙，显然就是我这个长子，因我入小学后学习成绩经常名列第一。

我的母亲是大家闺秀，换句话说，出身于地主家庭。但她是文盲，缠过小脚，后来中途不缠了，于是她的脚半大不小，当时被称为改良脚。

富家女母亲却下嫁了穷后生，即我的父亲。其实我的父亲也识字不多，兼种地，但与只能干农活的乡里人比，他显得优越而能干，乡里人都称他先生。听母亲说，是我的外公，即她的父亲做主选定的女婿。

我不知道外公，但外公抱过童年的我，说我的耳朵大，将来有出息。外公选穷女婿，看来他是一位开明人士，他的两个儿子，即我的舅舅，各分了大量田产，一个抽大烟，一个做生意，后来都破落了。

我对母亲的最早记忆是吃她的奶，我是长子，她特别偏爱，亲自喂奶喂到四岁多。以后她连续生孩子，自己没有了奶，只能找奶妈，我是她唯一自己喂奶的儿子，所以特别宠爱，宠爱而至偏爱，在弟妹群中我地位突出，但她毫不在乎弟妹们的不满或邻里的批评。她固执，一向自以为是，从不掩饰她自己的好恶，而且标榜自己的好恶。

母亲性子急，事事要求称心如意，因此经常挑剔父亲，发脾气。父亲特别节省，买布料什物总是刚刚够数，决不富余，母亲便骂他穷鬼，穷鬼。父亲说幸好她不识字，如识了字便了不得。但他们从来没动手打架，相安度日。

我幼小的时候，父亲到无锡玉祁乡镇小学教书，只寒暑假回来，母亲独自操持家务，那时她三十来岁吧，现在想起来，她的青春是在寂寞中流逝了的，但没有一点绯闻。绯闻，在农村也时有所闻，母亲以她大家闺秀的出身对绯闻极鄙视。父亲刻苦老实，更谈不上拈花惹草，父母是一对诚信的苦夫妻，但没有显现爱情，他们志同道合，为一群儿女做牛马。四五十岁吧，他们就不在一个房睡觉了，他们没有品尝过亚当夏娃的人生，他们像是月下老人试放的两只风筝。

母亲选的衣料总很好看，她善于搭配颜色。姑嫂妯娌们做新衣听她的主意，表姐们出嫁前住到我们家由母亲教绣花。她利用各色零碎毛线给我织过一件杂色的毛衣，织了拆，拆了织，经过无数次编织，终于织成了别致美观的毛衣，我的第一件毛衣就是她用尽心思的一种艺术制作。她确有审美天赋，她是文盲，却非美盲。父亲只求实效，不讲究好看不好看，他没有母亲那双审美的慧眼。

但是母亲生育太多了，我是长子，后来又生了两个弟弟，三个妹妹，还有两个妹妹很小就夭折了。母亲一向难产，她实在怕生孩子，也曾用土法打过两次胎，死去活来，从此身体一直非常坏，长年地病。

她长年卧病，不断服汤药，我经常帮忙解开一包包的中药，对那些死虫枯根之类的草药起先觉得好玩，逐渐感到厌恶。后来医生要用童便，母亲便喝弟弟的尿。

因为母亲的病，父亲便不再去无锡教书，他在家围起母亲的围裙洗菜、做饭、喂猪，当门外来人有事高叫“吴先生！”时，他匆促解下围裙以“先生”的身份出门见客。

母亲年轻轻就闹失眠，而父亲的头一碰到枕头便能入睡，他不了解也不同情失眠之苦，甚至嘲笑母亲的失眠。我从中年以后就患失眠，愈老症愈重，最是人生之大苦，我同情我那可怜的母亲，上天又偏不让我继承父亲健康的神经。

她头痛，总在太阳穴贴着黑色圆形的膏药，很难看，虽这模样了，她洗衣服时仍要求洗得非常非常干净。因离河岸近，洗任何小物件她都要到河里漂得清清爽爽。家家安置一个水缸，到河里担水倒入水缸作为家用水。暑假回家，我看父亲太苦，便偷着替他到河里担水，母亲见了大叫：“啊哟哟！快放下扁担，别让人笑话！”我说没关系，但她哭了，我只好放下扁担。

巨大的灾难降临到母亲头上。

日军侵华，抗战开始。日军的刺刀并没有吓晕母亲，致命的，是她失去了儿子。我随杭州艺专内迁，经江西、湖南、贵州、云南至重庆，家乡沦陷，从此断了音信。母亲急坏了，她认为我必死无疑，她曾几次要投河、上吊，儿子已死，她不活了。别人劝，无效，后来有人说，如冠中日后回来，你已死，将急死冠中。这一简单的道理，解开了农村妇女一个扣死的情结。她于是苦等，不再寻死，她完全会像王宝钏那样等十八年寒窑。她等了十年，我真的回到了她的身边，并且带回了未婚妻，她比塞翁享受了更大的欢欣。

接着，教育部公费留学考试发榜，我被录取了，真是天大的喜讯，父亲将发榜的报纸天天带在身上，遇见识字的人便拿出来炫耀。母亲说，这是靠她陆家（她名陆培芽）的福分，凭父亲那穷鬼家族决生不出这样有出息的儿子来。我到南京参加教育部办的留学生出国前讲习会，其间，乡下佬父亲和母亲特意到南京看我，他们风光了。那时我正闹胃病，兴高采烈的母亲见到我脸色发黄，便大惊失色：全南京城里没有这么黄的脸色！她几乎哭了，叫我买白金（麦精）、鱼肝油吃，当时正流行鱼肝油，她也居然听说了。

山盟海誓的爱情，我于临出国前几个月结了婚，妻怀孕了。我漂洋过海，妻便住到我的老家。她是母亲眼中的公主，说这个媳妇真漂亮，到任何场合都比不掉了（意思是总是第一）。母亲不让妻下厨做羹汤，小姑们对她十分亲热，不称嫂子，称琴姐。不远的镇上医院有妇产科，但母亲坚决要陪妻赶去常州县医院分娩，因这样，坐轮船多次往返折腾，胎位移动不正了，结果分娩时全身麻醉动了大手术，这时父亲才敢怨母亲的主观武断。小孙子的出生令母亲得意忘形，她说果然是个男孩，如是丫头，赶到常州去生个丫头，太丢面子，会被全村笑话。她尤其兴奋的是孩子同我初生时一模一样。

三年，粗茶淡饭的三年，兵荒马乱的三年（解放战争期间），但对母亲却是最幸福的三年，她日日守着专宠的儿媳和掌上明珠的孙子。别人背后说她对待儿孙太偏心，她是满不在乎的，只感到家里太穷，对不住湖南来的媳妇。她平时爱与人聊天，嗓门越说越高，自己不能控制。她同父亲吵架也是她的嗓门压过父亲的，但这三年里却一次也未同父亲吵架，她怕在新媳妇面前丢面子。妻看得明明白白，她对全家人很谦让，彼此相处一直很和谐，大家生活在美好的希望中，希望有一日，我能归来。

我回来了，偕妻儿定居北京，生活条件并不好，工作中更多苦恼，但很快便将母亲接到北京同住。陪她参观了故宫、北海、颐和园……她回乡后对人讲北京时，最得意的便是皇帝家里都去过了。她住不惯北京，黄沙弥漫，大杂院里用水不便，无法洗澡，我和妻又日日奔忙工作，她看不下去，决定回到僻静的老家，她离不开家门前的那条小河，她长年饮这条小河的水，将一切污垢洗涤在这条小河里。她曾第二次来北京，还将我第二个孩子带回故乡找奶妈，皇帝的家已看过，她不留恋北京。

苦难的岁月折磨我们，我们几乎失落了关怀母亲的间隙和心情，我只在每次下江南时探望一次比一次老迈的母亲。儿不嫌娘丑，更确切地说是儿不辨娘是美是丑，在娘的怀里，看不清娘的面目。我的母亲有一双乌黑明亮的眼睛，人人夸奖，但晚年白内障几近失明，乡人说她仍摸索着到河边洗东西，令人担心。我的妹妹接她到镇江动了手术，使她重见天地，延续了生命。

父亲早已逝世，年过八十的母亲飘着白发蹒跚地走在小道上，我似乎看到了电影中的祥林嫂，而她的未被狼吃掉的阿毛并未能慰藉她的残年。

苦瓜藤上结苦瓜

我童年认知的苦是穷。我家有十来亩水田，比之富户是穷户，但比之更穷之户又可勉强接近当时当地的小康之家，只因成群的孩子日渐长大，生活愈来愈困难。

我家的牛、猪和茅厕挤在一起，上厕甚臭，我常常到田边去撒尿，父亲对此倒并不禁止，只是说尿要撒在自家田里，那是肥。

我家也养着鸡，五六只。天黑了，鸡们自己回家进入窝里，于是要提着灯去数鸡的数目，会不会少了一只，然后关上鸡窝的门，防黄鼠狼。这照例是我的活，我也乐意抢着做。

孩子们是喜欢桑园的，钻进去采桑椹吃，一面捉蚱蜢。我到今天还喜欢桑园，喜欢春天那密密交错着的枝条的线结构画面，其间新芽点点，组成了丰富而含蓄的色调。

养蚕期间家里焚香，不让戴孝的或有病的不吉利之人来串门，说是蚕有蚕神，须小心翼翼地侍候。蚕大眠了，不再吃叶，肥胖的身躯发白透亮，于是便被安置到草笼上去。草笼是用干稻草绞成的，远看像一条巨大的毛毛虫，近看是稻草秆的丛林。眠蚕被散播在丛林中，便各自摇头晃脑绵绵不断地吐丝，春蚕至死丝方尽，个个乐于作茧自缚。蚕宝宝一天天隐没了，雪白的蚕茧像无数鸽蛋散落在草笼里，全家人眉开眼笑地摘茧。如果有一年蚕得了瘟疫，家里便像死了人一样凄凄惶惶。

两个舅舅

我的几个姑姑家都是种田和捕鱼的贫穷之家，唯有舅舅家地多房大，可算是乡里的大户人家。

春节过了初一，便开始到一家家亲戚家去拜年，穿着新衣裳吃年酒。母亲总嫌父亲家穷，说她是被媒人花言巧语骗嫁给父亲的，当年外公看得起父亲读书识字，认为有出息。母亲也一向有点瞧不起穷姑姑们，自己不常去她们家，而总爱带着我往舅舅家串门。舅舅家吃得讲究，过年打麻将，压岁钱也给得多。

大舅还兼开茧行，同无锡的商人合作做收购茧子的生意。每年卖茧子的时候，我便总跟着父亲到舅舅家去，茧行就设在大舅家后院。父亲非常重视称茧子时价格的等级，划价和把秤的有时是表兄或熟人，在斤两上稍微占点便宜父亲便心满意足了。卖了茧子便给我买枇杷吃，卖枇杷的总紧跟着卖掉了茧子挑着空箩筐的人们转。这种时候，我不大容易见到大舅舅，他正忙着与无锡下乡来的客商们周旋。

后来我到无锡师范念初中时，有一次大舅舅到无锡，我去看他，他住在当时最阔气的无锡饭店里，一个人住两间房，还请我吃了一顿“全家福”大肉面。我是第一次进入这样豪华的饭店。

大舅舅爱骑马，地方上有点名气，因为在家乡只有耕田的水牛，很少见马。表姊带我玩，领我去看舅舅养的大马，我仿佛去看老虎一样新奇，但不敢走近，怕它踢。

二舅舅抽大烟，抽了卖田，卖了田再抽，人抽得骨瘦，二舅母常向我母亲哭诉。母亲是二舅的姊姊，劝他，骂他，二舅表面上唯唯诺诺，其实不听，照样抽。

我们村子里有一个不正经的女人，名声很坏，有一回有人来家报信，说我二舅正在她房里抽大烟鬼混，母亲一听气急了，立即赶到她家去，我也跟去看。进大门后直奔里屋，里面房门紧闭着，房里有忙乱的声响，母亲叫二舅的名字，二舅不敢答应，更不敢开门，母亲隔着门哭骂，骂舅舅尤其不该到她眼前来丢脸。父亲也在家骂，好像骂给我听，意思是万万学不得，同时也针对母亲，有意煞煞她平时老夸耀娘家阔气的威风。

叔叔与婶婶

除了缪老师的画以外，我还见过一种漂亮的月份牌仕女，那是在婶婶房里看到的。婶婶不是正经的女人，好吃懒做，偷男人，野男人公开住她房里睡觉，这美女月份牌便是一个常常来去上海的男人吴桂生送她的。吴桂生后来作了什么案被抓住，枪毙了。吴桂生被枪毙后，婶婶还有别的野男人。叔叔是有名的“乌龟”。

叔叔本是个老实人，不识字，因为我父亲念过几年书，所以分家时叔叔多分了一亩地。但是就因为婶婶爱吃，不过年时也经常到镇上去买来猪头肉、酱鸭、烫面饺（蒸饺）等吃，一面吃一面赌钱，那十几亩地便被卖得差不多了，后来叔叔便挎只篮子卖香烟、瓜子、花生糖，我的那些堂兄弟也都念不成书，父亲常劝叔叔，但叔叔怕婶婶，听了婶婶的指使反而凶狠狠地对待父亲，甚至有一回与人串通了来偷我们家的稻。姑姑们每回来，谈到叔叔时总哭，但她们不敢劝他，怕婶婶，婶婶凶得很，很泼辣。

我记得叔叔病死时满身肿胀，得了鼓胀病，就是血吸虫病，而婶婶一直活到九十多岁。70年代我曾回到老家看看，父亲和母亲早已逝世，那位满头白发的老婶婶在门前见了我，口口声声亲热地叫我“大侄子，大侄子！”

母亲和婶婶的关系必然非常坏，彼此不讲话，见面不理睬。婶婶为了搞臭母亲的名声，有一次叫吴桂生闯到我母亲房里来调戏，被母亲骂了出去。但从此我们家担心吴桂生来报复，一直到他被枪毙后才放心。也由于婶婶的威胁吧，母亲盼望我早早长大成人，有出息，替家里争口气，我也已体会必须给家里争气了。

庙会·万花筒

我小时候生过一场病，母亲求神许愿，许愿是到杨茂公桥的庙会上去敬菩萨。病好后，便要去还愿。杨茂公桥离家有几十里路，那里两年一度的庙会十分热闹，远近闻名，能去看看这盛大的节日确是无比的快乐，我欢喜极了。我看各样彩排着的戏文边走边唱，看骑在大马上的童男童女游行，看高跷走路，看虾兵、蚌精、牛头、马面……最后庙里的菩萨也被抬出来，一路接受人们的膜拜。父亲点上香烛，我磕几个头就算还愿了。人山人海，卖吃的挤得密密层层，各式各样的糖果点心，鸡鸭鱼肉都有，我和父亲都饿了，我多馋啊，但不敢，也不忍心叫父亲买。父亲从家里带来粽子，找个偏僻地方父子俩坐下吃凉粽子，吃完粽子，父亲觉得我太委屈了，领我到小摊上吃了碗热豆腐脑，我叫他也吃，他不吃。

卖玩意儿的也不少，彩色的纸风车、布老虎、泥人、竹制的花蛇……显然不可能花钱买玩意儿，但父亲也同情我那恋恋不舍的心思了，回家后他用几片玻璃和彩色纸屑等糊了一个万花筒，这便是我童年唯一的也是最珍贵的玩具了，万花筒里那千变万化的图案花样，是我最早的抽象美的启迪者吧！

渔船·黄雀·芦苇荡·芦帘

我永远记得姑爹家那只小渔船，它永远离不开姑爹，它也像姑爹对我一样的亲切。姑爹性子暴躁，孩子们背后叫他老虎。其实他不发怒时很温和，他多次摇着他的渔船送我到宜兴和无锡投考、上学。他也曾送我母亲到武进县的寨桥镇上去找一位老中医看病，我也搭船跟着去玩，反正不花一文钱，父亲也总是同意的。

姑爹家住在湖边的一个大渔村里，村里几乎家家有船。村子很长，一家紧贴着一家沿小河排开，每家的后门临河，每家的船便系在自家后门口的大柳树上。白天，船都下湖了，风平水静的时候，那垂柳笼罩下的渔村倒影是挺美的画境；傍晚，船都回来了，小河里挤得看不见水面，家家七手八脚从船里提鱼上岸，忙成一片。姑爹和表兄弟们讲过许多在湖里的有趣事情，但我从未有机会下湖，只在湖边遥望那一片白茫茫的水，觉得神秘，又有点怕。

湖里芦苇丛中栖息着一种小鸟，叫黄雀，就像麻雀般大小，渔民们捕来当肉食卖，一如北方的铁雀。姑爹多次送我这种小鸟，母亲炖了给我吃，味道鲜极了。表兄们说，捕黄雀要在深夜，一面张好网，从另一面敲锣赶黄雀撞到网里去，于是一捉一大堆。我听了真兴奋，也想跟着去捉一回。但又说夜里湖上太冷，怕我会冻病，我说不怕；又说担心我不会熬夜，我也保证不睡，他们同意了，我兴高采烈地将尝试奇异的新生活了，但父亲坚决不同意，还是去不成。

终于有一次，我也进到湖上的芦苇丛中去了。我们那里，无论大人和小孩，有钱人家和穷人家，都最怕兵，孩子哭不止时，便吓唬他：兵来了！兵真的常常闯进村子来，信息灵通的人一经发现兵来了，立即报警，家家慌乱着关闭门户，男女老少东逃西窜，往草垛里藏，向桑园里钻，大胆的年轻人爬上了枝叶茂密的高高树巅。匆忙中谁家的衣裳还晾在场上，谁家的鸡鸭、山羊未来得及赶回家，也只好听之任之，统统让兵们带走。那时候军阀混战，我经常听说孙传芳和吴佩孚或什么人打仗，兵的队伍经常会经过我们的村子，有什么他们随便拿，非常自由。

当吃了败仗的败兵逃到村子时，不成队伍了，他们更无法无天，情况也就更可怕，打破门到家里抄，抓到男人要花边（银元），抓到女人便强奸，姑娘们吓得魂不附体，总尽先尽快逃避，不易被抓到。有一回一位老太婆被抓住，就在光天化日下的荒坟丛中被强奸，老太婆是信佛的，对这样伤天害理的恶事怕作孽，要求大兵让她撑开伞遮遮天眼。

有一次情况特别紧张，据说就要在我们村子不远处打仗，满村人心惶惶，有钱人家躲到宜兴城里去，去不了城里的也投奔远亲去。姑爹来家了，叫我们住到他家，情况紧急时可以上小船躲入湖里芦苇丛中去。我和母亲及弟弟决定跟去，父亲不肯去，他说只要我们走了，他一个人什么也不怕，其实，他是不放心这个家。后来真的打起仗来，我和母亲等挤在姑爹家的小船上驶入湖里的芦苇丛中去，人多船小，姑姑和表姊们分别挤进了他们邻居的船中。听到砰砰的枪声，飞弹在头上空中吱吱地尖叫，心惊胆战，大家把棉被盖在身上，蒙住头，说子弹是硬的，万一落下来，吃硬不吃软。我完全忘记了捕黄雀的事，也没有留心芦苇里有什么有趣的东西，只担心子弹飞来，更担心父亲此刻正躲在什么地方呢，母亲急得不断流泪。小小渔船永远地在我脑海里留下了难忘的形象，亲切的形象，我特别喜爱鲁迅故乡的乌篷船，我的绘画作品中经常出现水乡小船，正渊源于姑爹家的渔船吧！

渔村人家靠捕鱼为生，也靠芦苇。湖里有大片大片的芦苇，长得很高很高，收割后的芦苇积聚成无数金字塔式的芦堆，姑爹家的村子便被埋在纵横交错的芦堆里，成了孩子们捉迷藏的天堂。

夏天，我很早起来，选一根最长的芦苇，在顶端弯一个小三角形的框，用线结牢，再到屋檐下或老树丛中去寻蛛网，早上带露水的蛛网有黏性，用以蒙满三角小框，便可粘住栖息在柳梢上高歌的知了。粘知了，也粘蜻蜓。蜻蜓大都停息在篱笆最突出的高枝上，红蜻蜓特别好看，翅翼有时平展，有时前伸抱住脑袋，正如齐白石的图画。

割来芦苇并不是为了孩子们粘蜻蜓，主要用来编芦席，织芦帘。芦织的帘子很大，可用以隔开房间，母亲则用它铺在地上，在上面铺拆被褥、絮棉袍。冬天，很冷，屋里照不到阳光，吃饭都冻得发颤。大门外满是阳光，但有西北风。房子是朝南的，不怕北面的风，于是将芦帘架在竹篙上挡住西面，阳光照射这帘和门墙构成的三角地带，这里便是最舒适的温暖之角了。老祖母整个上午都坐在暖角里晒太阳，母亲也常在里面补衣裳，劈豆瓣。吃饭时，大家端了饭碗来晒着太阳吃，邻家的孩子也端着自己的饭碗来凑热闹，有吃有笑，很快活，引得狗也跟来，猫也钻来，一团和气。

老祖母坐着晒太阳还嫌冷，一只小脚总踩在一个铜脚炉上。这铜脚炉很精致，盖子上布满麻子似的窟窿，母亲说这还是她出嫁时的嫁奁，父亲家一向穷，才不会买这种精致的脚炉呢。脚炉里装着烧得半红的砻糠（稻谷的壳）灰，将生蚕豆埋进去，等一会儿就会热，像炒豆一样，豆熟时便“乒”的一声爆炸。我埋进了豆，但玩着玩着忘了时辰，老祖母脚下突然乒乒乓乓爆炸起来，吓她一大跳，引得大家哄堂大笑。

只有冬天农家闲时才架起芦帘晒太阳，尤其春节后的半个月内，大家可以快快活活、高高兴兴地享受太阳的温暖和家庭的温暖。孩子们不只是自己爆蚕豆了，还可吃到煮熟的菱、花生和夹有核桃肉的糕。这都是春节带来的好处，怎么能不盼望春节呢。春节要吃好几样菜，最主要的是吃猪头，我以为猪头肉是最上等的东西了，只有过年（春节）时才能吃到。

春节前母亲特别忙，要煮猪头，要做够全家吃半个月的糕团，还要外加几笼粗粉团子，是专门为春节期间发给叫花子的。平时叫花子要饭，要了半天只给一点点剩饭，有时不给，但春节期间无例外一律要给，而且一到门口就给，所以叫“发”。于是叫花子特多，络绎不绝，有时是三五成群结队而来，几笼团子还不够发，团子便一年比一年做得小了。有一种叫花子不穿破衣裳，穿整整齐齐的长衫，还戴着礼帽，手提小锣，边唱边敲小锣一步步缓慢地跨进大门来，这便是唱春的。给他一个一般的发叫花子的粗团子他不要，不理，继续唱。我便加倍给他好几个，或给自家吃的大白团子，他不用手接，只用那锣反过来盛了团子，然后倒进背在背后的大口袋里去。这是我最早见过的歌唱家。后来我在巴黎留学时，旅店后窗下的小夹道里也偶有人拉提琴或高唱，期待旅客们撒下法郎去，这时候，我总立即回忆起童年时家门口的唱春人。

每次过年，父亲从大橱（衣柜）里拿出一幅中堂画和一副对联挂在堂屋里，一直挂到正月十五，然后又小心翼翼地卷起来，藏进大橱里。大橱是红漆的，很漂亮，也是母亲的嫁妆，一直保护得像新的一样。我们家是小户人家，房子也不大，但村里有中堂画的人家很少，因此我曾为此感到骄傲。画的是几个人物，中间一个老头可能就是老寿星，这是父亲的老朋友缪祖尧画的。

缪祖尧老师

缪祖尧矮胖矮胖，很和气，家就住在姑爹家那个渔村里，家里也贫苦，靠教书生活。他和父亲很合得来，早年两人曾一同到无锡一个叫玉祁的村镇上教小学。

父亲在玉祁教书时每年腊月近年底时回来，我还依稀记得，每次回来总带回一种中间穿有大孔的饼干，这也是我认为最好吃的饼干了。他还讲过一个故事，说有一回学生家送来的早餐是糯米粥，他和缪祖尧恰好都不爱吃糯米粥，只吃了一点点，但糯米粥会膨胀，罐里的粥过一会儿胀得仍像原先那样满，学生家里来撤早餐时误认为根本未吃，估计是教员不爱吃，便立即补煮了几个鸡蛋。现在看来，当时他们小学简陋，不开伙，教员是由学生家轮流派饭的。

后来我的弟弟妹妹多起来，母亲一人实在忙不过来，父亲不能再去玉祁教书，便在村里由吴氏宗祠出经费创办私立吴氏小学。缪祖尧也不去玉祁了，便来吴氏小学教书，小学就设在吴家祠堂里，缪祖尧也住在祠堂里。我从此经常到缪祖尧老师的房里去，看他画画，开始触及绘画之美。祠堂很大，有几进院落，有几间铺有地板的厢房，厢房的窗开向小院，院里分别种有高大的桂花、芭蕉、海棠。缪老师住的厢房很大，窗口掩映着绿荫荫的芭蕉，一张大画案摆在窗口，真是窗明几净，幽静宜人，这是我一生中头一次见到的画室，难忘的画室，我一辈子都向往有这样一间画室！

缪老师什么都会画，画山水，画红艳艳的月季和牡丹，画樵夫和渔翁。有一回父亲用马粪纸做个笔筒，糊上白纸，缪老师在上面画个渔翁、一只大鸟和大蛤蜊，画成后给我讲解这画的是鹬蚌相争的故事。我尤其喜欢缪老师画的大黑猫，他用烧饭锅底的黑灰画猫，猫特别黑，两只眼睛黄而发亮，我进美术学院以后还常常想起那黑锅灰画的猫，可惜再也没见过了。

我常常静静地看缪老师作画，他用纸紧卷成笔杆似的长条，用煤油灯薰黑以后当炭条起稿；他常常将蘸了浓墨的笔放进嘴里理顺笔毛，染得嘴唇乌黑，这才使我明白，母亲自己不识字，为什么同父亲争吵时便常骂他吃了乌黑水不讲道理。

缪老师和父亲有个很大的不同处，他不像父亲那样节省，他爱吃零食，父亲说他没有儿女，只管自己吃饱就够了。缪老师画久了，往往摸出几个铜板，叫我到村头一家茶馆里去替他买一包酥糖之类的好东西吃，我非常乐意，飞跑着去买来，他总分一小块给我吃，从无例外。

我叫他缪老师，因后来我上学了，他成了我真正的老师。不过他并不教图画，也根本没有图画课，而他的画据说是远近闻名的，还卖，并订有价格润例。

有一件事曾提高了缪祖尧的画的威望。村里财主陈培之的妻子据说是上海美术大学毕业的，嫁到乡下来后还向缪祖尧借画临摹呢！陈培之家高楼大屋，连着大楼有高墙围住的大院，里面种有李光桃及别的什么名贵果树，但我不敢进入他们家。

陈培之家的院子特别大，有花坛，摆满了盆花，开着各样的花朵，还有两只大荷花缸，种有荷花，我爱极了。新娘子烫着长头发，脸上擦着粉和口红，我和小伙伴们觉得像吊死鬼，很难看，但我从此爱上了花。村里只有单调的木槿和葵花，我还从未见过那么多红彤彤的鲜花，于是也总想种花，但哪里去弄花呀！

70年代我曾顺便回到故乡看看，父亲、母亲及老一辈的亲友们大都已逝世，只缪老师还在，我便专程到渔村去看望他。好容易寻到了他的住处，他住在蜂窝似的人家的夹缝中，屋里建屋，几张破旧的芦席围成了他暗黑的卧房。他病在床上，他感激我的探望，他谈我父亲的死，那是困难时期，与其说是病死的，不如说是饿死的；他谈到有一次经过我家门前的河滨，见我那瞎了眼的母亲自己摸着去洗东西，感叹年轻人是不顾老人了。我似乎又最后一次见到了我的父亲和母亲！

我不清楚缪老师是哪一年逝世的，只知道他已逝世了。

楝树港

楝树港离我家一里路，是最近的小街，有鱼市、豆腐店、小杂货铺、馄饨店、茶馆……早晨有烧饼和油条。村里的人们在路上相遇，总互问："上街吗？"指的便是去不去楝树港。楝树港跨在大河的两岸，我们北渠村在东面，西面便通姑爹家渔村，我搭渡船摆渡时，大都是去姑爹家。

从无锡或常州到宜兴县城的轮船都必经楝树港，当"啪啪啪啪"的轮船将要靠码头时，码头上便聚了不少看热闹的人，想看下乡来的上海人。上海是天堂吧，到上海帮人家的（当保姆）及做厂的（女工）妇女回乡探亲时都吃得白胖白胖，还带回筒子装的饼干、美女牌葡萄干、美女月份牌……

早先，店铺都集中在河西，河东较冷落，几乎不成街。后来河东要盖新街了，征求股份参加，出了钱便可分一间店面。父亲和母亲天天商议，那时我已有两个弟弟，父亲计算日后我们兄弟分家，一人分三亩来地，如何过口了呢，便下狠心凑钱，借债，争取预定下一间店面，将来我们兄弟中便可有一人去开店。简陋的新街顺利地落成了，我迫不及待先到新街上自家的新屋内住了几夜，街上有了家，也可算街上人了。

父亲于是同一位剃头的合伙，让剃头的在我们店内开业，同时兼顾卖杂货，杂货是我们家的。家里的一张旧方桌搬到了店里，准备让客人沽了酒坐下慢慢喝。母亲在家炸豆瓣，用旧报纸包成小包小包油炸豆瓣，拿到店里卖作下酒菜。虽然父亲常去店里，但主要还只能靠那个剃头的，结果小店仍赚不了钱，好像没有多久，店铺连同房子就整个转让了。

第二章

茅草窝里要出笋

私立吴氏小学

我7岁上学，是私立吴氏小学的第一届学生，我父亲一手创办的这所乡村初小就设在吴氏宗祠里。除我父亲外，还有两三位老师。他们教国语、算术、珠算、体操和手工，后来又加了音乐，父亲还为此到无锡买了一架风琴。

但从来没有美术课，在手工课上我们做过国旗，红、黄、蓝、白、黑五族共和的国旗，剪贴那五色蜡光纸，也就进入美术范畴了。

不知从哪一年开始，吴氏小学改名北渠小学，规模在一步步扩大，而且在宜兴县教育局立了案，但经费永远很困难。父亲上课时，带着粉笔来，下课时自己将剩下的粉笔头带回，下堂课再用。学生爱偷粉笔，既可以用来到处乱写乱涂，又可以当吸墨纸吸干作业上污染的墨渍。后来我到省立无锡师范上学，学校就阔气多了，教室里剩余的粉笔头多的是，有各种颜色的，有整支整支没用过的，同学都不去捡。我便选较完整的捡起来，一学期下来积了两大匣，假期带回家交给父亲上课用，这是我对父亲教学工作唯一的一次帮助。粉笔大概将在现代教学中淘汰了，但它留给我永难磨灭的纪念。

吴氏宗祠是我们乡里最大的祠堂，天井里有海棠、芭蕉、南天竹，还有两棵硕大的桂花树，一棵金桂，一棵银桂，树冠伸出于高高的围墙之上，行人老远就能看到。同学们并不珍视屋宇之古老与花木之美好，倒是总盼望在校墙外的大草坪上搭台唱戏，其实也并不真正为看戏，只喜欢看戏场上有各种吃食卖，不过一般也买不起，因连买课本的钱都老拖欠着不缴，父亲总为催收课本费操心。

我的母校里有好几个高墙深院，里面比百草园和三味书屋更有趣，尤其有两棵硕大的桂花树，树冠一直升过屋顶。一棵是银桂，乳白色的花，一棵是金桂，金黄色的花。秋天，人们在一里路外就说闻到吴家祠堂里的桂花香了。

吴家不仅有大祠堂，还有一大片松坟，高高的松树林里散布着坟墓，我们称之为大松坟。大松坟就在我家西面，当清明、冬至的祭祀日子，吴家老少几辈排在墓地前跪拜，往往由父亲唱祭词，祭毕全体到祠堂里吃一顿美美的酒席，女的没份。我和伙伴们经常到大松坟里用爪篼耙松毛，即散落满地的干枯松针，用以当柴烧；胆大的爬上高树巅掏鸟窝，我不敢，父亲绝对禁止。岁月如驰，游子浪迹四方，当我再回故乡，大松坟早已消失了！大松坟显然不能与曲阜孔林媲美，但我十分怀念自己的百草园，童年的原始森林！

到楝树港开店是下策，父亲经常说要我念好书，最好将来到外面当个教员，在家里是没出息的。我上学了，就在父亲当校长的私立吴氏初级小学。小同学都是本村的，个个相识，大家很相好，他们力气都比我大，但念书不如我，他们的父母便说我回家后有父亲教，其实父亲在家里忙着呢，根本没工夫再教我。由于教员太少，往往两个班合一个教室上课，教员上课时给一个班讲课，同时安排另一班做习题。不自觉的学生便不好好做作业，偷偷玩蚱蜢、知了，有时候知了忽然会在谁的抽屉里高唱起来。

冬天太冷，同学们手上脚上长冻疮，脸上冻成一条条发白的斑痕，有点像切碎的萝卜丝，几乎人人都长萝卜丝。有的家里较富裕的女生便带着脚炉来上课，上课时脚踩在脚炉上。大部分同学没有脚炉，一下课便踢毽子取暖，踢毽子是最普及的运动。毽子越做越讲究，黑鸡毛、白鸡毛、红鸡毛、芦花鸡毛等各种颜色的毽子满院子飞。后来父亲居然在和桥镇上给我买回来一个皮球，我快活极了，同学们也非常羡慕，我拍一阵，也给相好的同学拍，但一人只许拍几下。夜晚睡觉，我将皮球放在自己的枕头边。但后来皮球瘪了下去，没气了，必须到和桥镇上才能打气，我天天盼着父亲上和桥去。一天，父亲突然上和桥去了，但他忘了带皮球，我发觉后拿着瘪皮球追上去，一直追到楝树港，追过了渡船，向南遥望，完全不见父亲的背影，到和桥有十里路，我不敢再追了，哭着回家。

自从上学以后，我从来不缺课，不逃学，也不能逃学，因为父亲也天天到学校去。遇上大雨大雪天，路滑难走，父亲便背着我上学，我背着书包伏在他背上，双手撑起一把结结实实的大黄油布雨伞。他扎紧裤脚，穿一双深筒钉鞋，将棉袍的下半截撩起扎在腰里，腰里那条极长的粉绿色丝绸汗巾可以围腰两三圈，还是母亲出嫁时的陪嫁呢。

有一次开全区小学的运动会，在和桥开，我们学校也要派代表队参加，我被选入了代表队。为了参加运动会，父亲带我去和桥做了一身操衣（制服）。操衣连裤子上都有扣子，我从来没穿过有扣子的裤子，小同学们也都好奇地来摸我裤子上的扣子。

鹅山小学

初小毕业时，宜兴县举办全县初小毕业会考，我考了总分七十几分，属第三等。我在学校里虽是绝对拔尖的，但到全县范围一比，还远不如人家。要上高小，必须到和桥去念县立鹅山小学。

和桥是宜兴的一个大镇，有三座漂亮的大石拱桥连接大河两岸的上塘和下塘。河上船只密集，街上店铺林立，一派繁华景象，比宜兴城里更显得热闹。和桥豆腐干味道极鲜，可保存久，是有名的特产，至今盛誉不衰。

鹅山小学就在镇头，是当年全县最有名声的县立完全小学，设备齐全，教师阵容强，方圆30里之内的学生都争着来上鹅山。因此要上鹅山高小不容易，须通过入学的竞争考试。我考取了。

要住在鹅山当寄宿生，要缴饭费、宿费、学杂费，书本费也贵了，于是家里粜稻，卖猪，每学期开学要凑一笔不小的钱。钱，很紧，但家里愿意将钱都花在我身上，我拿着凑来的钱去缴学费，感到十分心酸。父亲送我到校，替我铺好床被，他回家时，我偷偷哭了。这是我第一次真正心酸的哭，与在家时撒娇的哭、发脾气的哭、吵架打架的哭都大不一样，是人生道路中品尝到的新滋味了！

我只能以用功学习，争取最优异的成绩来争气。我发现，会考中以90分以上获得第一名的朱自道及好几位80分以上的优等生，都是鹅山小学的，如今我同他们同班了。这几位成绩出色的同学都是和桥街上人，他们是走读生，中午回家吃饭，晚上回家住。

寄宿生有夜自修，而且在电灯下自修，虽然那电灯也是暗淡淡的，但我是头次用电灯，感到称心如意，珍惜灯光，每晚在灯光下仔细地做完每天各门课的习题。在家时从不做夜课，家里只有一盏带玻璃罩的煤油灯，灯芯捻得很小很小，火如豆，父亲在如豆的灯下记学校的账目，打算盘。另外，我们只用一盏豆油灯，点上几根灯草，老祖母还常噜苏，说她早年只点一根灯草，后来她眼瞎了，便管不着点几根灯草了。

寄宿生的宿舍原是谷仓隔成的，窗户都很小，有点像牢房，一间房里摆满许多双层床。我从未睡过双层床，喜欢爬到上层去睡，仿佛睡到了楼上，我家没有楼，一向羡慕舅舅家和陈培之家有楼。

学校里有园子，园里有花有树，我每天大清早起床到校园里读书，背书，也可以随便摸摸这些花，我似乎已阔气起来，花也有我的份了。小皮球也不稀奇了，有大篮球，有篮球场，不过我个子小，从来投不进篮，倒是喜欢滚铁环，在庞大的操场上飞奔着滚铁环很痛快，只是铁环不多，想借的人多，不易借到。

寄宿生们大都家在离校十里以上的村子里或村镇上，每星期六下午上完课，便都背个书包或藤包喜洋洋地回家去，彼此道声“再会！再会！”。我出了校门，到街上慢慢看，有很大的酱园、绸布店、南货店。南货店里卖的都是好吃的，不是中秋节也有月饼卖。我尤其记得有一家中药铺，壁上都是小抽屉，抽屉里装的全是药，朝奉（店员）用一根很小的秤称药。有几回我母亲要吃的药在楝树港买不齐，便由我将药方带到和桥这家大药店里去配。

我爬上大石桥，看桥下大船和小船互相拥挤，南北往来的船只排成长队等候通过，桅杆睡倒了，帆落成一堆，缆索纠缠不清，船员们吵闹，呼喊，乱成一片，这仿佛是《清明上河图》的蓝本。

出了镇，渐渐冷落起来，一条石板大道沿河直往北去，沿途人来人往，大都是挑担的，空手人很少，至少都带着雨伞，往往出门时大晴天，突然天变便下雨了，一路没处躲雨。说是大道，是指通途，其实路并不宽，一面临河，一边沿水田，行人相交错往往须侧过身子。当遇到拉纤的纤夫，我便早早找个合适之点躲让。

有时只一人拉纤，拉只小船；极大的船便好几人一同拉，边拉边哼哼，有时还唱，口音都是江北腔。出和桥镇三里，便过一高桥，因面前一条支流灌入大河，高桥便骑跨在支流上。往往我们好几个同路的同学一同回家，到高桥上便憩下来玩一阵，欣赏大河上下的风光，之后就分道了。

从高桥上俯瞰大河里往返的帆船，景象很动人，有白帆、黑帆、棕色的帆，也有的小船用一块芦席作帆。帆影近大远小，一眼看到遥远处，船和帆便成了一个小点，这是我最早接触到的透视现象了。

一路上远远近近的村庄都是黑瓦白墙，都有水牛，都有水车棚，车棚也紧依着大柳树，彼此非常相似，常常有到家了的错觉。及走到了楝树港，真是非常兴奋，我像是远方归来的游子，感到一切都分外亲切了，跳入渡船，便同摆渡的"江北佬"攀谈，但他永远显得有些麻木，并没有注意到我那异乎寻常的热情。

一到家，父亲和母亲高兴极了，弟弟也特别亲我。母亲问我在校吃得好不好，我说八个人一桌，米没有家里的白，但尽管吃饱，菜不多，刚吃一碗饭便没菜了，后两碗便吃白饭。母亲听了很难过，眼睛湿了，我后悔不该告诉她。只过一夜，第二天星期天下午便又返校了。母亲给我做了许多菜带到学校去吃，我不肯带，说带去也不能拿出来吃，同学太多不好分，老师见了也不好意思，老师同我们在同一个饭堂里吃饭，他们只多一个荤菜。父亲也认为还是不带好，母亲便炒些蚕豆给我带走。回到宿舍里，同学们也都陆续到齐，几乎都从家里带来一些吃的，有蚕豆、菱角、荸荠、山芋；蚕豆最多，有炒豆、煮豆、发芽豆，唯有一个山里的同学带来栗子，分给每人几个，特别好吃。

父亲有时到和桥，也买点糕饼给我吃，有一次买了一包干虾，告诉我每次放几只在粥里吃。母亲很少到和桥，有一次她搭姑爹的船到了和桥，特意买了一包鸡蛋糕到学校找我，但太不凑巧，那天老师组织我们远足登山去了，母亲不放心将蛋糕交给号房（传达室），遗憾地带回去了，留给我星期天回家吃。

茅草窝里要出笋

第一学期结束，根据总分，我名列全班第一。我高兴极了，主要是可以给父亲和母亲一个天大的喜讯了。我拿着级任老师孙德如签名盖章，又加盖了县立鹅山小学校章的成绩单回家，路走得比平常快，路上还又取出成绩单来重看一遍那紧要的栏目：全班六十人，名列第一。对父亲确是意外的喜讯，他接着问：“那么朱自道呢？”他很注意全县会考第一名朱自道，也知道我同朱自道同班了。我得意地、迅速地回答：“第十名。”正好缪祖尧老师也在我们家，也乐开了：“熯北（父亲的名），茅草窝里要出笋了！”

之后，我虽并非每学期都得第一，但基本上是名列前茅，对付课业已完全不费劲，于是开始在课余看小说。《薛仁贵征东》、《七剑十三侠》、《封神榜》……都是密密麻麻的小字，因眼睛好，在昏暗的灯光下仍看得很入迷。

有天突然传来一个轰动全校的消息：“在彭城中学操场演影戏（电影），全校师生整着队去看。”演的就是侠客斗剑、神仙腾云、隐身术……我高兴极了，也常常幻想能遇到神仙指点法术。后来又看到一次电影，是演养蚕，这我很熟悉，大蚕吃叶时沙沙有声，但电影里一大群蚕吃桑叶一点声音也没有，因为无声所以叫“影”戏吧，仿佛是影子戏。

我功课好，守纪律，可以算好学生，老师也常表扬，但有一次却被打手心了。鹅山小学一进门的院子里有两棵巨大又古老的银杏树，绿荫蔽天，遮掩了整个院子，每年结无数白果。成熟的白果掉到地面上“啪”的一声，像掉下一颗大杏子，白果被包裹在肥厚的杏子似的果肉里。我们每捡到白果，便交给老师，不准自己拿走。我知道炒白果好吃，春节孩子们赌博时以菱角、花生和白果作赌注。

有一位同学的父亲是中医，我们一同捡白果的时候他告诉我，说白果可以治痨病（肺结核），是听他父亲说的。我想起了母亲的病，她的病老不好，咳嗽，痰里出现过血，吃了许多药也不见效，大家也有点怀疑会不会是肺病呢（后来证实不是）！她听人劝告喝过童便，即小孩的尿，弟弟的尿。白果治肺病的说法立即打动了我的心。白果，树上那么多白果，但不是我的，我动了偷的念头，偷许多白果带回去给母亲吃，我串通了几个同学一起偷白果，但不肯说出母亲的病，因当时痨病是可怕的死症。我们趁一个狂风暴雨之夜半夜起床，摸黑到院里偷白果。风雨将白果打落满地，黑暗中我们一把一把地抓，我摸到一处特别多，自己装不完，便低声叫伙伴："旋南，旋南，到这边来！"就是这一声泄漏天机，被睡在近旁的训育主任听到了，第二天他叫旋南和我二人到办公室，立即破了案，交出了白果，几个伙伴各人打了十板手心。一向表扬我的级任孙德如老师也在办公室，看我挨打，我感到羞愧得无地自容。

光阴荏苒，二年高小念完，我毕业了。毕业时同学们互相打听各人的出路。父亲当中医的那位同学早有打算，回家学中医，继父业；好几位家在和桥街上开店的便学做生意；大部分回农村捏锄头柄（种田）；同我一起偷白果也挨了十板手心的吴旋南是高材生，但家里很穷，也只得回家种田；有些家里富裕的不种田，继续上学，但他们的功课大都较差，考不上正规的省立中学，便进私立中学去。大家称某些私立中学为"野鸡"中学，缴钱就能进，入学考试完全是形式，考零蛋也录取，但学费很贵很贵。

无锡洛社镇有一所洛社乡村师范学校，招小学毕业生，四年后毕业当乡村初小的教师。因入学后全部公费，投考的人非常之多，水平也极高，是有名的学校。我班高材生邵化南考取了该校，很令同学们羡慕。不花钱的学校太少太少了，似乎就只洛社有这一所，是穷学生们最理想的出路，故而闻名于无锡、常州、溧阳及宜兴一带。父亲早两年就打洛社乡师的主意了，但我渐渐有了更高的要求，不愿在农村当初小的教员，想进省立无锡师范，是高师，高师毕业可当高小的教员，譬如鹅山的教员。

《故乡之晨》 1960年作 油画・木板 62cm×46cm

《扎什伦布寺》 1961年作 油画·木板 46cm×124cm

《房东家》 1972年作 油画·木板 42cm × 43cm

《桂林山村》　1972年作　油画·木板　46cm×46cm

《麻雀》 1972年作 油画・木板 39cm×46cm

《北国风光》　1973年作　油画·麻布　72cm×160cm

《太湖鹅群》　1974年作　油画・木板　46cm×61cm

《苏州园林》 1975年作 油画・麻布 150cm × 200cm

渔船摇向无锡去

父亲当然嘉许我的志向，但上无锡师范之前须先上三年初中，初中要缴费，家里便计划如何更加省吃俭用，并多养几只猪来竭力支持我这艰难的三年。舅舅家田多，母亲也曾幻想回娘家试试舅舅能否帮点忙，父亲毕竟世故深，说不可能的，不让母亲去丢脸。我在数百人的竞争考试中考取了无锡师范初中。因洛社乡师和锡师同时招考，只能参加一边，但县立宜兴中学在这之前招考，故我先也考了宜中，以防万一锡师落榜。我唯一的法宝就是凭考试，从未落过榜，宜中也不例外。

为了节省路费，父亲向姑爹借了他家的小小渔船，同姑爹两人摇船送我到无锡去投考。招生值暑天，为避免炎热，夜晚便开船，父亲和姑爹轮换摇橹，让我在小舱里睡觉。但我也睡不好，因确确实实已意识到考不取的严重性，自然更未能领略到满天星斗和小河里孤舟缓缓夜行的诗画意境。小船既节省了旅费又兼作宿店和饭店，船上备一只泥灶，自己煮饭吃。

但船不敢停到无锡师范附近，怕被别的考生及家长们见了嘲笑。从停船处走到无锡师范，有很长一段路程。经过一家书店，父亲曾来此替小学校里买过一架风琴，认得店里的一位伙计，便进去问路。那伙计倒还算热情，引我们到路口代叫了一辆人力车。因事先没讲好价，车夫看父亲那土佬儿模样，敲了点竹杠，父亲为此事一直唠叨不止，怨那伙计：“见鬼，我要坐车何必向他问路，坐车哪有不先讲价钱的！”

老天不负苦心人，他的儿子考取了。送我去入学的时候，依旧是那只小船，依旧是姑爹和父亲轮换摇船，不过父亲不摇橹的时候，便抓紧时间为我缝补棉被，因我那长期卧病的母亲未能给我备齐行装。我从舱里往外看，父亲那弯腰低头缝补的背影挡住了我的视线。后来我读到朱自清先生的《背影》时，这个船舱里的背影便也就分外明显，永难磨灭了！不仅是背影时时在我眼前显现，鲁迅笔底的乌篷船对我也永远是那么亲切，虽然姑爹小船上盖的只是破旧的篷，还比不上绍兴的乌篷船精致。

庆贺我考进了颇有名声的无锡师范，父亲在临离无锡回家时，给我买了瓶汽水喝，我以为汽水必定是甜甜的凉水，但喝到口，麻辣麻辣的，太难喝了。店伙计笑了：“以后住下来变了城里人，便爱喝了！”然而我至今不爱喝汽水。

第三章

青春期的草木都开花

青年感情如野马——从工专转入艺专

“志气”，或者说“欲望”，随着年龄膨胀。读完初中，我不愿进入师范部了，因同学们自嘲师范生是稀饭生，没前途。我改而投考浙江大学代办省立工业职业学校的电机科，工业救国，出路有保障，但更加难考。我考上了，却不意将被命运之神引入迷茫的星空。

浙大高级工业职业学校读完一年，全国大学和高中一年级生须利用暑假集中军训三个月。我和国立杭州艺专预科的朱德群被编在同一个连队同一个班，从此朝朝暮暮生活在杭州南星桥军营里，年轻人无话不谈。一个星期天，他带我参观他们艺专。我看到了前所未见的图画和雕塑，强烈遭到异样世界的冲击，也许就像婴儿睁眼初见的光景。我开始面对美，美有如此魅力，她轻易就击中了一颗年轻的心，她捕获许多童真的俘虏，心甘情愿为她奴役的俘虏。17 岁的我拜倒在她的脚下，一头扑向这神异的美之宇宙，完全忘记自己是一个农家穷孩子，为了日后谋生好不容易考进了浙大高工的电机科。

青春期的草木都开花，17 岁的青年感情如野马。野马，不肯归槽，我下决心，甚至拼命，要抛弃电机科，转学入艺专从头开始。

竭力反对的是我的父亲，他听说画家没有出路，他梦幻中的龙消逝了。我最最担心的就是父母的悲伤，然而悲伤竟挽回不了被美诱惑的儿子，一向听话而且功课优良的儿子突然变成了浪子。

林风眠奉蔡元培之旨在杭州创办国立艺术院，后改为国立杭州艺术专科学校。

我 1936 年进校时，校里学习很正规，林风眠、吴大羽、蔡威廉、潘天授 (后改为“寿”)、刘开渠、李超士、雷圭元等主要教授认真教学，学生们对他们很尊敬，甚至崇拜。中西结合是本校的教学方向，素描和油画是主体课程，同学们尤其热爱印象派及其后的现代西方艺术。

上午全部是素描，一开始画希腊、罗马石膏模型，要求极严，用垂线检验形象的精确性，西湖边一家美术用品商店专门卖这种悬有尖尖铜圆锥的垂线，我们人手一个。素描用的木炭纸和木炭条都是法国的，较贵，不过每周只用一张，长期作业。

宿舍门前每天早晚有一个小贩卖吃食，晚上卖火腿粽子和茶叶蛋，早上卖烧饼油条，我们每早要买一个馒头，吃掉一半，另一半用以当橡皮擦木炭画。

下午课程不多，同学们多半出校门画风景，白堤、苏堤一带处处可见有人在写生，那时很少业余画家，只要是写生的，一定是艺专学生。我几乎天天跟德群一起画水彩风景，画遍了西湖的角角落落，春夏秋冬，浓妆淡抹总新颖。

喜爱中国传统绘画的学生相对少，虽然潘天寿的作品和人品深得同学尊崇，但有些人仍不爱上国画课，课时也比油画少得多。

晚间，有的同学自己换个明亮的灯泡，画中国画，因中国画课程较少，我们绘画系、科都是以西画的写生课程为重点。

图书馆里有很多西洋现代绘画画册，人人借阅，书无闲时，石涛和八大山人的画册也较多，这与潘老师的观点有关。

预科的基本功是过硬的，三年下来，人人敢挂肖像保险公司的牌子，掌握物象的客观形体确乎满有把握了。再加三年本科，造诣日深，都该进入艺术殿堂了吧。然而回顾母校成立六十五年来，虽然培育了大量幼苗，但成材、开花结果的毕竟是少数，极少数。社会的、历史的原因摧折了作者的成长，大部分同学迫于环境，抛弃了艺术，唯求温饱，令人慨叹。

但也有必须自身反省的方面，这牵涉到教育方针问题。从一个高标准的高中转入艺专，我突出感到的一点是艺专同学的文化水平普遍偏低，不少是考不上普通高中才来学艺的，当时社会上轻视美术、音乐和体育课，认为可有可无，学艺似乎也就可降低文化要求了。

我和朱德群

我与德群相识于兵营。1935 年蒋介石下令全国大学一年级以及高中一年级的男生都须利用暑假在各省集中军训三个月，因之，浙大高工的我和杭州艺专预科的德群便被集中到杭州南星桥的一个大兵营里。由于是打破校界混合编队，我与德群便被编在同一个连的同一个班，他那北方高个子篮球员是排头，我这江南矮个儿属排尾。按规定，排头当副班长，必须站在排尾，于是他与我并肩受训三个月，朝朝暮暮不分离，似有缘。某个星期天放假，他带我去参观了杭州艺专。

我头一次窥见西湖艺苑，立即忘乎所以地醉倒于琳琅满目的油画、素描及水彩的“石榴裙”下。说是“石榴裙”，我确实怀了恋爱情怀，中了丘比特之箭了。杭州艺专确实是象牙之塔，从不在杭州开美术展览，我记得当年几乎没有见过任何画展。白娘子被迫压在雷峰塔里，杭州艺专却无由不展作品给市民参观，看来这是犯了与法海和尚相似的过错。

17 岁青年的心是野马，为了所爱，甘于献身了！我不听父亲的竭力劝阻，更不考虑日后的职业与生存问题，下决心放弃工程的学习，要转到杭州艺专从头学起。在这人生的歧途，只有德群一人是支持我的，他帮我补习素描，准备入学考试。考试期间，他曾试图央求刘开渠教授（他的同乡）注意我的考卷。刘老师说，他主张不要劝人学艺，何况这个人正在浙江大学这样好条件的附属高工学习。

我考上了杭州艺专，比德群低了一班，他成了我的小先生，我们每天交谈上课时老师的指导，林风眠、吴大羽、蔡威廉、潘天寿等是我们心目中最最崇敬的老师，仿佛他们都来自天堂。潘天寿当时名天授，我们觉得他真是天授之才华。几乎每天下午，我和德群一同在西湖岸边用水彩写生，形影不离，画的题材和风格也都很近似，从此培养了我们最早的审美品位，就像人们总爱吃童年家乡的食品。夜晚，我们偷偷换用一个大电灯泡画国画，临石涛、八大，梅、兰、竹、菊，德群的画和书法都比我强多了。

预科主要学素描，本科才学油画。德群迫不及待，自己先试画起油画来。油画材料贵，尤其白色用得多，他用锌氧粉调油自己研制代用品。有一回他教我用他的颜料画油画试试，告诉我那“代用白”装在旧雪花膏瓶里。交代完他因事去杭州市里了。傍晚回来，他一进房便说好香。原来我弄错瓶子，将真雪花膏当油画白使用了，难怪感到那油画真难画，怨我天生嗅觉不灵敏，往往不辨香臭。

1937年秋冬，由于日军步步紧迫，杭州艺专奉命内迁，而我自己一学期的费用数十元不意全部丢失，身无分文。从此德群的钱要与我分用了，由同窗情谊进入流亡中的患难兄弟了。迁至江西贵溪时，学生们住在天主教堂里，我们为节省，不敢入伙，便在一个门洞口，加上刘宝森（彦涵），三人一同煮稀饭糊口。一路贫穷，一路画速写，苦学不辍。苦学的同学不少，像董希文、李霖灿等等情况都相仿。

1941年德群在重庆青木关毕业后以优异成绩留母校任助教，我于1942年毕业后任重庆大学建筑系助教，相隔一条嘉陵江，我们往来无法密切了。但两件事仍紧紧联系着我们。一是寻找油画材料，因当时材料奇缺，得设法托人从上海用各种办法转带；二是学习法文，想走前辈老师们的老路，到法国勤工俭学的梦始终未破灭。1946年我有幸考上了公费留法，我们将分手了，德群很感慨，说他将他的梦交给我一起实现吧。

世事沧桑，1947年我去了巴黎。他后来随工作单位去了台湾，从此杳无音信。1955年他终于从台湾到了巴黎，一到巴黎他必然先找我，而我已于1950年秋返国，似乎命运安排我们永不能晤面了。

1992年3月，吴冠中与朱德群在大英博物馆“吴冠中——一个20世纪的中国画家”展览会标前

乱画嘛

林风眠曾是我们国立杭州艺术专科学校的校长，但我不算他的入室弟子，平时接触也不多。1937 年前在杭州，算是他生活最优裕宁静的时期吧！在西子湖之滨，住着他自己设计的有着明亮画室的小洋房，地板的花纹是拼成人字形的。学校陈列馆里、会客室里悬挂着他彩色斑斑的油画。我那时年纪小，年级低，记得他的一幅大幅油画，画着海滨的人们，回忆起来，有些像马奈的作风，是大刀阔斧的黑白灰色调。那时，他已同时画些水墨画了，主要用线画水鸟，我当然并不很理解，李超士老师对我们这班新生介绍说：这主要讲笔力。我半信半疑。

当年在杭州艺专，有认真、用功的学生拿严谨但缺乏灵气的作品请教林风眠先生。和蔼可亲的林校长看后微微摇头，笑眯眯地说："乱画嘛！"校长教学生乱画，真是艺术世界中肝胆相照的肺腑之言。聪明的学生当然领会此"乱"非彼"乱"，这是解放心灵约束的同义语。林风眠用一个鲜明突出的"乱"字，像用一把尖刀刺破了学生的愚昧。良师之言，一字千金！

吴冠中与林风眠合影

我的启蒙老师 潘天寿

潘天寿

潘天寿是我的启蒙老师。很幸运，一开始学习传统中国画，就遇上这样一位品位高、涵养深、风格独特的老师，他影响了我终生的艺术探索。除了在课室内直接听他的教导，还经常有机会见到校外画家拿作品来向他求教，在给各样作品提意见中，我们逐步加深对潘老师观点的理解。每每，当展开画幅，我先揣度潘老师首先将指出哪个问题，因他总是着眼于要害。当我的揣度果然吻合了老师的见解时，真是感到莫大的欣慰，没有白学，了解老师的观点了。有时老师并没说话，在过目众多作品时，他只微微点头或摇头，在点头与摇头之间，也就学到了老师的审美品位。造型艺术中最直观的教学关键：眼睛教眼睛。

杭州艺专的旗帜

——吴大羽

中国创办西方模式的美术学校了，教什么样的西方美术呢？见仁见智，于是展开了大论战，我的中学时代，就经常在报纸上见到刘海粟和徐悲鸿的笔战，几乎成为一桩社会公案。

我学艺于林风眠创办的国立杭州艺专，林风眠对欧洲现代艺术采取开放、吸取的方针，但他重视造型基础训练，学生必须经过三年预科严格的素描锻炼，与现实社会有着较大的隔膜，校内师生一味陶醉于对现代艺术的研讨，校图书馆里莫奈、塞尚、凡·高、高更、马蒂斯、毕加索……的画册永远被学生抢阅，这些为一般中国人全不知晓的洋画家却落户在西湖之滨的象牙塔里，受到一群赤子之心的学生们的共鸣和崇拜。

林风眠是校长，须掌舵，忙于校务，直接授课不多，西画教授主要有蔡威廉、方干民、李超士、法国画家克罗多等等，而威望最高的则是吴大羽，他是杭州艺专的旗帜，杭州艺专则是介绍西方现代艺术的旗帜，在现代中国美术史上做出了不可磨灭的功绩。

吴大羽威望的建立基于两方面，一是他作品中强烈的个性及色彩之绚丽，二是他讲课的魅力。他的巨幅创作《岳飞班师》及《井》等等都已毁于抗日战争中，未曾出版，连照片都没有留下，只留存在我们这些垂垂老兮的学生记忆中。《岳飞班师》是表现岳飞被召撤兵，但老百姓阻拦于道路，我记得题目标签上写的是：

“相公去，吾侪无……”（后几个字已忘却）马上的岳飞垂头沉思，百姓们展臂挡住了他的坐骑。红、黄、白等鲜明的暖色调予人壮烈、刺激的悲剧气氛，我无法查证作者是否系对日侵略不抵抗时期的义愤宣泄。

吴大羽着力于形与色，着意于构思。当全校师生掀起抗日宣传画高潮时，吴大羽在大幅画布上只画一只鲜红的展开五指的巨大血手，像透着阳光看到血在奔流的通红的手。恐怕是唯一的一次，他在手指间书写了题词，大意是：我们的国防，不在东南的海疆，不在西北的高岗……而在我们的血手上。

除了绚丽、奔放的作品引发青年学子的爱戴外，同学们还崇敬他在教学中循循善诱，总以源源不绝的生动比喻阐明艺术真谛、画道航向，他永远 着眼于启发。

亲身听过大羽老师教课、谈话的同学们更永远不会忘记他那激动的情绪，火热的童心，我们矢志追随他进入艺术的伊甸园。

流亡路上

抗战爆发后，1937年冬杭州艺专奉命内迁，紧要时刻我自己的钱意外丢光，德群的钱由我们两人分用。后来，当时的教育部为沦陷区学生每月发放五元贷金，这微薄的贷金养育了我的艺专生活，否则，本来我估计自己在艺专是念不完的，因没有经济来源。

杭州艺专教学虽认真，但很少对社会展出，有点象牙之塔的情况。日军侵华摧毁了这所宁静的艺术之塔，师生们被迫投入了战乱和抗敌的大洪流。所谓抗敌，师生沿途作宣传画，也曾在昆明义卖作品捐献。更有进步的同学则悄悄去了延安，当时不知他们的去向。

撤离杭州后，经诸暨、江西龙虎山、长沙、常德，一直到湖南沅陵停下来，在滨江荒坡上盖木屋上课，其时国立北平艺专从北方迁来，合并为国立艺专。合并后出现人事纠纷，闹学潮，于是教育部派滕固来任校长，林风眠辞职离去。

初恋

1938年，日寇向内地步步紧逼，我们学院迁至沅陵对岸的荒坡老鸦溪，盖了一群临时性木屋上课。

沅江流至沅陵，十分湍急，两岸的渡江船必须先向上游逆进约一华里，然后被急流冲下来，才能掌握在对岸靠拢码头。老鸦溪没有居民和商店，要采购什物必须渡江到沅陵城里去，但渡江是一场斗争，是畏途，故轻易不过江。

我患了脚疮，蔓延很厉害，不得不渡江到城里江苏医学院的附属医院去诊治，每隔两三天便须去换一次药。江苏医学院从镇江迁来，同我们一样是逃难来的学府，医院的工作人员也都是从江苏跟来的，同乡不少。门诊部的外科主任张医师与我院一位女同学梅子恋爱了，他们间经常要交换书信或物品，托我带来带去最为快捷方便。梅子像姐姐一样待我，很和蔼，张医师又主治我的脚疮，我当然非常乐意作为他们间的青鸟。

顽固的脚疮数月不愈，我长期出入于门诊部。门诊部只有三四个护士，替我换药的也总是那一位护士小姐，像是固定的。日子一久，我渐渐注意到经常替我换药的她。她不说话，每次照样擦洗疮口，换新药，扎绷带，接着给别的病人换药去，我有时低声说谢谢，她没有反应，也许没听见。她文静、内向，几乎总是低着头工作，头发有时覆过额头。她脸色有些苍白，但我感到很美，梨花不也是青白色吗？自从学艺后我一度不喜欢桃花，认为俗气。她微微有些露齿，我想到《浮生六记》中的芸娘也微露齿，我陶醉于芸娘式的风貌。

福楼拜比方：寂寞，是无声的蜘蛛，善于在心的角落结网。未必蜘蛛，但我感到心底似乎也在结网了，无名的网。18 岁的青年的心，应是火热的，澎湃的，没有织网的空隙。我想认识她，叫她姐姐，我渴望宁静沉默的她真是我的亲姐姐，我没有姐姐。

星期日不门诊，我一大早过江赶到门诊部，在门诊部与护士宿舍之间的街道上来回走，盼望万一她出门来。她果真一人出门了，我大胆追上去惴惴地问："小姐，今天是否有门诊？"显然是多余的话，但她善意地答今天休息。我居然敢于抓紧千钧一发的时机问她尊姓，她说姓陈，再问她哪里人，她说南通人。不敢再问，推说因收不到江苏的家信才打听消息。于是满足地、心怦怦跳，我在漫天大雾中渡江回老鸦溪去了。

本来可以向张医师打听关于这位陈姓护士的情况，但绝对不敢，太害羞了。有一次换药时姓陈的她不在，由另一位护士给我换，我问这位护士：经常给我换药的那位南通人陈小姐叫什么名，我托词有南通同乡有事转信。略一迟疑，她用钢笔在玻璃板上写了"陈克如"三字。我回到学院，写了一封长长的信寄给陈克如小姐。半个多世纪前的情书没有底稿，全篇只是介绍自己，自己的心，希望认识她，得到她的回音，别无任何奢望，没有一个爱字，也不理解什么是爱，只被难言的依恋欲望所驱使，渴望永远知道她的踪影。信发出后，天天等她的回信。回信不来，我也就不敢再去门诊部换药了，像罪犯不敢再露面。

战事紧迫，长沙大火，沅陵已非安身之地，学院决定迁去昆明。师生员工已分期分批包了车先到贵阳集中，再转昆明。我不想走，尽力争取最后一批走。最后一批的行期终于无情地到来，我仍未盼到陈克如小姐的回音。张医师交际广，门路多，他答应为我及同学子慕（梅子的同乡）两人找"黄鱼车"，就是由司机通融免费搭他的货车走，这样，我们自己便可领一笔学院配给的路费。我和子慕一直留到最后才离开沅陵。同学中只剩下我和子慕两人了，我忍不住向他吐露心底的秘密和痛苦，博得了他的极大同情和鼓励。

非离开沅陵不可的前夜，冒着狂风，子慕陪我在黑夜中渡过江，来到护士宿舍的大门口，我带了一幅自己最喜爱的水彩画，预备送她做告别礼物。从门口进去是一条长长的幽暗过道，过道尽头有微弱的灯光。我让子慕在门外街角等我，自己悄悄摸进去，心怦怦地跳。灯下有人守着，像是传达人员，他问我找谁，我壮着胆子说找陈克如。他登上破旧的木头楼梯去，我于是又退到阴暗处看动静。楼梯咯吱地震动，有人大步下楼来，高呼："谁找我？"是一个老太太的声音。我立即回头拔腿逃出过道，到门外找到子慕，他迫切地问："见到了吗？"我气喘得不能说话，一把拉着他就往江边跑，待上了渡船，才诉说惊险的一幕。

翌晨大风雪，我和子慕爬上货车的车顶，紧裹着棉衣，在颠颠簸簸的山路中向贵阳方向驰去，开始感到已糜烂了的脚疮痛得厉害。几天共患难的旅程中子慕一直和我谈论她，虽然他并未见过这位我心目中的洛神。在贵阳逗留几个月，我天天离不开子慕，仿佛子慕就是她，也只能对子慕才能谈及她。离沅陵前我曾给陈克如寄去几封长信，渗着泪痕与血迹的信吧，并告以我不得不离开沅陵，同时附上我们学院在贵阳的临时通信地址。

有一天，我收到一封不相识者的来信，教导我青年人做事要三思而行，说我喜爱的、经常给我换药的那位护士叫陈寿麟，南通人，21 岁，我以后有信寄给她，还祝我如愿。我和子慕研究，写信人大概就是陈克如，那位老太太，门诊部的护士长。我于是写信给比我大几岁的陈寿麟，称她姐姐，姐姐始终未回信。

我们遇上了贵阳大轰炸，惨不忍睹。有一天我和子慕在瓦砾成堆的街头走，突然发现了门诊部的几位护士，她亦在其中，她们也迁来贵阳了！我悄悄告诉子慕这一惊心动魄的奇遇，我们立即远远跟踪她们。见她们到一刻字摊上刻图章，我们随后也到这摊上假意说刻章，暗中察看刚才那几位刻章者的姓名，其中果然有陈寿麟，千真万确了。最后，一直跟到她们要进深巷中去了，我不敢进去，易暴露，由子慕一人进去，他看准她们进入了毓秀里 81 号的住宅宿舍。我接着写信寄本市毓秀里 81 号，心想也许从贵阳寄沅陵的信她并未收到。然而本市的信寄出多日，依旧音讯全无。

贵阳仍经常有轰炸，那次大轰炸太可怕了，全城人民皆是惊弓之鸟，每闻警报，人人往城外逃命。我们宿舍在城边，我听到警报便往城里跑，跑到毓秀里的巷口，我想她亦将随人流经巷口奔出城去。但经过多次守候，每次等到城里人都跑光了，始终没见她出来。大概我到迟了，因听到警报，虽立即从宿舍奔去毓秀里，路途毕竟要跑一段时间。于是，不管有无警报，我清晨6点钟前便在毓秀里巷口对面一家茶馆边等待，一直等到完全天黑，而且连续几天不间断地等，她总有事会偶然出门吧。然而再也见不到她的出现。我记得当时日记中记述了从清晨到黑夜巷口的空气如何在分分秒秒间递变。有一次，突然见到她的同事三四人一同出来了，我紧张极了，但其中没有她。她的同事们谈笑着用手指点我守候的方位，看来她们已发觉了，我也许早已成为她们心目中的傻子，谈话中的笑料。我不得不永远离开，不敢再企望见到她的面或她的倩影。但我终生对白衣护士存有敬爱之情，甚至对白色亦感到分外高洁，分外端庄，分外俏。

40年代我任重庆大学助教，因事去北碚，发现江苏医学院的附属医院就迁在北碚，于是到传达室查看职工名牌，陈克如居然还在，但陈寿麟已不知去向。张医师和梅子结婚后早已离开门诊部，解放后他们在杭州工作，我曾到杭州他们家做客，久别重逢，谈不尽的往事，未有闲暇向他们诉说这段沅陵苦恋的经过，不知张医师会不会记得陈寿麟其人，她今在人间何处！

木头（model）也是人

后长沙形势紧急，危及沅陵，又迁校。我一直跟着学校，从沅陵迁去昆明。从沅陵到昆明必经贵阳。在贵阳遇上一次特大的轰炸，毁了全城，便匆匆转昆明。

在昆明借一小学暂住。在尚未开课之前，我发现翠湖图书馆藏有石涛、八大等人的画册，不能外借，便天天带着笔墨到里面去临摹。回忆在沅陵时在校图书馆临摹《南画大成》，警报来了都要上山躲避，其实警报虽多，却从未来敌机，因此我请求管理员将我反锁在内，他自己去躲空袭，他同意了，我一人在馆内临摹真自在。

昆明开课后，依旧画裸体，只模特儿不易找，我们在教室内不断谈到模特儿，一位模特儿提出抗议：什么木头木头，我们也是人么。我看常书鸿作油画示范，画到细部，他用法国带回的一根黑色的杖架在画框上部作为手的依附，我初次见到这种学院派的作画方式。其时吴大羽也正在昆明，我们恳请滕校长聘回吴老师，但他口是心非，只认为常书鸿便是当今第一流画家。

西南联大和我们国立艺术专科学校当时均迁在昆明，因经常有日本飞机轰炸的警报，干扰学习，我们艺专便迁至属于呈贡县的安江村上课。

安江村是云南滇池边一个面积不小的农村，不通公路，交通不便，到昆明去只能乘船，船停泊在湖畔一座名海宝山的山脚附近，那是三四十年代之间的情况。

安江村有好多个大庙，我们借用大庙作课室、宿舍，当然不够用，另租老乡们较大的房舍作女生及老师们的宿舍。偏僻的乡村搬进来一所外省的高等学校，那些学生男男女女活蹦乱跳，到处作画、唱歌，古庙里播扬出洋腔洋调，被遗忘的农村从此不再沉寂。

绘画系最大的难题是寻找裸体模特儿。在杭州时，招裸体模特儿只需登个小广告，应聘者甚众，须脱光衣服当场选择体形，类似考试，因待遇高，尤其女性，每月大洋 60 元（30 年代）。离开杭州后，迁至湖南沅陵及云南昆明上课，为模特儿问题就费过很大周折，不能挑三拣四了，只要有人肯干就不容易。

今搬至安江村，情况更困难，女的暂时先穿短裤，将裤脚尽量卷高些，以后由女同学一步步做说服工作。男的较大方。有一个男模特全裸上了几天课，突然将阴毛全剃光，他认为那黑毛太丑。

须知，课室是设在大庙里，我们当着菩萨的面画赤裸裸的男女，情况既尴尬又严峻，最后校方只得设法用木板、布幕之类将菩萨封闭起来。搞现代派，毕加索与城隍庙也许情投意合，但我们又不肯放弃裸体的写实基本功，安江村的佛寺被强迫作了巴黎的蒙马特，而其时昆明还在日机轰炸的威胁下度日。特殊的时代，特殊的环境，特殊的心态。

学校大闹风潮，起因是滕固校长解聘了方干民教授，据说是方干民和常书鸿互不相容，难于共事，而我们杭州跟来的学生都拥护方老师，要求滕校长收回成命，于是闹成僵局，形势紧张。学生们攻击常书鸿及好多位站在滕校长立场上的教职员，记得图书馆馆长顾良最是众矢之的，学生追打他，他到处躲藏，学生穷追不舍，最后他逃到潘天寿住所，躲到潘老师的背后，潘老师出面劝架，顾良才免了一顿皮肉之苦。同学们封锁安江村的所有出口，请求、逼迫滕固收回成命，但终于昆明开来警卫部队，卫护滕固去了昆明，同时公布方干民鼓动风潮并开除两个带头掀起风潮的学生。

作为学生，我们当时并不了解人事纠纷的关键问题，只认为滕固不了解艺术。后来滕固病逝，冷静地想，他还是积极想办好这所全国唯一的最高艺术学府的。他曾宣布请梁思成任教务长，但后因梁不能来，又从上海聘来了傅雷任教务长，傅雷好不容易从上海到了昆明，因滕固不能接受他彻底改革学校的方案，他拂袖返回了上海。

战乱期间，老师们大都没有带家眷，租住在农家，因此我们随时到老师处请教比较方便，平时受益比课室里更多。记得有一次潘天寿、吴茀之、张振铎和关良一同去参观筇竹寺的罗汉回来后，我在他们宿舍听他们讨论对罗汉的评价，在一致的赞美意见中，潘老师提出了不同的看法：太巧，宜拙。

但这段世外桃源的学习时期并不太长，战事形势不断发展，危及昆明，我们学校决定迁移重庆，从此离开了这泥墙草顶、布满了高大仙人掌群的安江村。

滕固病逝，教育部委吕凤子任校长，但吕凤子在四川璧山办他的正则学校，因此艺专又迁到璧山去。

吕凤子接任后的开学典礼上，他着一大袍，自称凤先生，讲演时总是凤先生说……他谈书法，举起一支大笔，说我这笔吸了墨有二公斤重……我听了心里有些反感，感到林风眠的时代远去了。但吕先生却对我很好，他支持创新，赞扬个性，并同意我们的请求聘请远在上海的吴大羽，路费都汇去了，但吴老师因故未能成行，退回了路费。我即将毕业，吕先生欲留我任助教，但暑期时他卸任了，由陈之佛接任校长，吕先生写信将我推荐给陈校长，陈之佛像慈母般亲切，当即同意聘我为助教，我因决定去重庆大学任助教，衷心感谢了他的美意。

大红袍

红是一种颜色，但她刺激，因之比其他色鲜艳。绿野里一个红衣姑娘，或远或近，吸引所有人的眼目。喜儿没有红袄，杨白劳给她买一段红头绳，便分外珍视。青年时在杭州读工科，功课紧，没娱乐时间，偶一次到大世界玩乐，看一场京剧，看到那个演员中状元后换上大红袍，真光彩，似乎宇宙也由他统治了。

抗日战争期间，国立杭州艺专迁居四川璧山，当地女娃很多穿大红袄，真美，红色在我心中涌动，又想起了那位状元郎。突发异想，我自己要做一件大红袍。

我很穷，向一位富有的女同学借钱，她问什么用，我说想做件红袍，她说是紫红的吧，我说朱红的，就像舞台上状元郎穿的，她笑了，于是借给我足够的钱，并笑着加了一句，你敢穿！

我急乎到布店买了最鲜红的布，立刻赶到缝衣店做袍，裁缝师傅不肯做，说男人穿这么怪异的红袍岂不遭人骂，不做，你去别家吧。我灵机一动，说我们下江（指江浙一带）人男人全穿红的，只有女人才穿绿的，师傅你大胆做，我回家穿的。好说歹说，他接下了活，我欢天喜地。

待到取衣的日子，我早早去取回，回宿舍立即穿上，满室生光，同室同学都赞美。正开饭时候，我这大红袍状元郎一进食堂，满堂鼓掌，我得意非凡，好比创造了一件杰作，近乎今天的先锋派了吧，有人问我花多少钱，也想仿制一件。美感，在艺术院学生中如触电般流传。但穿到街上，路人以奇异的、不屑的、怒目而视的眼光敌视我，我不怕。

新闻流传不到一星期，训导主任找我谈话了，说战争期间，时有空袭警报，人们躲警报时，你有意暴露目标，公安局必将你当汉奸抓起来，这袍非染不可。

事情严重了，远远超出了艺术与审美。这朱红也真红，我说染成黑的，结果成了脏兮兮的深褐色。我便穿着脏兮兮的袍过冬。到城郊，是染坊所在，蓝天下高挂着黑、蓝、黄等布匹，特别是又高又明的朱红布匹，太吸引人了，令我悲伤那件消逝的大红袍，我就地在速写本上写了一首长长的《红袍诗祭》，记忆中是充满了激情与灵感的，可惜无存稿，那是我写作的处女作。

画了个大麻子

我早该毕业了，因中间进了一年国画系，再回西画系便须多补一年，其实没有什么可补的，我便到北碚附近的独石桥小学代几个月课，挣点钱。小学共六七个教师，女教师都希望我给画像，我却选了一个有特色的女生给画像，用点彩派手法，画得像而美，但她一看，“哇”地叫了，说画了个大麻子！于是谁也不要我画了。

当时我笑她们外行，没水平，自己尚未意识到艺术与群众因缘的大问题。

沙坪坝学法文

1942年我在青木关毕业了，毕业之后由于同学王挺琦的介绍，到沙坪坝重庆大学建筑系任助教，教素描和水彩，这是我莫大的幸运。

因重庆大学和中央大学相邻，我教课之暇便到中央大学旁听文史课程，主要是法文。

除了旁听法文，我还听其他专业的课程，如沈刚伯的中国通史、李长之的中国小说史、唐圭璋的词选、宗白华的美学，包括地理课，我都听，受益匪浅。四年助教生涯，自己的教学任务很轻松，不需要备课，时间都用来读书了，等于又读了四年大学，我比正规学生更努力，从来不缺课，只是没有文凭。

我将工作之余所有的时间和精力全部投入学习法文，听大学里高低各班法文，找个别老师补习，找天主教堂里的法国神甫辅导，从旧书摊上买来破旧的法文小说，与各种译本对照着读。每读一页，不断查字典，生字之多，一如当时吃饭时捡不尽的沙子稗子。读法文，目的只一个，战后到法国去勤工俭学，没有钱，过浪子生活，最穷苦的生活，那么首先须通语言。

一见钟情

四年沙坪坝生活主要是学习法文，并在青年宫办了第一次个展，还认识了朱碧琴，后来她成了我的妻子，今日白头偕老，共同携手于病的晚年。她毕业于国立女子师范学校，任教于中央大学和国立重庆大学附小。我觉得她平凡、善良、很美，而且是我偏爱的一种品位，令我一见钟情。我们间的感情成长缓慢，我们抛掷在鸳鸯路上的时间也不肯过分。但有一天，我向她谈了我的初恋，谈到忽然感悟到她仿佛像我初恋中女主角的形象，是偶合？是我永远着迷于一见倾心？她似乎没有表态。近晚年时我在香港《明报月刊》发表了《忆初恋》，情之纯真与那远逝的抗战之艰苦都令读者关怀，文章反响甚好，编者更希望我写续篇。大陆的一位编者将此文投《知音》转载，于是读者面扩大了，连初恋者本人及其家属也读到了，其女儿、女婿曾来北京相访。刚进门，其女儿一见朱碧琴，便说“真像我姨”。可惜抗战期间我们都无自己的照片，逝者如斯夫，不识自家面貌。我写过一篇《他和她》，详述了我们六十年来共同生活的甘苦。其中谈到我出国留学时没钱买手表，是她犹豫之后将母亲赠她的金手镯卖了换的表。80年代初我出访印度经曼谷返国，在曼谷跟随同机返国的使馆夫人们去金店选了一个老式手镯，预备还她。最近在龙潭湖公园里，遇到一对中老年夫妇礼貌地尊称我“吴老”，我茫然，那位夫人原来是当年在曼谷帮我选手镯者，她大概读到了《他和她》，今在园中白首相遇，能无感慨？她特别要认一认朱碧琴，因我这个美术家夸奖过她美，但谁又能留住自己的青春之美呢！

朱碧琴决定与我结婚之前，她有一个顾虑。她的一位高班同学是我的同乡，其父是我父的至交，都曾在乡里当过小学校长，因之其父久知我的功课出色等经历。这回战乱时邂逅于重庆，他有心示意其女与我联姻。而我，对艺术之爱是如此任性，在恋爱问题上的选择也是唯情主义，但我对他们父女及全家都甚尊重，且不无歉意。战后，妻到我老家分娩时，其时我在巴黎，她那位高班同学还来家祝贺并备了厚礼，我们深感她气量之大。80年代我们住劲松，收到这位心存宽厚的同学的信，她出差住北京弟弟家，想来看望我们。其时没有私人电话，联系不便，我们立即回信欢迎，等她来，并说希望小住两天。信发出，我们天天在家等，但一直音信杳无。她犹豫了？她返东北了？竟不复一字！及许多年后，她病逝了，她弟弟家才发现我们寄去的信仍遗留在抽屉内，她没有读到。

洞房花烛 金榜题名

重庆大学的一次全校助教会上，校长张洪沅说：助教不是职业，只是前进道路上的中转站，如不前进，便将淘汰。确乎，没有白胡子的助教。助教宿舍行字斋和文字斋每晚熄灯很晚，成为嘉陵江岸上一道夜的风景线。这两个斋里的居民，战后大都到西方留学了。

1946 年暑期，教育部选送战后第一批留学生，在全国设九大考区，从北平到昆明，从西安到上海……同日同题考选一百数十名留欧、美公费生，其中居然有留法绘画两个名额。我在重庆考区参试，这对我而言是一次生死搏斗。限额，八年抗战聚集的考生又众，竞试很严峻。年终发榜，我被录取了，其时我已到南京。教育部通知 1947 年春在南京教育部里面举办留学生讲习班三周，然后办理出国手续。

山盟海誓，我与朱碧琴在南京结了婚，我们品尝了洞房花烛夜、金榜题名时的传统欢乐。她很快怀了孕。我去法国，她住到我农村的老家等待分娩，我们分手攀登人生的新高地。她问生下的孩子取什么名，我说男孩叫可雨，女孩叫可叶，她都同意。

“洞房花烛夜，金榜题名时。”这是中国古代知识分子最高的奢望，我有幸品尝过这种欢乐。往事如烟，我和妻已是白头老伴，但当年婚礼中的父亲形象却永不消逝。

父亲是农村小学教员，兼种田，因子女众多，家庭生计艰难，考虑到田地少，

1946年夏，吴冠中和朱碧琴在重庆合影

子女长大分家后更无立锥之地，因此竭力设法让子女读书，将来出外谋生，免得留在家里没有活路。为了子女上学，他一生勤俭、节省到了极点，乡里人说他连尿也要憋回家尿在自家粪坑里。

我是长子，最先实现他的意愿，努力读书，考进不要钱的师范学校，年年争得奖学金，靠考，一直到考取教育部在全国范围内的公费留学生，中了状元了！农村通信不便，当父亲得知消息时不知他和母亲是怎样的欣喜，而且，此后不久，又通知他我们将在南京结婚。

婚期前他赶到南京，内衣口袋里藏着一百块钱，口袋用针线缝住。他没有告诉我如何筹措到这笔“巨款”，无非是粜稻、卖猪、卖鸡蛋、向亲友借贷……其实我事先并未向他要钱，当他摸出那一沓厚厚的钞票，我似乎看到鲁迅《药》中的华老栓，一清早出门时又按一遍腰里硬硬的银子，赶去换人血馒头来为儿子治病。为了省钱，父亲是坐慢车到南京的，车又误点，抵我们宿舍已是深夜。未婚妻拿出饼干请他吃，我知道他的习惯是不肯吃的，但这回真的吃了，吃了一些，未婚妻又请他再吃，我想这是多余的客气，但他居然又吃了，这样几次推让，他确乎吃了不少。事后，我们才知他从早晨离家，搭轮船，换火车，一整天没舍得在路上吃饭，而我们自己因无开伙条件，只在大食堂搭伙，就未考虑到给他做点什么吃的。

我们的简单婚礼在励志社举行，因社内有老同学，费用给优惠，但没中餐，只是西餐，西餐就西餐吧。父亲生平第一次见西餐，我傍他坐，时刻照顾他。当服务员捧上一盘整条大鱼，轮流让客人各取所需，首先送到父亲面前，这当儿，正有人同我说话，未顾及父亲，他惊讶了，一面摇手：我吃不掉那么大的鱼。我连忙用刀叉帮他分取一小块，他因不懂规矩感到难为情，其实，看他那土老头模样，别人早都谅解的。而我既中了状元，作为土老头的儿子，已毫无愧色。倒是回忆初到无锡城里上学时，真怕同学们讥笑父亲的土气。

在南京举行婚礼后，我们一同回到农村老家去，父亲连人家送的鲜花，虽已开始萎谢，也要带回家，并一路向不相识的旅客炫耀：这是在南京结婚人家送的。母亲和家人早在老家门前等候，我们一到便放起鞭炮来，引来众多围观的乡邻和孩子们，父亲似乎显得比平时高昂起来。妻初次到我这农村老家，名副其实的寒舍，我虽曾对她谈过我家的真实情况，但仍不免暗暗担心她的失望与不满。但意外地看到我们的临时新房刷得雪白明亮，处处很整洁，父亲和母亲为此曾付出多大劳动！

1946年冬，吴冠中和朱碧琴在南京婚礼上。左后为吴冠中之父，前排中央老人为证婚人陈之佛

忆苏伊士运河所见

现在从北京直飞巴黎，只13个小时，很方便。三十年前我们留学生从上海乘船去欧洲，航行一个月，太慢了，不方便吧，但这种美好的旅行今天已很少有人能享受到了。

船过苏伊士运河，在塞得港要停留很久，许多当地的小木船便向我们的大海轮围来，木船上的埃及人来卖手工艺土特产：皮包、地毯、壁挂……大船高，小船低，买卖彼此联系不上，于是埃及人果敢地爬上小船的桅尖，在摇摇欲坠中挣钱。他们那干瘦的身影，晒得焦黑的皮肤，在我刚离开的祖国的农村里是到处可见的，虽已是遥远的异域异国了，贫穷和苦难总是那么相仿。天热，水里浮游着成群的儿童，从大船高高的甲板上凭栏向下看，赤裸着的孩子们在水中灵活地出没，像许多可爱的青蛙。孩子们要钱，船上的旅客抛下硬币去，硬币扑通扑通沉入水底，孩子们立即钻入水底，一个一个捡出来了，将捡得的钱高高举给抛钱的旅客们看，满脸欢喜，旅客们看了也十分高兴，满足地笑了。有旅客抛下半支点燃的纸烟，孩子举手在空中接住纸烟，将燃着的烟含进嘴里，再钻入水中去抓那位旅客紧接着抛下的钱，抓出钱来举给旅客看，再取出嘴里的纸烟，那烟仍未熄灭。

三十年过去了，我不会再过苏伊士运河了，却永远清晰地记得这群活泼可爱的青蛙似的儿童们。

“海眼”号漂洋过海

1947年夏，我们几十名留学生搭乘美国邮轮“海眼”号漂洋过海。经意大利拿波里，留欧同学登陆换火车。离船时，头、二等舱的外国乘客纷纷给美国服务员小费，几十、上百美元不等，中国留学生急忙开了个会，每人凑几元，集中起来由一代表交给美国人，美国人说不收你们四等舱里中国人的小费。

留拿波里四五日，主要参观了庞贝遗址及博物馆，便乘火车奔巴黎。车过米兰，大站，停的时间较久。我迫不及待偕王熙民叫出租车去圣·马利教堂看达·芬奇的《最后的晚餐》，教堂不开放，我们的法语又讲得很勉强，好不容易说明来意请求允许进去看一眼。教士开恩了，让我们见到了那举世闻名的模糊的壁画，教士解释那是被拿破仑的士兵用马粪打犹大打成这样子的。匆匆返回车厢，出租车费甚贵，以为人家敲竹杠，不是的，等待的时间也计价，我是生平第一次乘坐出租车。火车很快就启动，万幸没耽误时间。

惊魂塞纳河

复活节放几天假，一位法国同学约我驾小舟，备个帐篷，顺塞纳河一路写生去。多美的安排！我跟他先到郊外他家的乡间别墅住一宿。翌日他扛个木条帆布构成的小舟，类似海水浴场玩儿用的，到了河岸，将帐篷、毛毯、画箱、罐头、面包塞进小舟，已满满的，他的弟妹和女佣都说危险，但我不敢说，怕他认为中国人胆小。

舟至江中，千里江陵一日还，漂流迅速，但这位年轻法国同学感到尚不过瘾，又张起小布帆，舟飞不到一小时，便覆于江中，随波沉浮，我们两人抓住覆舟，犹豫着是否泅水登岸，他先冒险游到了岸，我不能游泳，且西装皮鞋行动十分困难，江面浩浩百来米，便只能嗷嗷待救。他呼救，四野无人，我不意竟要淹死于印象派笔底美丽的塞纳河中，并立即想到口袋中尚有妻和新生儿可雨的照片。

当我力尽将沉没之际，终于有一艘大货船经过，货船尾部携带的小艇将我救上沙岸。同学和我找到最近的村，撞入遇到的第一户人家，同学打电话给他父亲，立即开车接回，其间主人先给我们烤火，那里的村民真善良。

我在同学家乡间别墅住了好几天，有几幅水彩速写就是在那里画的，在我画集里尚可找见。

回巴黎后，我在大学城游泳池学游泳，时间少，仍未学会。

在锡耶纳惊吓了老妇人

每遇暑假，总要到国外参观，首选是意大利。战后欧洲供应困难，在巴黎，凡糖、肉、黄油替代品等等均定量分配，凭票按月购买，仿佛我们的票证时代。我从来不进饭店吃饭，贵，都说蜗牛是法国名菜，我至今没有记住蜗牛的法文名称。

去外国旅行，失去了大学城的学生大食堂，又进不起饭店，于是面包夹肠之类的三明治成了我每天的主食，只是总须找个偏僻处吃，躲避人们的眼光。

罗马、佛罗伦萨、米兰、威尼斯、拿波里等名城的博物馆及教堂都跑遍了，像乌菲齐博物馆更去过多次。文艺复兴早期壁画分散在一些小城市的教堂中，为看乔托、息马虎等人的壁画，我到过一些偏僻的小城，印象最深的是锡耶纳。

我走在锡耶纳的街巷中，遇一妇女，她一见我便大惊失色，呼叫起来。那大概是个节日，乡下人进城的不少，原来这是个偏远乡村妇女，很少进城，更从未见过黄种人。如果中国乡村妇女第一次见到白的或黑的洋人，同样会大惊失色的。

地球上多少差异的神秘已消逝，看来还正在消逝中，我们只等待外星人了。

在伦敦，一枚被拒绝的硬币

在伦敦住了一个月，除看博物馆外，补习英文，在中学时学的英文全忘了，因不用。在伦敦遇到一件小事却像一把尖刀刺入心脏，永远拔不出来。我坐在伦敦红色的双层公共汽车中，售票员胸前挂个皮袋，内装车票和钱币，依次给乘客售票。到我跟前，我用硬币买了票，她撕给我票后，硬币仍捏在手中，便向我邻座的一位“绅士”售票。那“绅士”给的是纸币，须找他钱，售票员顺手将捏在手中的我付的那个硬币找给“绅士”，“绅士”大为生气，不接受，因他明明看到这是中国人出手的钱。售票员于是在皮袋中换另一枚硬币找他。

四五十年代的巴黎大建筑物外表都已发黑，称之为黑色巴黎也合适，后来费大力全洗白了。但瑞士一向显得明亮而洁净，车站售票处的售票员手不摸钱币，用夹子夹钱，其实那些钱看来都还整洁，根本不见国内那种烂票子，“非典”期间，我们对钱币好像没有注意把关。干干净净的瑞士，雪山、绿树、泉水都像人工安排的，艺术意味少。水太清，鱼就不来，这鱼指艺术灵感倒很贴切。

公费留学到巴黎

我们的公费留学属中法文化交流项目，在法费用由法国外交部按月支付，不富裕。第一天到巴黎被安排在一家旅店里，那房间里卧床之侧及天花板上都镶着大镜子，看着别扭，原来这是以前的妓院改造的旅店，少见多怪。搬过几次旅店，最后我定居于大学城，寄寓比利时馆中。大学城是各国留学生的宿舍，法国提供地面，由各国自己出资建馆。当时的瑞士馆是勒·柯彪西 (Le Corbusier) 设计的新型建筑，是悬空的，像树上鸟窝。日本馆保持他们的民族风格。中国呢？没有馆，据说当年建馆经费被贪污了，因此中国留学生分散着寄人篱下。

教育部留學證書　第　號

學生吳冠中現年二七歲係江蘇省宜興縣人國立藝術專科學校畢業經本部考試及格准以公費前往法國留學合給證書

部長

中華民國三十六年四月　日

貼印花處

貼相片處

吴冠中的公费赴法留学证书

如饥如渴，头几天便跑遍巴黎的博物馆。我们美术学院的学生凭学生证免票，随时过一座桥，便进卢浮宫。那时代参观博物馆的人不多，在卢浮宫有一次只我一人在看断臂（米洛）的维纳斯，一位管理员高傲地挖苦我：在你们国家没有这些珍宝吧！我立即反击，这是希腊的，是被强盗抢走的，你没有到过中国，你去

1948年，吴冠中在巴黎凡尔赛宫前

吉美博物馆看看被强盗抢来的中国珍宝吧。

这次，我的法语讲得意外的流利。在国内时学了法语很想找机会应用，但在巴黎经常遭到歧视，我用法语与人吵，可恨不及人家讲得流畅，我感到不得不用对方的语言与对方争吵的羞耻。我曾千方百计为学法语而怀抱喜悦，而今付出的是羞耻的实践。但咬紧牙关，课余每晚仍去夜校补习口语。

致吴大羽信

初抵巴黎，心跳怦怦

前从无极信中得知吾师返校及善庠为吾师助教之消息，艺校荒芜已久，今日重耘，不知有何感触。生初习工程，被焚于热情，弃而从艺，艺校六载，少得良师，暗里摸索，甘苦自知，离校后兴趣日倾文学，习之近，爱之专，大有矢志于此之意。

但抵巴黎后，名作并陈，灿烂可观，忘形之情一如十余年前初进杭校之时也，且巴黎艺术水准虽较高，芸芸人间，偏多庸才，前我校优秀同学来此均不难出类，众皆驽马，唯我骅骝，生心跳怦怦，颇有语不惊人死不休之自信，故初衷全改，今巴黎大学之课已放弃大半，几已以全部精力从事绘画矣，白发苍苍之Dupas（杜拜）教授谓："中国人极聪明。"

李风白先生住乡间，前曾邀生至彼府上晚餐，出示昔年相片数本，多半为与吾师及文铮师等合影，李太太问今日杭州风物是否依旧，生答："是，但已物是人非。"李太太："噢！总是太匆匆！"

生因每饭后即赶车或工作，新得胃病，被迫休息二日，静室独躺，百感俱来，不知何故吾师不予赐示，接此信后盼即赐复，鲁迅先生谓赞赏可予鼓励，反嘲可予刺激，唯有置之不理，此乃名之为真真寂寞者。生多年寂寞，永远想找寻一只指示的、至少同情的手。

巴黎的祖国画人们

艺术工作者的生涯像一枝火把，照亮了别人，毁灭了自己，正如Romain Rolland（罗曼·罗兰）所说：扩大自己的苦痛来制造人间安慰的，是真真的艺术家的心肠。自从随着年龄的增加，我明悟了自己已走上一条遥远而幽暗的道路，我常常有些想申诉，然而申诉什么，向谁申诉，便又有些茫然和黯然了。经常地，我也总安于默静，抑郁，像一只不声不响的蜘蛛，善于在心的角落结网。我曾经很仔细、很努力地试敲过这荒漠之路上的旅人们的心声，或者是同伴，或者是导师，然而或者已经麻木，或者好像也已经麻木。寂寞，无边无垠的寂寞呵，如果世间只剩了一只黄莺，我想它将不再歌唱。接到我师来信，像一枝常绿的冬青，赐我以无限生意，乌云之夜偶现的星星，虽然高远得有些暗淡，但已给夜行人识别了方位，先因翘望我师一丝音息，像困居孤岛而瞭望天际的一片帆帜，心的不安系于希望，不是猜疑。忍不住，犹如一般青年的通病，我于此裸露了我心的深处，虽然那是幼稚的，或者可笑的：有意无意间，艺术学校往往是害人的，而且害得很入骨，被害的一群群立刻就被人海之波冲散了，谁也没有想到要申诉，所以害人的依旧平安地害下去，我自己，就亲受毒害过，余痛今天犹在。一个有血有肉的青年踏进校门去，几年后成一个残废似的低能儿出来，偏带着没来由的傲态，或以被视为怪物为荣。厨川白村说所谓专家是不存在的，人如果以专家自居，那不过是为了骗饭吃。对艺术来说，这话显得更真确，艺人应该是一个更完整的、更正常的、更像人的人，决不是妖魔，更不必作怪。自甘冷落，是修士们应具的本质，然而，相反地，画人们多以丑角姿态出现，这是令人太难受的讽刺。那种艺徒班式的学校，那些不学无术的或者冬烘式的教员，那些渣滓学生，曾经使我十分痛恨无辜的艺术，使我深以与艺专有关为耻，每当有人问起我学习什么，什么学校毕业，我总是惶恐不知所对。今日巴黎，仍不少当年的华工，如果偶然问他们研究什么，便总说是学美术的。

今日巴黎，仍无愧是世界艺术的中心，画人之来巴黎如馒头之入蒸笼，只要不是死面，都总能发开来。在这里，我不但看见了盛开的花朵，同时更多见的是枯萎了的花蕾，那是被害于花房和花匠之手的，那种诚朴的灵魂，杜诗样的拙，在此是常常缺少的。确乎，都市的、懒散的、没奈何的巴黎情调能将久住这里人们的性格都冲得淡淡的，A.France（法郎士）说，巴黎人的眼睛太灰暗了，已经不堪正视野花的颜色。说到这里，我禁不住要无知地，像孩子乐于将一切见闻说给保姆听一样，告诉我师今日仍留巴黎的祖国画人们的情况：比较出色的是潘玉良先生了，在此已三十年左右，而且永远不断地工作着，潘先生为人与落笔都很豪放，一个女子能寄生活于学习，算十分难得了，作品徘徊于波纳与马蒂斯之间，没有一点个意，完全像一个巴黎人画的。

萧瑜先生因听说我来自杭校，便给我讲上一大堆风眠师与杭校初创时的往事，萧太太凌卓在优裕的经济条件下常常作画，作品也还可以，酷似Valadon（瓦拉东，郁特里罗的母亲，名画家），李风白先生敦厚可亲，因他说与我师往日交谊甚深，我也与他谈得特别接近，但在他府上看到他的作品真是太出乎我的意料，看来他已一二十年不常作画，而且似乎对此道已经没有加过思索，原谅我直言吧，其基础之糟真还不如国内艺校的同学，这很使我怀疑到杭校草创时的水准恐也是全不成话的，我心里暗想，李先生决没有想到他与分别二十余年的朋友之间已经有着怎样的不同吧。人家都说常玉先生很有天分，我还未直接拜访过，只偶尔见过他一两张小东西，带些日本味儿。

与此信同时，由海道寄上塞尚彩色印刷品一册，系瑞士所印，制版优于法国，此系尝试，如能平安抵达（需一两月），日后我师需要何种材料，当均可递寄。

无极曾于西贡来信，谓约四月初抵巴黎，不日当来电告以抵达确期云，闵希文同学前曾一度努力挣扎来法，我亦曾屡屡催促，今消息杳然，或为家事所累而不果矣。

像一个虚无缥缈的影子

此间有中国新闻处者，机构虚设，徒耗外汇，近乘联合国会议开幕期间，举行中国画人画展，聊掩坐食之讥，出展者有常玉、潘玉良、萧瑜太太及无极四人，无极之作谅吾师多见，今自目录中剪附潘常萧三人之作。潘虽无天分，平时所作不算顶坏，但她说爱以毛笔构这类非常糟糕的人体，表示中国意味；萧的画面，给人以中国乡下人过年或结婚的印象；常玉比较灵，就不过用油画笔画中国画、日本风的中国画，或者学学齐白石先生的意境。东方人在西方说谎话，糟蹋了东方，在自己国度里画西洋人的须眉，使国人看了很隔膜，在欧洲便滥学石涛、八大的形貌，骗多半失掉了灵魂的法国人，尤其美国人。凡失掉了真诚，或本来就不知什么是真诚的，最是艺事之贼。

我深深感觉到，艺术必须在自己的土地里生长出来，为同一土地上的人们所了解，所惜爱。生活在这个环境里，心情是这个环境的心情，作品是这个环境的作品，在此住了多年的同胞，不像欧洲人，也不像中国人，像一个虚无缥缈的影子，与生命痛痒息息相通的艺术更缘何产生？

象牙之塔早该拆毁，像 Paul Klee（保罗·克利）那种纯粹浅色的美，给视觉的瞬间的快感，装饰了资本主义社会里的豪门客厅，对苦难灰暗的中国人民岂非嘲笑，我这个面黄肌瘦的中国人不能跟盲目的、自我陶醉的、往往是堕落的欧洲大部分没有心肝的画人跑。因此，我苦恼，我不愿骗人，我不能强颜欢笑，在国内时为我宠爱的有些近代或当代画人，今天渐渐都对我失却了魔力，十年里念的法国也已使我开始轻视它，虽然我还要继续在此学习下去。在此学习，我也只是求彻底了解西洋，且往往想探索其传统里的真粹，也许会被人认为可笑，因我感到留学如行旅，不宁静无以致远，谈不上深思而后制作，或情绪冲动而不得不制作，都只是匆匆忙忙在作一些技术上的练习，必须他日回到自己的国土上，痛定思痛，慢慢来抒写所怀。

今天多半精力都花在“求知”上，文章千古事，如在欧洲全将功夫用在两只手上，我认为是白来了一趟。附上几张上学期的习作，我因在国内油画人体只画过一年余，基础不好，所以如今胆小地、拘泥地工作着，望吾师指示用功态度，为了利用环境，在法期间拟全作人体习作，又怕因而感觉日趋麻痹。

我将毫无遗憾地归来了

已经一年多不知你的消息。这一年，环境上、心理上的改变都太大了，我想在国内海外都一样。我是到国外一年后精神上便受了极大的考验，发现了自己，在国内时一向生活在狭小的圈子里，热衷功名，憧憬西洋，努力学习布尔乔亚的文明姿态，唯恐学不像，倒是到了异国才发现了祖国新生的一面。我虽远在海外，但远比我的家乡更早受到精神上的解放，丢掉多少包袱。我从来不对政治发生兴趣，先时也不过偶尔想到，中国共产党也许不错，否则如此艰苦，何以有如许青年跟着拼命。到巴黎后，很方便便读到毛泽东的一些集子，有如得了很大的发现，颇使我吃惊，我深深感到苦难中生长出来的果实的可贵。在延安文艺工作者座谈会上的讲稿，就够我深深反省，我多么想去找这位患难朋友握握手，谈成知己。我梦见过石涛和尚在一座孤庙前担水，我去帮他扛了回去。这样的出身，这样遇到过的人群社会，这样苦挣得来的出国，这样在欧洲的所见所闻，都令我不由自主地，随着沈阳解放、徐蚌胜利而一天天兴奋起来，蒋介石这阴险气狭的流氓害苦了人民，他的殖民地政府，这孱头政府真令我痛恨极了，尤其在国外，所感尤切，不说受洋人之气，一到巴黎看到了那些贵族同胞，官僚之子，商人之女，军人之妾，就觉得念书事小，革命事大。

今天的祖国，虽然仍穷困，但开始迅速地生长着，远景是璀璨得令人目眩，我们在海外的同学都颇感自傲，许多其他东方被压迫民族同学都羡慕我们，能看报的白种人也懂得，中国将了不起。我应该昨天就回来，早日投到新祖国新社会的怀里，何况我贫苦的家庭里都是老弱，渴望我尽早归去，但是我毕竟还拖着许多弱点，我矛盾苦痛了许多时候，总觉得为出国费过太多的努力，必须于此挣取最大的收获，多学一些，虽然另一方面我深以为艺术工作不同于裁缝的技能，学会剪裁西服也便易缝制棉袍，所以我在此一面学习，一面抵抗。因为语言的隔膜较前减少，从“知道他们”这一点上，这一年知道得更多。

到巴黎的第一年，我先进了一个传统学院式老教授的教室，后来就进了 O. Friese（佛里奇）的画室（他去年死了），今年又到 A. Lhote（洛特）那里，此刻又进了 Souverbie（苏弗尔皮）的教室，新的旧的，以学生身份，什么地方都钻进去，也依着他们的看法，剪他们的衣样，在这里一天，总只能尽量利用这里一天，明年春夏，我将毫无遗憾地归来了。

前因此间与国内交通阻隔，法国政府按照事理人情，给我们公费延长到明年七月，教育部返国路费亦总算已经领到（已有一部分同学于十月四日返国），我早则四月，迟则六月一定动身，邮递虽慢，返国前至少还可来得及收到吾师一次来信，有何图书要带，我都方便。解放前后，吾师是否一直留在上海或迁杭州，或去别地，均常在念中，何况沪上又不时遭轰炸。前香港友人来信，说及刘开渠先生任艺专校长，吾师是否仍任教母校，如母校需要图书石膏木炭等教材，我可代带一两百美元之数，我登岸后由校还我人民券。因我无论如何登岸后得留一两百元，今国内外汇无黑市，总得向银行换，换给国家银行或惠及母校于心都无愧。

1948年，吴冠中于米勒（Millet）故居

国立巴黎高等美术学校

对西方美术，在国内时大致已了解，尤其是印象派及其后的作品令我陶醉，陶醉中夹杂盲目崇拜。因是公费生，我必须进正规学校，即国立巴黎高等美术学校。油画系共四位教授，其中三位都属现代派，只一位最老的杜拜 (J. Dupas) 属学院派。在国内人们只信写实技巧，对现代艺术所表达的情和美极少人体会。作为职业画家，我们必须掌握写实能力，我赶末班车，就选杜拜的教室，摸传统院体派的家底。白发老师严于形与体，他用白纸片贴近模特儿的后面，上下左右移动着白纸，证明浑圆的人体在空间里不存在线。然而有一次他请几位学生到他家看他的作品，我也去了。播放的都是他大壁画的幻灯片，装饰风格的，都离不开线的表现，是体的线化或线化了的体。我不喜欢他的作品，因缺乏激情。他上课从不摆弄模特儿，让大家画呆呆站立着的男、女人体，自然空间，不用任何背景。从锻炼功力看，这确是高难度，但我对非艺术的功力无兴趣。老师对我的评价，说色的才华胜于形的把握，他总和蔼地称我："我的小东西，我的小东西。"但"小东西"决定离开他，投入苏弗尔皮教授 (J. M. Souverbie) 的怀抱。

苏弗尔皮老师观察对象强调感受，像饿虎扑食，咬透捕获物的灵与肉。他将艺术分为两路，说小路艺术娱人，而大路艺术撼人。他看对象或作品亦分两类：美 (beau) 与漂亮 (joli)。如果他说学生的作品"漂亮啊！"便是贬词，要警惕。

有一回，课室里的模特儿是身材硕大、上身偏长而头偏小的坐着的中年妇女，他先问全班同学："你们面对的对象是什么？"大家睁着眼无言以对。他说："我看是巴黎圣母院！"

他赞许我对色的探索，但认为对局部体面的琐细塑造是无用的，是一种无谓的渲染，叫我去卢浮宫研究波提切利。

苏弗尔皮是四五十年代前后威震巴黎的重要画家，法兰西学院院士，他的作风磅礴而沉重，主题大都是对人性的颂扬，如《母性》——庞大的母亲如泰山，怀抱着厚重的金矿似的孩子;《土地》——坐镇中央的是女娲似的人类之母，耕畜、劳动者的形象既具古典之端庄，又属永恒的世态;《昼与夜》……我到现代艺术馆、夏伊宫等处找他的展品及壁画，我确乎崇拜他，也是他启发了我对西方艺术品位、造型结构、色彩的力度等等学艺途中最基本的认识。巴黎的博物馆和画廊比比皆是，古今中外的作品铺天盖地，即便不懂法文，看图不识字，凭审美眼力也能各取所需，但若无苏弗尔皮教授的关键性启蒙，我恐自己深入宝山空手回。

世事沧桑，80年代后重返巴黎，博物馆里已不见了苏弗尔皮的作品，他的同代人勃拉克依然光照观众，我不禁怅然。感谢一位法国友人送了我一期沙龙展目，封面是苏弗尔皮的作品《母性》，那一期是专门纪念他的，内有他的照片及简短介绍。历史的淘汰无情，而淘汰中又有遗忘后被重新发现的人和事。

巴黎学生生活的一天

我没有记日记，先是觉得没工夫，记了日记只是给自己将来看的，后来也就一直没记了，让生命白白流去未留踪影。现在追忆某一天的巴黎学生生活，当然并非天天如此，但基本如此。

大学城的宿舍一人一间，三十来平方米，包括小小卫生间、一床、一桌、一椅、一书架。每层楼设公共淋浴室及煤气灶，可煮咖啡烤牛排。每晨有老年妇女服务员来打扫，她跪着抹地板，一直抹到床底下，抹得非常干净。干完活她换上整洁的时髦服饰，走在街上谁也辨不出她是干什么工作的。

大食堂容量大，学生们端着铝合金的食盘排队取菜，菜量限在饭票价格六十法郎(旧法郎)之内,如超限或加红酒则另补钱。食堂的饭是最便宜的,质量也可以，我们总尽量赶回来吃，如赶不及，便买条面包、一瓶奶、水果及生牛排，煎牛排五分钟，一顿饭就齐备了。蔬菜少而贵，水果代之，尤其葡萄多，法国人吃葡萄是连皮带籽一起吃，只见葡萄入口，没有东西吐出来，我也学着吃，可以。早点咖啡加新月形面包，吃完便匆匆赶地铁去美术学院上课，走在街上或钻进地铁，所有的人都一样匆匆。

油画课室旧而乱，墙上地上画架上到处是颜料，我赶上学校三百周年纪念，我这课室虽古老，显然不到三百年。每天上午画裸女，男模特儿极少，因人工贵，男劳力缺，而女的求职难。有一次来了个青年女模特，大家赞美她体形美，但三

1947年底，吴冠中（右起第一人）与其他中国留学生在巴黎凯旋门前

天后她没有再来，后来听说她投塞纳河自杀了。

同学中有不少外国留学生，美国学生显得很阔气，带着照相机，日本人是没有的，我在街上往往被误认为是越南人或日本人。12点下课，背着画箱就近在美术学院的学生食堂用餐，价格和质量与大学城差不多。

学校下午没有我的课，除了到卢浮宫美术史学校听课，整个下午基本是参观博物馆、大型展览及大大小小的画廊，那么多画廊，每家不断在轮换展品，虽然我天天转，所见仍日日新。

再就是书店及塞纳河岸的旧书摊，也吸引我翻个没完没了。

晚上到法语学校补习，或到大茅屋画室画人体速写，时间排得紧，看看来不及回大学城晚餐时，便买面包夹巧克力，边跑边吃。大学城晚上常有舞会，我从未参与，没有时间，也因自己根本不会跳舞。晚上回到宿舍10点多了，再看一小时法文书，多半是美术史之类，那时不失眠，多晚睡也不在乎。

种到故乡的土里去

我们这些留学生大都不问政治。国内内战日趋激烈，改朝换代的大事岂能不波及每个中国人？我们持的是国民党“中华民国”的护照，而国民党将被赶出大陆，宋美龄频频飞美国求救，秦庭之哭已徒然。国民党的腐败我们早痛恨，对共产党则无接触，不了解，但共产党在长江中炮打英国军舰的消息真令我们兴奋，受尽歧视的中国留学生渴望祖国的富强。中共派陆璀和区棠亮二位女同志到巴黎参加世界和平大会，大会是露天的，我也去旁听了，在那里见到与会的毕加索。陆、区二位在一家咖啡店里邀请部分留学生叙谈，介绍解放战争的形势和解放区对留学生的政策，希望大家学成归国建设新中国。每个人面临着去留的选择，其间关键是各人的专业与回国后如何发挥的问题，对生活待遇等等很少有人考虑。

到巴黎前，我是打算不回国了，因国内搞美术没有出路，美术界的当权人物观点又极保守，视西方现代艺术如毒蛇猛兽。因之我想在巴黎扬名，飞黄腾达。当时有人劝我不要进学校，不要学生身份，要以画家姿态出现。我想来日方长，先学透，一面也参展春季、秋季等沙龙，慢慢创造自己独特的风格。看了那么多当代画，未被征服，感到自己怀着胎，可能是异样的中西结合之胎，但这胎十个月是远远不能成熟的，不渴求早产。我陶醉在五光十色的现代作品中，但我的父老乡亲同胞都不了解这些艺术，我自己日后创作出来的作品也将与祖国人民绝缘吗？回忆起在独石桥小学给女生画的那幅麻子像，感到落寞、茫然。可能是怀乡情结，故而特别重视凡·高的书信中语：你是麦子，你的位置在麦田里，种到故乡的土里去，将于此生根发芽，别在巴黎人行道上枯萎掉。似乎感到我将在故土长成大树，在巴黎亦可能开花，但绝非松柏，松柏只护卫故国。

当苏弗尔皮教授预备为我签署延长公费时，我吐露了我的想法，他完全同意这观点，并主张上溯到17世纪以前的中国传统。离开巴黎，仍舍不得，但梁园毕竟不是久留之地。矛盾不易解决，或去或留的决定经过多次反复，与熊秉明等研讨无数回，最后我于1950年暑假离开了巴黎，投向吸引海外游子的新中国，自己心目中的新中国，我们这些先行者当时似乎是探险者。这之前一年，我曾写给吴大羽老师一封信，倾诉我的心情。大羽师保留了这信，“文革”中此信被抄走，最后得以退还，数年前，感谢大羽师之女崇力给我寄来了复印件，今录下：

羽师：

我试验着更深度的沉默。但是国内紊乱接着紊乱，使我日益关怀着你们的行止和安危。

在欧洲留了一年多以来，我考验了自己，照见了自己。往日的想法完全是糊涂的，在绘艺的学习上，因为自己的寡陋，总有意无意崇拜着西洋。今天，我对西洋现代美术的爱好与崇拜之心念全动摇了。我不愿以我的生命来选一朵花一样的职业。诚如我师所说：茶酒咖啡尝腻了，便继之以臭水毒药。何况茶酒咖啡尚非祖国人民当前之渴求。如果绘画再只是仅求一点视觉的清快，装点了一角室壁的空虚，它应该更千倍地被人轻视！因为园里的一株绿树，盆里的一朵鲜花，也能给以同样的效果，它有什么伟大崇高的地方？何必糟蹋如许人力物力？我绝不是说要用绘画来做文学的注脚、一个事件的图解。但它应该能够真真切切，一针一滴血，一鞭一道痕地深印当时当地人们的心底，令本来想掉眼泪而掉不下的人们掉下了眼泪。我总觉得只有鲁迅先生一人是在文字里做到了这功能。颜色和声音传递感情，是否不及文字的简快易喻？

十年，盲目地，我一步步追，一步步爬，在寻找一个连自己也不太清楚的目标，付出了多少艰苦！一个穷僻农村里的孩子，爬到了这个西洋寻求欢乐的社会的中心地巴黎，到处看、听。一年半来，我知道这个社会、这个人群与我不相干，这些快活发亮的人面于我很隔膜，灯红酒绿的狂舞对我太生疏。我的心，生活在真空里。阴雨于我无妨，因即使美丽的阳光照到我身上，我也感觉不到丝毫温暖。这里的所谓画人制造欢乐，花添到锦上。我一天比一天不愿学这种快乐的伪造术了。为共同生活的人们不懂的语言，不是外国语便是死的语言，我不愿自己的工作与共同生活的人们漠不相关。祖国的苦难、憔悴的人面都伸到我的桌前！我的父母、师友、邻居、成千上万的同胞都在睁着眼睛看我！我一想起自己在学习这类近乎变态性欲发泄的西洋现代艺术，今天这样的一个我，应该更懂得补鞋匠工作的意义，因他的工作尚且与周围的人们发生关联。踏破铁鞋无觅处，艺术的学习不在欧洲，不在巴黎，不在大师们的画室；在祖国，在故乡，在家园，在自己的心底。赶快回去，从头做起。先时，犹如别人的想法，我要在这里学上好几年，三年之内决不回国。觉迷途其未远，今年暑假二年期满我是决定回国了。原已向法政府进行延长至第三年的公费手续也中止了（编者注：后来还是延长至第三年），因为再留下去只是生命的浪费。我的心非常波动，似乎有什么东西将生下来。苦日子已过了半世，再苦的生活也不会在乎了。总得要以我们的生命来铸造出一些什么！无论被驱在祖国的哪一角落，我将爱惜那卑微的一份，步步真诚地做，不会再憧憬于巴黎的画坛了。暑假后即使国内情况更糟，我仍愿回来。火坑大家一齐跳。我似乎尝到了当年鲁迅先生抛弃医学的学习，决心回国从事文艺工作的勇气。

吴冠中谨上

2月15日

爱情的力量

在回国与否的天平上，一个小砝码，在关键时刻，左右了大局，就是我的妻子朱碧琴，没有她，我可能不会选择回来。她善良美丽，我们感情很好，不是说她不爱我，是我更爱她，我到巴黎留学前，她已怀身孕，我到了巴黎，心没有离开过她，在她临近分娩期间，我很久没有接到她的来信，担心害怕她出了意外，实在是着急了，我不顾一切地想赶回去，连留学都可以不要了，我要人了，即使她死了，我也得回去抱着她的尸首。我几乎无法控制这样的感情，同学劝我别把感情看得太重，艺术生命大于一切。

幸而她未因难产而丧生！我接到了她劫后余生的来信，无数次亲吻她的信。我在信中和她商量回国与否这个最紧要的问题时，她回信说拿不定主意，大主意只能由我自己拿，她自己并不想一辈子住到外国去。她为了我，放弃了工作，住到我的老家抚育孩子，忍受着离别，却无怨无悔，在关乎我的前途命运的抉择时，只一心为我着想，希望我的事业能够如愿，并不考虑她自己的需要，她真挚纯洁的爱深深地感动了我。我最后选择回国，确实有爱情的力量。

归国

1949年10月中华人民共和国成立，巴黎学生会立即挂出了五星红旗，驻法使馆来干预，扬言要押送我们去台湾，威吓扣发旅费。我们四十名公费生索性全体住进使馆大厅，请愿红旗要挂，路费要发，使馆里乱成一团，请正在出访的陈源教授来劝说，而我们根本瞧不起这位被鲁迅讽为“写闲话的西滢”的陈西滢。学生胜利了，有些人拿到路费便提前回国了。巴黎的华侨开祝贺大会，使馆的官员们识大局，也起义与会，钱泰成了光杆的国民党末代大使。

1950年暑假，我买了从马赛到香港的法国“马赛曲”号船票，自己提前从巴黎出发，到阿尔 (Arle) 访凡·高的黄房子及附近其写生过的风物，并在小旅店的小房间住了几宿，那简陋的房间，颇似凡·高作品的原型。接着又到埃克斯访塞尚故居。维多利亚山是塞尚永远的模特儿，我绕山行，移步换形探索老画家的视野与构想。在此遇到同学左景权，便同宿相叙，惜别依依，他是历史学家，左宗棠的后代，当时不回国，至今仍在巴黎，久无联系，垂垂老矣，据说孤寂晚景，令人感伤。

中国学生往返买的都是四等舱。四等舱肮脏，塞在船头尖顶，风浪来时这里颠得最疯狂，那些吊住上下床的铁链条摇晃得哐当哐当响。白天，我们都爬上甲板，在甲板上租一把躺椅，舒舒服服躺着看海洋，江山卧游，每经各国码头港口时，泊二三日，均可登岸观光，这样神往的行程，现在当属于豪华旅游了，一般人恐已不易享受到。舟行一月，闲着，我作过一些速写和诗，诗见于《望尽天涯路》。

我坐在船尾，

船尾上，只我一人。

波涛连着波涛，

一群群退向遥远。

那遥远，只是茫茫，没有我的希望。

猛记起，我正被带着前进！

落日追着船尾，

在海洋上划出一道斜晖，

那是来路的标志……

第四章

风雨独行人

故园的阴影

“马赛曲”号去东京，抵香港，我们登陆，住九龙。应邀访李流丹家，他出示他的木刻作品，印象不错，他表现了人民的苦难。在饭店吃到了炒菠菜，味美，在巴黎无炒蔬菜，只有生菜或菜泥。北上，先到广州，无亲切感，因听不懂广东话，如初到外国，反不如在巴黎自由。

乘火车去北京报到，路经无锡，下车，宿店。店主见我持护照，西装革履，是外国来的，悄悄问要不要姑娘，我摇头，他加一句：有好的。翌晨搭去宜兴的轮船，船经家乡码头楝树港，下船，走回家只一华里，这是我少年时代频频往返的老路，路边的树、草和稻，若是有情当相抱。父亲和妻竟没有来接，别人似乎也不相识，我默默回家。途中见小田埂上远处一矮小老人，夹两把雨伞前来，那确是我父亲。他说昨天碧琴抱着可雨也来接过，今天小雨未来，无电话，他们只知就这几天到家，但不知确期，今天听到轮船叫（鸣汽笛）才又赶来接接试试，他有点遗憾昨天碧琴和可雨没有接到我。转眼抵家，妻抱着三岁的可雨被弟妹们围着，都站在门前打谷场上冒着微雨等待远行人的归来。首先他们让可雨给我抱，没有见过面的孩子，他不怕生，高高兴兴投入我怀中。因平时他们经常训练他：爸爸呢？法不（法国）。我的归来对老父、老母、妻乃至全家都是极大的喜事，但我感觉到父母心底有黑洞。

是夏天，妻穿着薄薄的衣裤，同一般农村少妇仿佛，但她朴实中不失自己的

1950年夏，吴冠中夫妇和长子可雨在宜兴老家

品位，委屈了她三年，她还是她，她不怨这三年有多苦，似乎站在流水中并未被打湿衣衫。

纸包不住火，家里虽不对我说，原来土改降临，我们家被划为地主。十亩之家算地主？有说是父亲当过吴氏宗祠的会计，吴氏宗祠田多，但又不是我家的。我完全不了解地主、富农、贫农等等的界别及后果，只知家里粮食已不够吃，我想将带回的不多美元先买粮食，父亲连连摇手：千万买不得！

夜晚，我和妻相叙，她平静地谈解放前后的情况，她因难产而到常州医院全身麻醉用产钳的惊险，家里经济的艰难，父母的可怜，土改的严峻……我们相抱而哭，我暂未谈塞纳河之溺及返国与否的矛盾。她倒说父亲主张我暂不回来，我不禁问："那你呢？""一切随你。"

北京居

1950年的秋天，我从巴黎回到北京，住进西单旧刑部街教育部归国留学生接待处，第一件事是到东安市场买了一套蓝色制服，换下了西服和领带。

很快我受聘于中央美术学院，但美术学院住房紧张，一时没有我的宿舍，靠友人帮助，暂租住东四魏家胡同一个四合院的两小间南房，南房朝北，不进阳光，房中无隔断，似堆杂物的仓屋。房门口有棵不大的树，院子极窄，这里属进入正院的入口处，大概原先是看门人的住处。

我急匆匆赶回宜兴老家，接来妻和孩子可雨。我们三人就落户在这小屋里，除了我从巴黎带回的三大铁箱画册和法文书籍，什么家具也没有，开始买双人木床、木桌、木椅、木书柜、煤球炉、煤、米、油、盐，妻学习如何用煤球炉，生火、封火，用一只桶到里院打水，我们开始在不习惯的北京做自己南方口味的简易饭食，往往中午做一顿饭，晚上将剩饭煮成泡饭，保持老家农村的习惯。人地生疏，门庭冷落，没有客人，记得只有老同学董希文和罗工柳来做过客，妻做饭招待他们，炖了红烧牛肉。

整个院子不小，好像有二进庭院，前院住着两位寡妇，后院北房正厅是房主老太爷的起居处。为了联络友谊，我买了二锅头和熏鱼等到上房请老太爷喝过酒，他爱喝酒，知道我是刚留洋回来的，对我很礼貌。平时我们不进里院，也不让可雨进去玩，小可雨只能在自己门口数尺见方的小院里玩，那里既无野草，也无蟋蟀，远不如在老家农村快活。

1956年夏，吴冠中和三个儿子在自家窗下

我的工资是350公斤小米，并须给在故乡的父母按时寄去生活费，土改前后，他们的生活困难极了，还抚养着几个未成年的妹妹。我节省下不多的美元存在东四一家银行里，每月工资用完时便到银行去取一点美元兑成的人民币。到银行取钱，总须领一块铜牌等候叫号，小小年纪的可雨将这一切看在眼里，有时我和妻商议家用缺钱问题时，可雨便很快插嘴：到解放军叔叔那里去要一个铜板就有钱了。因银行门口总有解放军站岗。

从魏家胡同到帅府园中央美术学院并不远，我买了一辆飞鸽牌自行车，每天骑车到校上课。课外，骑车上街办事、买菜、写生，此后三十余年，自行车成了我不可或缺的战马，戎马倥偬，我前后骑破了三辆飞鸽牌自行车。

不到一年的时间，美术学院给我分配了住房，就是那大雅宝和小雅宝胡同间的古老院落，和李可染对门而居，同院尚有李苦禅、王朝闻、张仃、董希文、彦涵等等。有一次齐白石到李可染家做客，可染先生请我过去相见，这是我见齐老先生唯一的一次机会。

我住的是平房，太暗，为了作画，我打开了一个大大的天窗。光线倒明亮了，但夏天日晒时奇热，妻和孩子都勉强忍受，我感到无限内疚，悔恨选择了画家职业。那点美元早已用完，生活日益拮据，于是常常联想到鲁迅的《伤逝》。友人劝我搞点“创作”换点稿费，但我的作品是绝不会被接受的，比涓生的处境更困难。

董希文荐我入中央美院

我只住了几天，便匆匆赴京，报到要紧，估计到了北京将可感受到在巴黎时听到进步派宣扬的新中国新貌。

我是第一次到北京，故宫、老城、狭窄街道上华丽的牌坊，这吻合了我想象中的故国旧貌，所谓传统。街上行人如蚁，一律青、灰衣衫，与黄瓦红墙不属于同一个时代。

教育部归国留学生接待处设在西单旧刑部街，我办完报到手续住下后，第一件事是到东安市场买一套蓝布制服，换下西装革履，才可自在地进入人群。

接待处的工作主要是联系分配留学生的工作岗位，等待分配期间安排政治学习及政治报告。各行各业的留学生大都与其本专业系统有联系，有的很快就被聘走了，甚至几处抢。也有没处要的，等久了的便分配到革命大学学习，学习一年政治再看。我是打算回杭州母校，刘开渠老师在当院长，已有人开始为我与他联系，妻也曾表示她愿定居杭州，风光气候均宜人。

离巴黎时，有人托我带点东西给滑田友，我找到大雅宝胡同中央美术学院的宿舍滑田友家。不意在院中遇见杭州老同学董希文，他显得十分热情，邀我到他家小叙，问及巴黎艺坛种种情况，最后提出想到我招待所看我的作品，我很欢迎。好像只隔一两天他真的去了旧刑部街，我出示手头的一捆油画人体，他一幅幅看得很仔细，说想借几幅带回去细看后再送回，当然可以，就由他挑选了带走。大约过了一星期或十天，他将画送回，并说中央美术学院已决定聘我任教，叫我留在北京，不必回杭州去。

当时徐悲鸿任中央美术学院院长，徐一味主张写实，与林风眠兼容甚至偏爱西方现代艺术的观点水火不容，故杭州的学生也与徐系的学生观点相背。因之我对董希文说："徐悲鸿怎能容纳我的观点与作风？"董答："老实告诉你，徐先生有政治地位，没有政治质量，今天是党掌握方针和政策，不再是个人大权独揽。"董希文一向慎重严谨，他借我的画其实是拿到党委通过决定聘请后才送回的，用心良苦，我就这样进入了中央美术学院。

一经决定留京不返杭州，我立即动身回故乡接碧琴和可雨。我们三人带了简陋的行李坐小船到楝树港赶汽轮去无锡。小船从老家前的埠头起行，父母弟妹们送到船边，是远行，是久别，除了小可雨兴奋，人人感到别是一番滋味在心头。在无锡搭上火车，是夜晚，可雨问："车上有床睡觉吗？"我们买的是硬座，幸有一节母子车厢，照顾了碧琴和可雨，可雨美美地睡觉了。碧琴自三年前到我老家后，这是第一回坐火车，也是生平第一回过长江北上，过长江要轮渡，极费时费事。

中央美术学院的宿舍很紧张，一时无空房，我们先租魏家胡同一家四合院的两小间南房，无阳光。购买一张够三人睡的大床、煤球炉、水缸、桌、凳……碧琴买菜做饭都带着可雨，我觉得她比子君辛苦。

土改形势愈来愈烈，父亲来信诉苦，他最担心的是几个妹妹渐成大姑娘了，困在村里怎么办，要我设法。我和碧琴商量，先将大妹妹蕖芳接来北京，再慢慢寻找出路。蕖芳同住在我们的小屋里，可能是借房东家的旧木板架成床，用布帘遮掩，便是她的卧室了。我们正打听任何工厂有否招考练习生之类的广告。抗美援朝保家卫国开始征兵了。参军是美好而光荣的出路，在农村，地主家庭出身的子女与此无缘。我与美院人事处商量，他们很照顾，用学院推荐的名义蕖芳居然参上了军，而且后来被分配学习军医，苦难中等待的妹妹终于遇到了生机，她于是走上将以医为人民服务的人生。

徐悲鸿虽不掌握独聘教师的特权，但他对人处事仍不失解放前的规格，新教师来，他出面请客。董希文陪着我到东受禄街徐家赴宴。除必不可少的礼貌话外，徐先生和我没有共同语言，虽然我们是宜兴同乡，彼此乡音均较重。幸而徐先生请了另一位客人赵望云，他们像是有事商讨，这就缓解了董希文的尴尬。

席间，菜肴很新鲜，女主人廖静文指着清蒸鱼介绍：这是松花江的白鱼，刚送来的。

我很少见到徐院长，我到院只在自己的课室里与同学交流。我教的是一年级某班的素描，一年级一百多学生，是全院实力最强的重点班，学生中今日知名者如靳尚谊、詹建俊、朱乃正、闻立鹏、蔡亮、刘勃舒、邵晶坤、权正环、赵友萍、张德蒂、张守义等等。这一百多学生分成七个班，教师分别是董希文、艾中信、蒋兆和、李宗津、李斛、韦启美和我。

我觉得同学们作画小处着眼，画得碎，只描物之形，不识造型之体面与结构，尤其面对石膏像，无情无意，一味理性地“写实”。我竭力赋予大刀阔斧，引发各人的敏感，鼓励差异，甚至错觉，这其实是将苏弗尔皮的观点咀嚼后再喂给孩子们。同学们觉得我讲得新颖，可能还不甚理解，但也试着转换观察角度和表现方式。

其中有的同学并不接受，明显的如蔡亮，当我要去参观土改，派董希文来代课时，蔡亮特别高兴。同学们认为蔡亮是这班最出色的尖子，但我觉得他的作业缺乏灵气，倒表扬汪志杰感觉好，后来我被戴上天才教育的帽子。一位刘姓同学画得好，他却要参军，我很惋惜，劝他不去。荒谬，这样的教师早晚该被赶出课堂。

我从巴黎带回三铁箱画册，每次上课给同学们看一两本，他们兴奋极了，难得看到这么印刷精美的名画。结合名作，我讲解绘画的多样性，尤其重要的是古今观念的转变，扩大他们的眼界。令我惊讶的是，他们从未听说过波提切利、尤特利罗和莫迪里阿尼等名家。有同学提出，有列宾的画册吗？没有，不仅没有，我也未听说过列宾之名。

课后我问董希文，列宾是谁，董说这是俄罗斯 19 世纪大画家，是今日国内最推崇的大师。我回家翻法文美术史，翻到 19 世纪的俄罗斯，是有列宾之名，但只短短几行文字介绍。几个月后，我在王府井外文书店偶然碰见一份法文的《法兰西文艺报》，这报我在巴黎时常看，必看的。虽是过期报纸，我也买了，好了解巴黎艺坛近况。打开报纸，头版头条，整版图文介绍列宾，作者是进步诗人阿拉贡 (Aragon)。我迫不及待在书店门口便先粗略浏览，开头第一句："提起列宾，我们法国画家谁也不知道他是谁。"原来法国画家和我一样孤陋寡闻。

『偏差』和『照顾』

我被编入高校教师土改参观团，团长是南开大学历史系主任郑天挺，团员有清华大学土木系主任张维，北大历史系杨人梗教授，美术学院王式廓、冯法祀及我，等等，地点是湖南一带。我读过孙中山的民权主义，了解他主张平均地权及耕者有其田，但没有读过马列主义，不了解阶级斗争的实质内涵。这回在土改中才知道地主、富农、贫农的界别，怎样划分阶级。看到各种斗地主的场面，被剥削的农民气愤时不免动手打地主，政策上不许打，打了，这叫“偏差”，“偏差”和“照顾”是我经常听到的新名词。

地主和地主不一样，有的残暴，有的看起来善良，甚至可怜，但剥削是他们的共性，而他们往往并不认为自己是剥削者。他们还有另一个共性：吝啬。有一家地主将银子铸成一大个整块，藏在地窖里，每有银子便都烧熔了浇进去，子孙也不易偷窃花费，巴尔扎克笔下葛朗台家也没有这么大块的“不动产”吧。剥削制将被消灭，愚昧与落后可厌，物不尽其用，阻止了社会发展。西方资产阶级利用一切物力创造新事物，中国的地主阶级使社会倒退。

分到了田的农民欢天喜地，接着动员参军抗美援朝，保家卫国。成分好的农民，分到了地的农民，这些红光满面的青年农民戴着大红花气昂昂地去保家卫国了，保卫真正是属于自己的家园。

参观了大风大浪的社会改革，是教育我们这些旧社会来的知识分子认识当前的形势，便于自己的工作配合国家前进的方向，王式廓就在这次土改返京后，创作了反映土改斗争场面的《血衣》。

《木槿》　1975年作　油画・麻布　120cm × 80cm

《双白杨》 1975年作 油画·麻布 74cm×41cm

《青岛红楼》　1975年作　油画・木板　46cm×61cm

《鼓浪屿》　1977年作　油画・麻布　70cm × 90cm

《重比泰山》　1977年作　油画·麻布　202cm×226cm

《长江三峡》　1977年作　油画·麻布　400cm × 300cm

《鲁迅故乡》 1978年作 油画·麻布 78cm × 139cm

《月下玉龙山写生》　1978年作　水墨·宣纸　54cm×153cm

找不到路，找不到桥

——改行画风景

返国途中，我在船上经常考虑创作题材。我构思过一幅《渡船》，渡船上集中了老乡们：白发老伯、缺牙大婶、黄毛丫头、猪、鸡、菜筐、扁担纵横，苦难挤着苦难，同舟共济，都是我的父老乡亲，被早晨的阳光照射着，他们在笑；或者风雨黄昏，几把黄布雨伞遮不住畏缩的人们。我从幼年到少年、青年，外出和回家，必经这渡船，这渡船美，这美是立体的，它积淀了几代人的肖像和背影。另一幅《送葬》，祠堂的大白墙前一群白衣人送葬，白衣白墙间凸出一口黑棺材，代代苦难，永远的苦难凝固在这黑色的棺材上，棺材中。还有几幅，但参观土改后，看了今天的农村现状，政治斗争的火热，这些构思中的作品便不能诞生，成为死胎，胎死腹中的母亲永远感到难言的沉痛。

在北京街头遇到一位北方农民，一身靛蓝衣服，形象特别好，入画，便出钱请到我家。其时我已搬入美院大雅宝胡同宿舍，我将最大的一间开了天窗，做画室，但夏天日晒热得不得了，妻忍着，未吐怨言。我将这位北方老乡画在南方农家小屋里，给他戴上大红花，一个孩子伏在他身上，题目是“爸爸的胸花”，这是看到土改后农村参军的启示吧。但我的画反应不好，被认为是形式主义的，改来改去都不行。后来又试画别的题材，总说是丑化了工农兵，如果苏弗尔皮老师看到这些画，他大概会说：哼，漂亮啊！我夹在东西方中找不到路，与领导及群众隔着河，找不到桥，连独木小桥也没有。

妻怀了第二个孩子，我们到处找打胎的，有人介绍有个日本医生肯做，找到他的诊所，已被封门了。当妻躺在床上闹阵痛时，我正在画布前拼搏，没有放下画笔到床前安慰她，我无法掩饰自己的自私。然而，画仍遭排斥。

逼上梁山，改行作风景画的念头开始萌芽了。

回国后，我一直没给秉明写信，他等我总无音信，石沉大海，但聪明的他是读得懂无字碑的。我终于给他写了一短简：我们此生已不可能再见，连纸上的长谈也无可能，人生短，艺术长，由我们的作品日后相互倾诉吧！

1992年9月，吴冠中在故乡宜兴的竹海写生

『老子天下第一』——离开中央美院

我在美院教了两年，前后两个班，第二个班上的李克瑜、王恤珠、尹戎生等等还记得分明。刚教了两年，开始文艺整风，整资产阶级文艺思想，落实到美术学院，便是整形式主义。

有一个干部班，学员都是各地普及美术工作而立场坚定的优秀党员，有一位学员在图书馆看到了印象派的作品，大为惊喜，说这才是彻彻底底的艺术，当然他遭到了批判。但印象派像瘟疫一样传染开来，整风是及时的了。我曾经给同学们看过远比印象派毒素更烈的现代作品，我原意是将采来的果实倒筐般倒个满地，让比我更年轻的同学们自由选取。

在整风中我成了放毒者，整风小组会中不断有人递给我条子，都是学生们状告我放毒的言行，大都批我是资产阶级文艺观，是形式主义。更直截了当的，要我学了无产阶级的艺术再来教。当然条子是匿名的，上课时学生对我都很热情，对我所谈很感兴趣，怎么忽然转了一百八十度？

有一次全院教师大会，是集中各小组整风情况的总结，党委领导王朝闻就方针政策讲了话，徐悲鸿也讲了话，徐讲得比较具体，很激动，说自然主义是懒汉，应打倒，而形式主义是恶棍，必须消灭。我非常孤立，只滑田友在无人处拍拍我臂膀：我保护你。其实他自己是泥菩萨，未必过得了河。

整风后不久，人事科科长丁井文一个电话打到大雅宝胡同宿舍，通知我清华大学建筑系聘我去教课，让我办理调职手续，手续简便之极。

妻已生了第三个孩子，命名乙丁，其时批我的个人英雄主义，还是当个普通一丁好。据清华的人说，他们到美院遇到丁井文，丁曾问到吴冠中仍是“老子天下第一”吗。

我终于被挤出美术学院，调到清华大学建筑系，住房条件改善了。住在北院，那本是朱自清等教授住过的高级住宅，不过如今已破旧，属清华的中下等宿舍了。面积不小，有两间卧房，一间书房，一间客厅，大厨房里还可住保姆，于是又从老家再接来母亲及一位亲戚，共同照料三个孩子。

我从家乡拉来母亲照顾孩子，但南方农村妇女实在住不惯风沙扑面的北京城，何况我们的条件又极差，用水不便，更谈不上洗澡，住不久她还是回去了。

妻的工作调到了清华附小，上下班很近，生活上较方便了。因有了客厅，我骑车到天桥地摊买了一套半旧的沙发，并立即跟着运货的平板三轮骑回清华，毫不疲乏，看到自己家里有了沙发，倒颇感高兴。

离开了美术学院，我从意识形态的文艺漩涡中心被抛到边缘，在宽阔的清华园里开始走上艺术道路中的独木桥，虽孤寂，倒清静，躲开了那许多虎视眈眈的眼神。

风雨独行人

我说出塞，是出了文艺圈子。离开了美院这个擂台，这个“左”的比武场，在清华感到心情舒畅多了，教课之余，在无干扰中探寻自己的独木桥。教课并不费劲，教素描和水彩。以往只重视油画，瞧不起水彩，为了教好课，便在水彩上下了功夫，我将水彩与以往学过的水墨结合，颇受好评，群众最先是从水彩认识我的，我被认为是一个水彩画家。

建筑师必须掌握画树的能力，我便在树上钻研，我爱上了树，“她”是人，尤其冬天落了叶的树，如裸体之人，并具喜怒哀乐生态。郭熙、李唐、倪瓒们的树严谨，富人情味，西方画家少有达此高度者。用素描或水墨表现树可达淋漓尽致，但黏糊糊的油彩难刻画树的枝杈之精微。风景画中如树不精彩，等于人物构图中的人物蹩脚。任何工具都有优点和局限，工具和技法永远是思想感情的奴才，作者使用它们，虐待它们。从古希腊的陶罐到马蒂斯的油画，都在浓厚底色上用工具刮出流畅的线条，这予我启发。我在浓厚的油画底色上用调刀刮出底色的线，在很粗的线状素底上再镶以色彩，这色便不致和底色混成糊涂一团。如画树梢，用刀尖，可刮出缠绵曲折的亮线，无须再染色，我常用这手法表现丛林及弯弯曲曲的细枝，油画笔极难达到这种效果。

当时几乎没有人画风景，认为不能为政治服务，不务正业，甚至会遭到批判。后来文艺界领导人周扬说风景画无害，有益无害。无害论一出，我感到放心，可以继续探索前进，至于不鼓励，不发表，都与我无关，与艺术无关，我只需一条羊肠小道，途中有独木桥，让我奔向自己的目标，那里是天堂，是地狱，谁知！建筑系像一把伞，庇护了我这个风雨独行人。

1991年10月，吴冠中在太行山写生

艺术家将来都穷

我废寝忘食地工作令妻不满，说教课已不成问题，何苦再这样辛劳。其时她已调在清华附小任教，工作仍忙，乙丁尚躺在摇篮里，需人照料，保姆有点顾不过来。有宏已断奶，能独立行走，于是母亲再度进京，送回有宏，照料乙丁。因住房有了改进，生活较方便，母亲这回住得较久，并从老家找来一个远亲当保姆，家里的生活安排较妥，只是更穷，孩子多了，负担加重，我们曾领过多子女津贴，甚内疚。

碧琴与我结婚前，他父亲反对，只一个理由，艺术家将来都穷，碧琴勇敢地嫁了我，今日品尝她不听父亲当年劝告的苦果。

我们一直想接父亲到北京看看，但他在老家很忙，做家务，还照料我弟弟的孩子们，总说走不开。我们力劝，他勉强同意了，路费也寄去了，天天等他的到来，但最后还是未动身，说家里事太多，他放不了手。

灾荒时期全国上下都吃不饱，他在乡下饿得不行，想逃到北京来吃饱饭。那时我们全家吃饭也定量，也都吃不饱，而且有规定限制人口流入北京。我们虽然努力设法，他仍未能来京。后来得知他的病讯、死讯，我都因故未能回去，妻对此特别感到内疚，认为这是我一生中最大的遗憾。

我是工人阶级了！

我觉得建筑系的学生审美水平较高，一是文化水平较高，能看外文杂志；再是设计中离不开形式的推敲，同他们谈点、线、面构成，谈节奏呼应，实际已跨入抽象美领域，也正是他们专业的课题。故我有些建筑师朋友往往比一般画家同事更相知，向他们学了不少东西。

学习绘画，必然涉及造型，涉及雕塑与建筑，巴黎的建筑系就设在美术学院中，我天天看到建筑系学生们扛着裱着设计图的大板在院内出出进进。清华大学建筑系有一次讨论绘画，教师们都展出作品，梁思成和林徽因也展出作品参加讨论。梁思成展的是水彩罗马古建筑，好像是斗兽场，林徽因的作品也是水彩，带点印象派的效果。她身体很弱，仍谈了关于色彩的问题，结合舞台设计，她说大幕要沉着，宜用暗红，内幕可用粉红，好比新娘子的内外服装配套。

梁思成留给我一个最难忘的举动，那是他讲中国建筑史的第一堂课，我在旁听，未开讲前他从上衣口袋摸出一个小红本高高举给大家看，得意地说："这是工会会员证，我是工人阶级了！"那年月，知识分子入工会标志一个大转变，不容易。

回归文艺领域
——北京艺术学院

北京师范大学有个最不起眼的系，图画制图系，系主任是卫天霖。卫天霖是油画家，早年留学日本，作品受印象派影响而融进民间色彩，华丽绚烂，质朴厚重。印象派捕捉瞬间，作画迅速，而卫天霖作一幅画往往耗费累月之工。随着教育形势的发展，图画制图系改为美术系，于是须加聘绘画教师。教研室主任张安治竭力希望调我，劝我回归文艺领域。我与卫老素不相识，与张也只在伦敦和巴黎有过几次过从，并非老友或知己。因当时“双百”方针的气氛已渐浓，我很快被调去了。

李瑞年比我早一步也从美院调到了师大美术系，我们又同事了。形势发展喜人，师大的美术系和音乐系独立成艺术师范学院，后又改为北京艺术学院，并增加了戏剧系，聘焦菊隐兼任教授，但我竟未有机会与焦先生相叙，感谢他在沙坪坝时辅导我法文之恩。

卫天霖任副院长，主管美术系，他全身心投入教学工作。解放前，卫老支持共产党的地下工作者，他家做过地下工作者的联络处，最后他携家带眷直接去了解放区，任教于华北大学。但美术方面的领导们认为他是印象派，属资产阶级，并不重用他。解放后，主要的党员画家们进北京接收，进入美术学院，而卫天霖被安排到师大这个不起眼的图画制图系。今成立艺术学院，卫老有用武之地了，我深深感到他办好学院的决心和热忱。他对徐悲鸿体系的师生有戒心，因他是被排斥者。我是张安治介绍去的，张安治曾是徐的学生，因对张有点戒心，也就疑心我是不是张的羽翼，惊弓之鸟，在旧社会他历尽人际倾轧。共同工作半年后，卫老认识到我并非谁的羽翼，而且学术观点与他相近，他从信任到宠爱我，引为心腹，力劝我任绘画教研室主任，又将我妻从清华附小调来美术系任资料员，在极困难的条件下解决我们的住房。“反右”前他有职有权，聘教员的大事往往交我定夺，我推荐的，他不需考核。士为知已者死，何况办好艺术学院是彼此的共同心愿，我视卫老为长辈、老师，竭尽忠诚。美术学院如强邻压境，促进了艺术学院的师生们团结一致，多难兴邦。

鉴于美术学院一花独放，卫老、李瑞年、张安治和我一致主张多样化，聘请了罗尔纯、吴静波、邵晶坤、俞致贞、白雪石、高冠华……“反右”后，政治挂帅，卫老也就没有决定聘任教员的权力，改由党内专家赵域掌握教学方向，阿老、彦涵、张松鹤等均调来了，教师阵容日益强大。

艺术学院办了八年，后期成绩蒸蒸日上，渐引起社会关注，我们心底都有与美院分庭抗礼的追求，但突然，她夭折了。文化部以我们的音乐系为基础成立中国音乐学院，戏剧系并入戏剧学院，美术系分别并入美术学院和中央工艺美术学院，留下的及附中教师到师院成立美术系。在撤销艺术学院的大会上，苏灵扬院长虽在台上鼓励大家向前看，但台下师生多半泣不成声，我没有敢看卫老，这位最辛劳的创业者谅必欲哭无泪。

母校的消逝，毕业生们将品尝孤儿的滋味。卫老、阿老、俞致贞、张秋海、陈缘督及我调至中央工艺美术学院，嫁鸡随鸡，我们将为工艺专业服务。

艺术学院的创立是卫老惨淡经营、呕心沥血的结果，也是他教学生涯中最重要的时期。聘教师，搞设备，招生，他事必躬亲。后来经过“反右”，提出政治挂帅，他的权力缩小了，但对学院的教学仍是一片热忱。我作为卫老的合作者、助手、参谋，与他成了忘年交，深深了解他内心的苦闷与难于实现的抱负。

“文化大革命”开始时，因我们到工艺美院时间不长，授课尚少，“放毒”不多，加之艺术学院时的老学生均已毕业分散，无须再回来“揭”老师的“毒”，故我们遭到的冲击倒相对地减轻了，可谓因祸得福。妻经常对我说，如果艺术学院不解散，我看你是过不了关的。

1964年3月，吴冠中夫妇和同事、学生摄于即将撤销的北京艺术学院前

在艺术学院这八年，我面对人体，教油画专业，竭力捏塑我心目中的艺术青年，发挥在美院遭批判的观点，更进一步谈形色美，谈油画民族化。我带油画专业的学生至故宫看国画，用西方的构成法则分析讲解虚谷、八大、金农、石涛、渐江……的造型特色。在教研组教师进修会上，我从荣宝斋借来高级水印周昉的《簪花仕女图》，请国画和油画教师从各自的观点来品评、分析作品的优缺点，希望引出争论，可惜争论不起来。

在自己班上，我给学生看西方画册，讲艺术品位、激情，甚至错觉。同学们非常兴奋，但不让外班同学旁听，画册也只限本班看，怕扩散，影响大了，会出严重后果。不讲真谛，于心有愧，误人子弟，虽然我明知普罗米修斯的命运。终于我误人子弟了。

我偏爱班上学生李付元，他色感好，作品品位不错，我总是鼓励他勇猛前进，心有灵犀，但他确有自己的好恶，不迁就。毕业创作了，李付元的构思是画易水送别，白衣丧服，黑的马车，最初的小稿中黑与白营造了壮士一去兮不复还的悲剧气氛。但不行，刺秦皇这样的历史题材绝对通不过，终于被扼死在摇篮里，李付元很难找到他想画的新题材，审稿日期又步步逼近。最后他画了两头大黑牛，背景是农家院，血红的辣椒之类什物，画面以形的量感与色的对照凸现形式美。这画他曾画过，并被选入北京市美展，现在时间紧迫便在这基础上放大重画作为毕业创作。我作为主导教师，觉得效果不错，评了5分（当时学苏联的5分制，5分是最高）。但党领导认为这样无主题的牛不能作为毕业创作，决定由系里组织评委会集体投票评分，结果《牛》只得了2分，不及格。李付元因此不能毕业，最后以让他补修半年的方式结束了此事。

外出写生

井冈山写生

在艺术学院除带领学生外出体验生活、写生实习外，教师每年有创作假，加上寒暑假，所以我每学期总有外出写生的机会。每遇寒暑假，用有限的工资做路费到外地写生，井冈山、海南岛、烟台……都是自费去的，妻对此不无意见，因家里经济已很拮据。

50年代好像还没有画家去井冈山，我摸石头过河，探听着交通上了井冈山。我爱崇山峻岭，茂林修竹，井冈山是革命圣地，今画革命圣地的峻岭与修竹，当非一般风景，便名正言顺、大大方方去画了。

到达心脏茨坪已颇费力，而各大哨口尚很遥远，且只能步行，别无交通工具。我背着画箱、画架、两块三合板、水壶、干粮、油布(南方随时下雨)、雨伞上路，类似一个运货人。油画画在三合板上，干不了，用同一尺寸的另一块板盖上，四周用隔离钉隔开，画面与盖板不接触，所以每次必须带两块板。油布是大张的，作画中遇阵雨，用以遮画面防雨，我的身体便是撑开油布的支柱。而且，完成了的画与盖板钉合后，四周是宽缝，须防灰沙或雨点进入，大油布将其全部包严，并用带子捆牢，夹在画架上提着才能稳走数十公里山路。

有一次在双马石写生，四野森森，羊肠小道无行人，有点担心猛兽来袭。有响声，一老人提着空口袋前来看我干什么，我刚开始，画面尚无形，老人看一眼就走了，

1982年春，吴冠中为北京中国剧院创作巨幅油画《井冈山》

赶他的路。下午四点来钟，老人背着满满一袋什物从茨坪方向回来了，他又来看画，这回松、石、山等风光一目了然，他喜形于色。忽然，他放下口袋，从中摸出一块灰褐色的东西让我吃，那是白薯干，他看我站着画了一天，谅无处吃饭，其实我带了干粮，工作中吃不下，要到回去的路途中才能吃。老乡之情感人，但我们语言不通，心有灵犀，我出示自己的干粮，谢了他的赠品。日未出而作，日已入尚不能息，因每作一幅画须赶数十公里山路，故天天摸黑出门，摸黑回招待所。最远的一个点是朱砂冲哨口，当天绝不可能回来，便先住到中途一个农家，翌晨一早赶去哨口。哨口虽是军事险境，并不入画，倒是途中峭壁、急流，郁郁葱葱，入画处不少。

在井冈山共作了十余幅风景，加上瑞金所作，都是革命圣地，人民美术出版社为此出版了一套革命圣地风景画明信片，有些刊物也发表了几幅，较常见的是《井冈山杜鹃花》那幅。井冈山管理处（今日之井冈山博物馆）派人来京找我，希望我复制这套风景画赠他们馆里陈列。

我乐意复制了，他们取走作品，回赠了几个竹制笔筒。许多年后，我翻看这批尝试油画民族化的作品，觉得太幼稚，便全部毁掉了，只个别的已送了人。再后来，我的作品竟成为市场宠儿，值钱了，我在一些拍卖目录中陆续发现井冈山博物馆那套油画被出卖。

70年代我再上井冈山，已有公路通各哨口，我在哨口附近作画，下午没有赶上返茨坪的末班车，慢慢步行返回，恐须夜半十二点才能到达。一路留心过路车，拦住一辆载木头的卡车，但车上木头堆得高高的，无法加人，只好挤进驾驶舱，但未干的油画未及包装，没法安置，便伸臂窗外捏着那张画坏了的画——病儿，病儿不能丢。这样捏着奔驰四五十分钟，抵茨坪时手与臂全麻木了，再看画，很蹩脚，不是滋味。

我探问50年代赠画的下落，无人说得清，推说人员都调动了。90年代全国政协组团视察京九路，中途宿井冈山，我以政协常委的身份询问博物馆领导关于那十几幅油画的下落，他先说大概只剩一两幅了，我要看，他们寻找后答复说一幅也没有了，也说人员都调动了，只能向我道歉。

氓·铜钩·画坐座位

1960年暑假，我要自费去海南岛作画，妻有难色，因家中经济实在困难。我写了一本小册子介绍波提切利，寄上海某出版社，一直等稿费，想用这稿费去海南岛，但却退稿了。假期不可失，我还是去了海南岛。

到兴隆农场招待所，所里一看我的介绍信是北京艺术学院副教授，便安排我住最高级的房间，我一看那些讲究的沙发衣柜之类，怎能住得起，便说我作油画，油色会弄脏房间，只需住职工宿舍，最后总算住入上下双人铺的房间，每天几角钱，住一月也不担忧。

我钻进椰子林作画，奇热无比，连油色的锡管都烫手。忘了在何处，林中小虫特多，咬得紧，着长裤、长袖衬衣，且将袖口和衣领都包得严严实实，但回到宿店才知满身都是红块块，奇痒难忍，店主颇可怜我，说：氓！氓！我听不懂广东话，她用笔写，原来是蚊。

我的写生架是从法国带回的50年代的木质制品，多功能，极方便，其中两个铜钩长6厘米多，缺一不可，我对画架上的任何零件倍加注意，像战士爱护自己的枪。但有一天晚上解开画架与作品时，却发现丢失了一个铜钩，这对我几乎是五雷轰顶，因从此无法工作。一夜难眠，翌晨顺着昨天作画后的路线一路仔细寻找，在一望无际的青绿大海中捞针，或只是抚痛的招魂。感动了苍天，那铜钩上染有红色，万绿丛中一点红，居然给我找回了这远比珠宝珍贵的铜钩，我捧起染着颜料和朝露的铜钩吻了又吻。

这样辛苦月余作来的画自然很珍惜，但广东返北京的火车很挤，虽是起站，什物架上早已堆得满满的，我有一包画是用隔离钉隔开的，中空，压不得，无可奈何，只好安置在我自己的座位上，我自己站着，也许中途有人下车会有空位，然而竟没有，站到北京，双腿肿了，作品平安到家。

入藏写生

西藏平叛后，为了反映平叛后西藏的和平美好，美协组织画家入藏写生，首选是董希文，董希文不忘旧谊，推荐我同行，我甚喜，如中彩票。

我们一行三人(后又增加了邵晶坤)先坐火车到兰州，然后乘公共汽车经格尔木去拉萨。经唐古拉山，海拔五六千米，氧气稀薄，心脏弱者过不了关，需备氧气。坐长途汽车、远洋海轮，我从无反应，至此，汽车行驶时尚无感觉，停车脚踏土地，便感头晕恶心，有人难受得哭了，泪珠落地成冰，这冰珠千年万世永不消融。早晨汽车水箱冻了打不着火，用木柴烧烤一个多小时才能开车，因此司机不愿憩夜，通宵连日地赶，眼睛熬得满是血丝，所以总要配两个司机。到了拉萨，配给我们专车，很阔气。

在西藏四五个月，我们先分工分路找题材。我主要画风景，目标康藏公路的札木，道路极难走，多塌方及泥石流。一路住兵站，也只能住兵站，兵站的解放军十分热情。有一处兵站我忘记了地名，将到此站前风景别具魅力，雪山、飞瀑、高树、野花，构成新颖奇特之画境。抵站后我立即与一路陪护我的青年解放军商定，明天大早先去画今日途中所见之景。翌晨提前吃早饭，青年战士和我分背着画箱什物上路，因海拔高，缺氧，步履有些吃力，何况是弯弯曲曲的山路。我心切，走得快，但总不见昨日之景，汽车不过二十来分钟，我们走了四个小时才约略感到近乎昨日所见之方位，反复比较，我恍然大悟：是速度改变了空间，不同方位和地点的雪山、飞瀑、高树、野花等等被速度搬动，在我的错觉中构成异常的景象。从此，我经常运用这移花接木与移山倒海的组织法创作画面，最明显的例子如70年代的《桂林山村》。

藏民很美，造型之美，即便脸上涂了血色，仍美，我在西藏画了不少藏民。但西藏作品中最有新颖感的是扎什伦布寺,这扎什伦布寺也属于移花接木之产品，主要是山、庙、树木、喇嘛等对象的远近与左右间的安置做了极大的调度。我着力构思构图的创意，而具体物象之表现则仍追求真实感，为此，我经常的创作方式是现场搬家写生。

冷和热

事情记得清清楚楚,但忘了是在西藏的哪一个山坡上了。我和董希文一同写生，都画那雪峰，我们进藏五个月中反正经常在雪峰下讨生活。我的画架安扎在向阳坡上，大晴天，蔚蓝的天空衬托出白亮亮的大雪山，亮得几乎使人难以睁开眼睛。画着画着，太阳愈来愈温暖，愈来愈热，我于是开始脱去皮大衣，画了不一会儿，还得脱棉袄，奇怪，太阳几乎烫人了，灼热难忍，我又脱，脱得只剩衬衣了，才感到很舒服，在那高寒的雪峰下居然碰到这样一个温暖的天然画室，太美了，而且无风。下午三点来钟我的画结束了，译员和司机同志劝我快穿衣服，说太阳很快就要落山了，而我额头还冒汗呢。

待穿好衣服，去找董希文，我还不知他在何处落户呢。他躲在阴影处，太阳整天没有发现他，他正披着皮大衣在战抖，一面流着清水鼻涕，冻僵的手已显得不太灵便。“太阳下去了，太冷了，快收摊吧！”我催他，他说从早晨到现在一直就是这么冷啊！他根本没有脱过皮大衣。

双燕飞去，乡情依然

中学时代，我爱好文学，当代作家中尤其崇拜鲁迅，我想从事文学，追踪他的人生道路。但不可能，因文学家要饿肚子，为了来日生计，我只能走“正道”学工程。爱，有多大的魅力！她甚至操纵生死。爱文学而失恋，后来这恋情悄悄转入了美术。但文学，尤其是鲁迅的作品，影响我的终生。鲁迅笔下的人物，都是我最熟悉的故乡人，但在今天的形势下，我的艺术观和造型追求已不可能在人物中体现。我想起鲁迅的《故乡》，他回到相隔两千余里、别了二十余年的故乡去，见到的却是苍黄的天底下的萧条的江南村落。我想我可以从故乡的风光入手，于此我有较大的空间，感情的、思维的及形式的空间。我坚定了从江南故乡的小桥步入自己未知的造型世界。

60年代起我不断往绍兴跑，绍兴和宜兴非常类似，但比宜兴更入画，离鲁迅更近。我第一次到绍兴时，找不到招待所，被安置住在鲁迅故居里，夜，寂无人声，我想听到鲁迅的咳嗽！走遍了市区和郊区的大街小巷，又坐船去安桥头、皇甫庄，爬上那演社戏的戏台。白墙黛瓦、小桥流水、湖泊池塘，水乡水乡，白亮亮的水乡。黑、白、灰是江南主调，也是我自己作品银灰主调的基石，我艺术道路的起步。而苏联专家说，江南不适宜作油画。银灰调多呈现于阴天，我最爱江南的春阴，我画面中基本排斥阳光与投影，若表现晴日的光亮，也像是朵云遮日那瞬间。我一辈子断断续续总在画江南，在众多江南题材的作品中，甚至在我的全部作品中，我认为最突出、最具代表性的是《双燕》。

80 年代初我任教于工艺美院期间，带领学生到苏州甪直写生实习，我的研究生钟蜀珩同行，边教边学，协助我辅导。在苏州留园，学生们在太湖石中联系到人体的结构与运动，在不起眼的墙上爬山虎中提炼出感人的画面，确实体现了我对造型观察的启示，并发展了我的思路，予我启示。往往，前班同学的实践收获，丰富了我对后班同学的教学。钟蜀珩先忙于辅导，抽空才自己作画。有一次傍晚静园时，人们没有发现躲在僻处的她，她被锁在了园中，最后她转了一个小时还找不到出路，爬到假山高处呼喊，才救出了自己。后来她对我说，当只她一人在园里东寻西找时，才真正体会到了园林设计之美。

我们在教学中，重于培养慧眼，轻于训练技术，尤其反对灌输技术，技为下，艺为上。眼睛是手的老师，“眼高手低”不应是贬义词，手技随眼力之高低而千变万化。在苏州上完课，学生们返京去了，钟蜀珩随我去舟山群岛写生，没有课务，我们自由作画，疯狂作画，我不考虑钟蜀珩能否跟上我近乎废寝忘食的步伐，她却跟上了。她着蓝衣男装，一身颜料斑斑，显得邋遢，黑黑的脸被草帽半掩，路人大概不辨是男是女。一次我们一同在普陀海滨作画，我照例不吃中饭。不知钟蜀珩自己饿了还是为了维护我的健康，去附近买来几个包子叫我吃，她说看朱先生(我妻)的面上吃了吧，否则只好抛入海里了，我吃了，但还是感到损失了要紧时刻。

无论多大太阳，即便在西双版纳的烈日下写生，我也从不戴草帽，习惯了。钟蜀珩见我额头一道道白色皱纹颇有感触，那是写生中不时皱眉，太阳射不进皱纹的必然结果。

我们离开舟山回宁波，到宁波火车站，离开车尚有富余时间，我们便到附近观察，我被滨河几家民居吸引，激动了，匆匆画速写，钟蜀珩看看将近开车时间，催我急急奔回车站，路人见我们一男一女一老一少在猛追，以为出了什么事故，我们踏进车厢，车也就慢慢启动了。这民居，就是《双燕》的母体，谅这母体存活不会太久了。

《双燕》着力于平面分割，几何形组合，横向的长线及白块与纵向的短黑块

1980年春，吴冠中带学生在江南乡村写生

之间形成强烈对照。蒙德里安 (Mondrian) 画面的几何组合追求简约、单纯之美，但其情意之透露过于含糊，甚至等于零。《双燕》明确地表达了东方情思，即使双燕飞去，乡情依然。横与直、黑与白的对比美在《双燕》中获得成功后，便成为长留我心头的艺术眼目。如 1988 年的《秋瑾故居》(画外话：忠魂何处，故居似黑漆棺材，生生燕语明如剪)；再至 1996 年作《忆江南》，只剩了几条横线与几个黑点 (往事渐杳，双燕飞了)，都属《双燕》的嫡系。

风筝不断线

专家鼓掌，群众点头。我意识到自己有这样的意向，后来归纳为风筝不断线。风筝，指作品，作品无灵气，像扎了只放不上天空的废物。风筝放得愈高愈有意思，但不能断线，这线，指千里姻缘一线牵之线，线的另一端联系的是启发作品灵感的母体，亦即人民大众之情意。

我作过一幅《狮子林》，画面五分之四以上的面积表现的是石头，亦即点、线、面之抽象构成，是抽象画。我在石群之下边引入水与游鱼，石群高处嵌入廊与亭，一目了然，便是园林了。但将观众引入园林后，他们迷失于抽象世界，愿他们步入抽象美的欣赏领域。这近乎我的惯用手法。苏州拙政园里的文徵明手植紫藤，苏州郊外光复镇的汉柏（所谓清、奇、古、怪），均缠绵曲折，吸引我多次写生，可说是我走向《情结》、《春如线》等抽象作品的上马石。

我在油画中引进线，煞费苦心，遭遇到无数次失败，有一次特别难堪。大概是70年代末，我到厦门鼓浪屿写生，住在工艺美校招待所，因为师生们想看我写生，我总躲。一次用大块油画布在海滨画大榕树，目标明显，一经被人发现，围观的人越来越多。我从早晨一直画到下午，画面彻底失败，而且有不少美校的老师也一直认真在看，天寒有风，后听说一位老师因此感冒了。一年后，我这心病犹未愈，便改用水墨重画这题材，相对说是成功了。

技奴役于艺，而技又受限于工具材料，我在实践中探索石涛“一画之法”的真谛。

因此油彩难于解决的问题，用水墨往往迎刃而解，反之亦然，有感于此写了篇短文《水陆兼程》：

从我家出门，有一条小道，一条小河，小道和小河几乎并行着通向远方，那远方很遥远，永远吸引我前往。我开始从小道上走出去，走一段又从小河里游一段，感到走比游方便，快捷。

我说的小河是水墨画之河流，那小道是油彩之道。40年代以后我一直走那陆路上的小道，坎坎坷坷，路不平，往往还要攀悬崖，爬峰峦。往哪里去呵，前面又是什么光景，问回来的过客，他们也说不清。有的在什么地方停步了，有的返回来了，谁知前面到底有没有通途。岁月流逝，人渐老，我在峰回路转处见那条小河又弯弯曲曲地流向眼前来，而且水流湍急，河面更宽阔了，我索性入水，随流穿行，似乎比总在岸上迂回更易越过路障，于是我下海了，以主要精力走水路，那是80年代。

艺术起源于求共鸣，我追求全世界的共鸣，更重视十几亿中华儿女的共鸣，这是我探索油画民族化和中国画现代化的初衷，这初衷至死不改了。

在油画中结合中国情意和人民的审美情趣，便不自觉吸取了线造型和人民喜闻乐见的色调。我的油画渐趋向强调黑白，追求单纯和韵味，这就更接近水墨画的门庭了，因此索性就运用水墨工具来抒写胸中块垒。

70年代中期我本已开始同时运用水墨作画，那水墨显然已大异于跟潘天寿老师学传统技法的面貌，不过数量少，只作为油画之辅。到80年代，水墨成了我创作的主要手段，数量和质量颇有压过油画之趋势。自己剖析自己，四十余年的油画功力倒做了水墨画的垫脚石。我曾将油画和水墨比作一把剪刀的双刃，用以剪裁自己的新装，而这双刃并不等长，使用着力也随时有偏重。

感到油画山穷时换用水墨，然而水墨又有面临水尽时，便回头再爬油彩之坡。70年代前基本走陆地，80年代以水路为主，到90年代，油画的分量又渐加重，水路陆路还得交替前进。水陆兼程，辛辛苦苦赶什么路，往哪里去？愿作品能诉说赶路人的苦难与欢乐！

无论是“搬家写生”、引线条入油画或引块面入水墨，都缘于风筝不断线的思想感情，其效果也必然是中西融合的面貌。白居易是通俗的，接受者众，李商隐的艺术境界更迷人，但曲高和寡，能吸取两者之优吗？我都想要，走着瞧。80年代后我的作品多次在海外展出，在西方我听到一种反映，认可作品，但说如割断“风筝不断线”的线，当更纯，境界更高。我认真考虑过这严峻的问题，如断了线，便断了与江东父老的交流，但线应改细，更隐，今天可用遥控了，但这情，是万万断不得的。

真情实意卫天霖

艺术学院的情况没有说完，再说卫老之真情实意。艺术学院诞生于北师大，我调去时正筹备艺术学院，暂在和平门旧址上课，我住单身宿舍，卫天霖也住单身宿舍。我们第一次见面是在公共盥洗室里，发色已苍的老画家正在洗油画笔，我们彼此打量对方，彼此自我介绍，这是系主任与新教师最简朴的见面礼节吧，而且卫老没说一句欢迎之类的客气话，倒是诉说一阵作油画之艰苦，我对他肃然起敬。很自然，他没有邀请，我没有要求，我们一同上楼到他房里看他正在创作中的作品。那是一幅粉红色的芍药，画未完成，已感苍凉老辣，红粉娇艳全无媚色。

十余年后“文革”，卫老被迫在椅子胡同一号家中一幅一幅涂刷他的作品。他那整个东屋是作品仓库，木架上井井有条堆满着他的全部心血结晶，曾经，他亲手，一幅一幅翻出来给我看了个饱，将画搬回原位时也不让我帮忙，他心中的秩序不容人打乱。我眼看着老人用白色涂料涂刷有血有肉有魂有胆的一幅幅作品时，不禁湿泪盈眶。我说：“我代你保存一幅试试。”其实我对如何保存自己的作品还全无把握。卫老说：“在全部作品中你任选一幅吧！”我就选了我们初次相识，我看着他洗笔和作画过程的那幅芍药。改革开放后卫老的画在美术馆和日本展出时，人们总来借这幅芍药，最后我将这幅作品赠给了师院美术系（今首都师大美术系），那是这幅作品诞生的家园，盼后生青年们珍惜它，祭奠卫老。

善良的卫老具强烈的爱憎感，他偏护我，除了艺术观点外，他观察我每晨极早骑车外出写生一幅水彩画，画北京一条街，回来整八点不误上课。每周六下午骑车返清华，因家仍留在清华。艺术学院在前海北沿恭王府旧址成立后，卫老竭力为我寻找住房，并将我妻调至美术系资料室工作，我似乎是他心目中的萧何或韩信，他要永远留住我，因为我从美院而清华，清华而师大，怕我总是不安定。

天使卫老将我妻调入美术系资料室，专管画集、图片、美术理论著作……她被迫嫁给了美术之家。她从面对小学生到面对大学生，是有些惶恐的，她努力学习钻研，便必然成为我的学生，我陪她去看所有的重要画展。我从巴黎带回的马蒂斯等人的裸体画册，她原是很反感，从不翻阅。只有在潜移默化中，“美”才显出其改造审美、品位、人格的巨大威力。年复一年，后来她竟能在马约尔、雷诺阿、莫迪里阿尼等人的裸体中辨别出质感、量感及神韵之迥异。她看多了名作、师生们的作品，也重视分析我的作品了。

她退休后，经常跟我到外地写生，她不画，她看，偶或也画她所看到的意象，甚至帮我选对象。青春远去，如今我们老了，每日相依着在龙潭湖公园散步，时常追忆六十年前在重庆沙坪坝鸳鸯路上的华年。

卫老带着工作人员在恭王府附近为我找住房，总找不到，便安排我暂住学院内。房虽小，是地板，窗明几净，我们很满意，但只是暂住。

陋室原是会贤堂

1958年我们全家搬入前海北沿的会贤堂，那是蔡锷与小凤仙相聚过的名盛一时的大饭店，今已破败，成了脏乱不堪的住了几十户的大杂院。几十户住家，只两个公共水管，一个厕所，尤其厕所脏得无法跨入。

我家住两间北房，这原是早先的大厅堂，极高，被分割成五间住房，我住西边两间，最靠边的一间照不到阳光，几乎是暗黑的。在廊子的拐角处用木板围一个做饭的空间，那该是厨房了。从此，学习每年更换糊窗户的纸，安装和拆卸火炉及烟筒，到外院打水，倒脏水，倒土……体会大杂院里的生活。会贤堂处什刹海与后海之间，地基潮湿，房间又不通风对流，地面和墙壁终年是湿漉漉的，我六七十年代写生的几大木箱油画怕潮，便设法用砖将木箱垫高，另做一个高高的大木架，几乎直达房顶，将最佳作品存放到高空。大木架、双人床及一张书桌便几乎占满了房间，我将油画架安置在廊子里，在户外作画，光线倒很明亮。

我在院里种过葡萄、葫芦、木槿、蜀葵、玫瑰和野菊，因土壤潮湿，这些花木总长得很茂盛，郁郁葱葱，掩盖了破烂门窗的窘态。

所谓三年自然灾害期间，自己养鸡，花木便让位给鸡窝，鸡窝系用我的次品油画及向日葵秆所组建，鸡的住宅新建时，五彩缤纷。唐山大地震，会贤堂老屋摇摇晃晃，但没有倒塌，从此院里添了不少防震棚，防震棚后来逐步升级，成为各户新置的小屋，于是我们须弯弯曲曲绕过这些小屋才能到达自家门口。

我家五六口人，住两间半屋，作画极不便，作了画常常须到窗外远看效果，或者直接在庭院作画。我自认为代表性作品《双燕》就诞生于此。

住得虽差，但上班上课近，步行一刻钟便到校了，尤其对于妻，工作与家务一肩挑，予她不少方便。一辆飞鸽牌自行车是我的宝马。我的工作调去了中央工艺美术学院，但宿舍没有调，从会贤堂到光华路学院骑车四十多分钟，我骑着宝马朝朝暮暮挤在北京自行车的洪流里，成为真正北京市的子民。我称之为宝马，绝非虚褒，它驮过煤饼、烟筒、过冬白菜，接送孩子……但它最为重要的服役是驮我到郊外作画。在近郊写生，我都用布，画面也较大，作品完成后绑在后座便似平板三轮车，油色未干，画面朝天，穿人群，走僻巷，一路小心翼翼怕人碰，我的骑车技术也愈来愈有特色。

我在会贤堂陋室住了二十五年，冬天烧炉子，白天室温在 10℃左右，夜晚，尿盆盖被冻住，要使劲才能揭开。宝马不怕冻，不需侍候，却忠心耿耿。有一次我忽然想去香山画白皮松林，宝马飞快不需两小时便赶到，但我对松林感到失望，立即回头，宝马也便无息时机。宝马不吃草，终于渐渐衰老多病，不行了，被换了另一辆“飞鸽”，当这只替代的“飞鸽”又飞不动时，已是 80 年代初了。

艺术学院时代，离校太近，学生和同事们串门的不少，因此每当星期天或假日，妻领着孩子们上街或走外婆家，锁上房门，放下窗帘，我被锁在屋里作画，虽然光线暗，也抓住了点点滴滴的青春时光。

因为没有下水道，住户们都将脏水直接泼在院里，潮湿、恶臭，但倒成了花木的沃土。我爱花，但从无工夫侍候娇嫩的花，所以不栽，但孩子们随便种的向日葵、野菊、木槿、葫芦等却疯长。有一株木槿长得高过屋檐，满身绿叶素花，花蕊略施玫红，这丛浓郁的木槿遮盖了我家的破败门庭，并吸引我作了一大幅油画，此画已流落海外，几度被拍卖，常见图录，但画的母体却早已枯死了，愿艺术长寿。

1965年朱家屯下乡“四清”犯肝炎

我和卫老一同调入工艺美院后，我们卸去了办好艺术学院的重担，只教点基础绘画，倒也轻松，将全部生命注入自己的创作。

但悠闲的日子并不久，全校师生便下乡“四清”，用知识分子来清理农村干部的四不清问题。我随队去河北任县农村朱家屯，那是穷透了的北方乡村，我们于此与农民真正同吃同住。我住的房东家的日子比较好过，因他家只一个孩子。有一天那孩子兴奋地说朱家屯演戏了，他爬上房顶望，但失望了，并未演戏，原来是我们一个同志的半导体中在唱戏，他们颇为惊讶。

当地吃白薯干粉蒸的窝窝头，其色灰褐如鸡粪，颜色难看恶心，饿了便顾不得，但每咬一口都牙碜，真难下咽。房东看了也同情我们，拿出玉米窝窝头来，但纪律规定，不许吃房东家玉米窝窝头。夜晚，房东家炒他们自己种的花生吃，也分给我们，我们照例不敢碰，那孩子说：“你们咋不吃？这花生真香。”日子久了，房东对我们的防线放松了，才敢取出藏在草垛里的自行车。

我从来不怕吃苦，却怕牙碜，几乎顿顿吃不饱，逐渐逐渐不想吃了，不到半年，一点食欲也没有了，有学生给我寄来胃病药，无效，病了！回北京朝阳医院抽血检查，看验血结果那天，妻焦急地等在家门口，问我怎样，我说：肝炎。她脸色顿时刷白。医生嘱我卧床休息一月。我从无卧床休息的习惯与经验，感到十分痛苦。妻远去珠市口买到一张竹制的躺椅，我每天便躺在廊下看那破败的杂院，精神已沉在死海中，我绝不善于养病，也从未得过病，人到中年，生命大概就此结束了。一个月继一个月，验血指标始终不降，也找过名中医，均无效，我肯定医学在肝炎面前尚束手无策，我开始严重失眠。如无妻儿，我将选择自杀了结苦难。

『文革』来了，一家五口六处

“文化大革命”爆发了。我因病不能参加，在我的历史上，绝无政治污点，我很坦然。但众目睽睽，我的资产阶级文艺观毒害了青年。由学生写大字报来“揭”老师的毒与丑，其实大部分学生是被迫的，上面有压力，不揭者自己必将被揭。我到工艺美院后授课不久便下乡“四清”，放毒有限，而以往艺术学院的学生毕业后已分配各地，他们不会赶来工艺美院揭我的毒，何况，是毒还是营养，如鱼饮水，冷暖自知。所以妻冷眼看：若不是撤销了艺术学院，我的性命难保。妻随资料室并入美术研究所，研究所设在中央美院内，暂由美院代管。在工艺美院，攻我的大字报相对少，内容也空无实证，结果我被归靠边站一类，我们几个同代的教师，必须每天上午9点至11点在系办公室坐以待命，讥称911战斗队。我抱病天天坐在911队部，一天一天送走明媚的阳光，至于院内贴满的红色大字报，我基本不看，在读谎言与闲送光阴间，我选择了后者。

抄家，红卫兵必来抄家，孩子们帮我毁灭油画裸体、素描、速写，这一次，毁尽了我在巴黎的所有作品，用剪刀剪，用火烧。好在风景画属无害，留下了，卫老那幅芍药也保住了。犹如所有的年轻学生，我家三个孩子插队到内蒙古、山西及建筑工地流动劳动。接着妻随她的单位美术研究所去邯郸农村劳改，我一个一个送走他们后，最后一个离开会贤堂，随工艺美院师生到河北获鹿县李村劳动，继续批斗。当我锁房门时，想起一家五口五处，房也是一处，且里面堆着我大量油画，不无关心，所以实际上是一家五口六处。

粪筐画家

我们在李村也分散住老乡家，但吃饭自己开伙，吃得不错，所以老乡们的评语是：穿得破，吃得好，一人一只大手表。劳动要走到很远的干涸了的河滩开垦，解放军领着，列队前进时个个扛着铁锹，唱着歌，孩子们观看这一队队破衣烂衫的兵，指指点点，没什么好看，也就散去了。

我的痔疮严重了，脱肛大如一只红柿子，痛得不能走路。我用布和棉花做了一条厚厚的似妇女月经时使用的带子，宽阔结实，像背带裤背在双肩，使劲挺腰将带子托住痔疮，这是一种托肛刑吧，我在服刑中种地。

解放军领导照顾老弱病残，便将我调到种菜组，我心存感激。我管的一群小绒鸭有一只忽然翻身死了，于是有拍马屁的小丑报告指导员，说我阶级报复，打死了无产阶级的鸭子。指导员叫我到连部，要我坦白，我说绝非打死，是它自己死的，我感谢领导调我到种菜组，我是兢兢业业的。这事很快在地头传开了，有人问我，我说真是《十五贯》冤案，有几个同学也评说《十五贯》。指导员第二次叫我到连部，我以为他会缓和语气了，哪知他大发雷霆，拍着桌子吼："老子上了《水浒传》了，《十五贯》不是《水浒传》吗！你以为我没有看过，我要发动全连批判你！"

大约过了两年，连队里严峻的气氛松弛下来，节假日也允许作画了。我的肝炎一直没有痊愈，只是不治而已，后来情况严重才让我去白求恩医院治一时期，也不见效，绝望中我索性投入作画中逃避或自杀。

我买地头写毛主席语录的小黑板制作画板，用老乡的高把粪筐做画架，同学们笑称粪筐画家，仿的人多起来，诞生了粪筐画派。粪筐画派主要画玉米、高粱、棉花、野花、冬瓜、南瓜……我这一批粪筐作品均已流落海外，是藏家们寻找的对象了。

每次在庄稼地里作了画，回到房东家，孩子们围拢来看，便索性在场院展开，于是大娘、大伯们都来观赏、评议。在他们的赞扬声中，我发现了严肃的大问题：文盲不等于美盲。我的画是具象的，老乡看得明白，何况画的大都是庄稼。当我画糟了，失败了，他们仍说很像，很好，我感到似乎欺骗了他们，感到内疚；当我画成功了，自己很满意，老乡们一见画，便叫起来：真美啊！他们不懂理论，却感到“像”与“美”的区别。我的画都是从生活中剪裁重组的，东家后门的石榴花移植到西家门前盛开了。有一次画的正是石榴庭院，许多老乡来看，他们爱看开满红彤彤榴花的家园，接着他们辨认这画的是谁家，有说张家，有说李家，有说赵家，猜了十几家都不完全对，因为总有人否定，最后要我揭谜：就是我现在所在的房东家。大家哈哈大笑，说：老吴你能叫树搬家！后来我便名此画为“房东家”。

政治气氛松弛了，军队的头头们要我们作画了。能书法的、国画的被召去连部给军人们写和画。我也被召去，我还是学生时代跟潘天寿学过传统国画，大量临摹过石涛、板桥的兰竹。画兰竹最方便，便画了一批兰竹，也有同学要，随便画了就给。

那是70年代初，传来潘天寿逝世的噩耗，我利用现成的笔墨，作了一小幅仿潘老师的山水，并题了一篇抒发哀痛之词，由一位同学收藏了。

有一时期我被调到邢台师部指导文艺兵作画，条件比连里好多了，也自由多了，上街买一包牛肉干寄给妻，但包裹单上不敢写牛肉干，怕妻挨批判，便写是药。

妻因插秧，双手泡在水里太久，后来竟完全麻木了，连扣子都不能扣，她哭过多次，先没有告诉我。有一次收到她的信，我正在地里劳动，不禁想写一首诗，刚想了开头：接信，泪盈眶，家破人未亡……指导员在叫我，我一惊，再也续不成下文了。

下放劳动的地址也曾转移。妻的单位美研所跟美术学院走，最后他们搬到前东壁，离我们李村只五公里之遥。美院和工艺美院的教工间不少是亲属，领导格外开恩，在节假日允许相互探亲。我和妻每次相叙后，彼此总要相送，送到中途才分手，分手处那是我们的十里长亭，恰好有两三家农户，照壁前挂一架葡萄，我曾于此作过一幅极小的油画，并飞进一双燕子。

我翻出当年的笔记本，其中还留存一些诗篇。我非诗人，没有写诗的才能，只因被禁止作画，变相记下所见所思，也许是未发育的诗之苗，也许是窒死腹中的画之胎。且录几首：

村外

水渠纵横绕田，

大路边，苇塘成片。

苇塘成片，倒影叶叶指云端，云端红旗展，

红旗展，岸上东风吹遍。

渠畔

渠畔，野草闲花无人看。

军鞋军帽成排，迎朝霞，红星颗颗灿烂。

水田隔岸，插秧人健，极目红旗展，歌声远。

修渠

步步急，通身汗湿。

抬上挑上赶又追，修渠十里人密。

人密、旗赤、渠直，秧田如织。

春节寄内蒙插队的儿子

风雪路遥人健，牛羊是伴，笑他南飞雁与燕。

云天，渐变，世事沉浮浊又清，山外青山村外村。

春节年年，乍暖还寒，天南地北异风光，离情别绪只寻常。

岳母在贵阳病危，我和妻好不容易请到了假同去贵阳。途经桂林，我们下车，我太想画桂林了，并到了阳朔。抵阳朔已傍晚，住定后天将黑，我是首次到阳朔，必须先了解全貌，构思，第二天才能作画，这是我一贯的作风。妻只能在旅店等候。我跑步夜巡阳朔，路灯幽暗，道路不平，上下坡多，当我约略观看后回到旅店时，一个黑影在门口已等了很久很久，那是妻，她哭了，其时社会秩序混乱，人地生疏，确实相当冒险。翌晨先到江边作画，无奈天下细雨，雨不停，妻打伞遮住画面，我们自己淋雨。当我要迁到山上画时，雨倒停了，却刮起大风，画架支不住，我哭了，妻用双手扶住画板代替画架，我听到了她没有出口的语言：还画什么画！

到贵阳时我的食欲渐渐好转，因肝炎食欲长期不好，食欲好转意味着肝炎好转，后来检查果然指标正常了，有人认为我作画时是发气功，艺术之气功治愈了病，也许！

速度中的画境

1972年，我第一次路过桂林，匆忙中赶公共汽车到芦笛岩去看看。汽车里人挤极了，没座位倒无所谓，但我被包围在人堆里，看不见窗外的景色，真着急。我努力挣扎着从别人的腋下伸出脑袋去看窗外的秀丽风光，勉强在缝隙中观赏甲天下之山色。一瞬间我看到了微雨中山色蒙蒙，山脚下一带秋林，林间白屋隐现，是僻静的小小山村。赏心悦目谁家院？难忘的美好印象，我没有爱上芦笛岩，却不能忘怀于这个红叶丛中的山村。翌晨，我借了一辆自行车，背着油画箱，一路去寻找我思恋了一夜的对象。大致的地点倒是找到了，就是不见了我的对象，于是又来回反复找，还是不见伊人！山还在，但不太像昨天的模样了，它一夜间胖了？瘦了？村和林也并不依偎着山麓，村和林之间也并不是那样掩映衬托得有韵味啊！是速度，是汽车的速度将本处于不同位置的山、村和林综合起来，组成了引人入胜的境，速度启示了画家！

重归会贤堂

1973年，我被提前调回北京，参加为北京饭店绘制巨幅壁画《长江万里图》的工作。

大学均未开学，学院乃空城，我的全部时光可投入绘画，且无人干扰。饥饿的眼，觅食于院内院外，枣树与垂柳，并骑车去远郊寻寻觅觅，有好景色就住几天。画架支在荒坡上，空山无人，心境宁静，画里乾坤，忘却人间烦恼，一站八小时，不吃不喝，这旺盛的精力，这样的幸福，太难得。我一批70年代的京郊油画，大都作于这一阶段。

待妻返回北京，我们的家有了主持，才真的恢复了家庭。不久可雨也从内蒙古被招考返京任中学教师，一直到大学恢复招生时，他考取成为第一批大学生，进北京师范学院重新当学生，但他最美好的年华已留给了草原牧区。他带回一双硕大的牧羊毡靴，妻为我将那双毡靴剪开，缝制成一块平整的毡子，我用以做水墨画之垫。

我70年代中期开始兼作水墨画，就作这样小幅的，大胆试探，完全背叛了当年潘老师所教的传统规范。一张三屉桌是全家唯一共用的写字台，因屋里放不下第二张桌子，这桌主要是我用，其次是妻，孩子们基本用不上。除了写稿、写信、写材料，现在要用它作水墨，它兼当画案了，妻要找写字的时机都困难。我改用一块大板作水墨，大板立着，我的水墨也只能立着画，像作油画一般，宜于远看效果。

《长江万里图》

三十年前北京饭店大装修，新设计中要安装大壁画《长江万里图》，用无光油画制作。

我提前从农村调回北京，是为了创作北京饭店的壁画《长江万里图》，那图由设计师奚小彭总负责，绘制者有袁运甫、祝大年、黄永玉和我。袁运甫联系各方面的工作，稿子酝酿很久，待到须去长江收集资料，我们从上海溯江上重庆，一路写生，真是美差。

偷画码头

我 1973 年到万县，“四人帮”控制期间，规定码头保密，不让画，我不甘心。我这样构思：从后山背面画层层叠叠的山城气势，其间还有瀑布穿流，再将江畔码头嫁接到画面底部的山城脚下。在后山写生又比山城正面僻静，少干扰。我先躲在一个小弄堂角落偷画了码头，然后又提着未完成的油画急匆匆走偏僻小巷赶到后山去。发觉后面有人追来，我加快步子，那人也加快步子，他穿着一身旧呢子军服，像转业军人模样，我心想糟了，公安部门追来了，码头已画在画面上了。他追上了：“你是哪里的？”“北京。”“哪个单位的？”“中央……”“你叫什么名字？”我正预备摸出工作证来，他接着说：“我是文化馆搞美术的，这里画画的人我都认得，老远见你在画，没见过，想必是外地来的，你走得这么快！我们文化馆就在前面，先去喝点水吧！”

『脏饰』

1974年，我和黄永玉、袁运甫及祝大年从黄山写生后到了苏州，住进比较讲究的南林饭店。我们在黄山晒脱了一层皮，脸被风刮得枯涩枯涩的，头发蓬乱，背着那么多画具，一看就知是一群画画的。穿得整齐干净的服务员问：你们中有画油画的吗？他偏对油画感兴趣。永玉立即回答：老吴就是画油画的。服务员便转向我：小心别将颜色弄脏房间。黄山玉屏楼为游客备有出租的棉大衣，几乎每件棉大衣上都抹有油画颜料，招待所的褥子上也常擦着油色，画家太多了，油画家尤其讨厌！我要学学我们宜兴的周处严格要求自己的作风，不让别人认为是一害，不让别人讨厌油画。我每次作完画，总用棉花将染在地上的颜料擦得不留一点痕迹。大概是在甪直的旅社里，有一回擦洗洗过笔的脸盆，用了许多肥皂和棉花还是擦不干净，怎么回事呢？仔细观察，那不是我弄上去的颜料，原来那是属于脸盆本身设计中的色彩！是装饰艺术，不是"脏饰"艺术！

我们去苏州刺绣厂参观，在会客室听介绍后便去车间现场观察，离去时发现祝大年的一个小包遗忘在会客室，便回头去找，正好一位刺绣女工将之送来，她十指尖尖，用两个手指捏着那肮脏的包拎在空中，包里包外都染满颜料，她不敢触摸。

我们一路陶醉山水间，与外界隔绝，但到重庆时得知北京已开始"批黑画"，我们被招提前返京，抛入"批黑画"的漩涡中去，长江壁画也告流产。批判无妨，我们辛辛苦苦画来的一批画稿毕竟是难得的，后来各人都创作出不少佳作。我为历史博物馆和人民大会堂画的油画《长江三峡》、为北京站画的《迎客松》和《苏州园林》，都来源于那批素材。

我利用自己的写生素材为中国历史博物馆创作了巨幅油画《长江三峡》，效果不错，人民大会堂要求移植成横幅，我照办了，效果也不错，但挂过一时期后，多年来电视上不见了，不知下落。

《长江三峡》效果较理想，凡见过的人异口同夸，是我作品中气魄最大的一件，可作58岁前的代表作。日后长期陈列通史结尾厅，群众易于见到。

另为历博作了一件两米多见方的油画《重于泰山》，以悼念周总理骨灰挥撒在祖国的土地和江湖里，画面主体是泰山望人松，江河土地雪山白练都在巨松荫蔽之下，怀抱之中，白云缭绕，大自然戴孝焉，此画日后可能张挂在接待室或休息廊等处。

误入崂山

山雨欲来风满楼，文艺界的温度表又直往上升。1975 年，青岛四方机械厂奉命制造坦桑尼亚至赞比亚铁路的总统车厢，邀我前去绘乞力马扎罗雪山和维多利亚瀑布，然后根据油画织锦装饰车厢。我不爱画没有感受过的题材，何况又是任务，本无兴趣，但为了躲开北京的文艺高温，便接受了青岛的避暑邀请。四方机械厂中有几位酷爱美术的建筑师和工程师，成了我的新朋友，尤其邹德侬更成了知音，他毕业于天津大学建筑系，绘画的基础本来就很好。

我的任务一完，他们便安排我们四人一同去崂山写生，我们住在山中解放军连部一间小屋内，很挤，仅能容身，好在我们白天都在山中写生，云深不知处。第一天车到目的地后，放下行装当即随车返回，因中途曾见一处景色迷人，我们到北九水下车，然后步行爬山返回宿处，一路跋山涉水，享受了一个无比开心的下午。但夕阳西斜，我们估计的方向却愈走愈不对头，山中渺无人烟，无处问路，爬过一岭又一岭，路消失了，攀着松树高一脚低一脚心里开始慌乱，因山里有毒蛇和狼，我们虽四五人，赤手空拳的人救不了自己。天将黑，终于看见了海，但还是不知身处何地。八九点钟，有人听到遥远的广播，急匆匆朝救命之音奔去，确是逃命，但大家都不敢吐露自己的惶恐。月光亮起来，广播声渐近，望山跑死马，我们终于到了平地，进了村子，夜半敲开了老乡家的门，歪歪斜斜挤在柴屋里待天明。此地已不属于我们所住连队的那个县，而是另一个县，翌日吃了老乡们捕的活鱼，大队里派了一辆拖拉机送我们回宿营地。

我后来捡回拳头大的一块山石，青岛一位同学王进家便在上面刻了“误入崂山”四字，此石今日仍在我案头，天天见。在崂山住的日子不短，管他春夏与秋冬，大家画了不少画，邹德侬作了一小幅油画，写生在写生中的我，形神兼备，我为之题了首诗，已只记得两句：山高海深人瘦，饮食无时学走兽……

致邹德侬信

造型艺术的根本无非是形式美

造型艺术的根本无非是形式美，蜜蜂采蜜全凭嗅觉，画家主要靠视觉之感觉灵敏，易于感受形式美，美感无尽，画意如泉，其他文化素养等等尚是辅，故平时随时观察发现形象形式实是画家的生命线。

从技巧讲，古代的学摄影，近代的无匠心。水彩画不少，水分很干净，斤斤于小技，你及你昔日的同窗看到，也许会赞扬其渲染效果，但你立刻就会悟到：你以前一味追求的道路的终点原来就在这里——无聊的坟墓。

返京后我照常画了些画，曾为表现两株老杨树，那叶正面深绿背面粉白，风吹叶翻，绿、白相间，像鬼闪眼，我连画了五幅，只留下一幅，余四件都刮掉了。

扎根水墨

最近我在宣纸上耕作，鸟枪换炮，工具材料开始讲究起来，画幅也放大一些。素与彩、线与面、虚与实、古与今、洋与土，东方与西方的姻亲结合既成事实，但我忽又重新考虑到住居问题，住到女家还是住到男家，定居在宣纸上还是油画布上呢？我计划搬家。我主要从艺术本身考虑，我总结水墨天地间的三大条件：

1. 纸与水的变化多端，神出鬼没。
2. 墨色之灰调微妙，间以色，可与油彩抗礼。
3. 线之运用是天下第一了。

其他条件：方便、多产、易于流传，不如油画之阳春白雪难于深入民间。自然，十年内我还得男家女家来回住，但扎根水墨是既定宏愿了。目前我将自己的油画移植到宣纸上，更概括、更重意，有时效果是青出于蓝，每有所得，不胜雀跃，忘怀老之将至矣！

这个冬天，我将反刍十年之草，胃口甚好，特别近半个月来，一批新作诞生，音容笑貌属于新生一代了。以后自会寄你们一些，你们一见面就会认出崂山亲家的远房姑表亲戚。

济南印刷厂向我借画稿

挤时间，此信是在澡塘里等号的长椅上写的。先，济南印刷厂通过李书德向我借点画稿，以作年历及信笺笔记本之类的插页，画到济南便被有关方面发现和珍视，因此决定出一本我个人的素描及水彩、水粉集以作内部资料，大量素描和水彩、水粉到了济南，被内部观摩之事我是事后才知的，今又来人要增加水墨数十件，则总计约百件，轻工局科研单位初步决定出 12 开本约 50 页（两面印）。我看济南印刷厂印的线描小样还不错，但印的彩色年历太糟了，他们说改由济南新华印刷厂承印，我估计也好不了，反正彩色部分是牺牲品，我也不考虑油画，就先印一些小哨兵出去看看风向吧。两张年历，一张油画《太湖鹅群》，将银灰的天印成玫瑰红天，无法印了，一件水墨《林与溪》（溪中白鸭）是和你们这次看到在我家框内装着的那幅同一构图，不过更偏银灰调，被印成单调的蓝绿色，连白纸的天也染成蓝绿色，等几天正品寄来寄你们一件看个不舒服吧！日后印册，估计素描和水墨效果会差强人意的，不过最好的水墨稿没有拿去，有的荣宝斋想印水印，有的被借去印 1988 年年历了，有的留手头备借。因稿去济南总得半年回不来。

桂林南宁开门办学

我于 8 日抵绍兴，刚住定，纪念堂来电报说有紧急任务，催我速返京，后由我老伴向华君武同志说明情况，经华同意我继续留此作画，但一直提心吊胆，怕突来金牌，所以这一个月比任何一次外出都紧张，共吃掉饼干八九斤，有几天是整天靠它过活。

油画 16 件已于昨日托运回京，我明日去杭州，约 9 号去桂林任课，我系开门办学地点改在桂林和南宁，尚不知到桂林住何处，你若有信寄家中，由我家代转。看来纪念堂大画方案未定，故仍同意我先去桂林任课，若不催，我将在广西住两个月以上。

……

水墨确是我的先锋

前去日本之画已在东京展出，我看到一本目录，有我一幅彩色插页，并邀请去几个作者代表，名单争执中传闻有我，最后到底还是没有我，我并不稀罕匆匆的观光，安心到南国山野去吃草。前荣宝斋组织之画展已在香港展出，据说黄永玉和我的画最受欢迎，我那幅是《山城》（四尺立幅）。看来水墨确是我的先锋了，成吉思汗远征世界，还看今朝！

蒸汽机时代的蹩脚货

下午2时在礼堂讲座：在绘画实践中学习“洋为中用，古为今用”的体会。听众近千人，人一直挤到礼堂外的工棚里，就在这美术界的空前盛会中，我投下了后浪推前浪的矛头指向崇洋及保守派的炸弹。你不用担心，李自成的农民军一定要占领北京的，成吉思汗的黄脸部队必然要进驻欧罗巴洲。

法国画展十分糟糕，要追现代化的今天给我们看蒸汽机时代的蹩脚货，庸俗的图画侮辱了有悠久文化的法兰西人民，糟蹋了尊敬的法国伟大的大师们，同时欺侮我国人民无眼力，给吃了馊饭还当作佳肴！也有几件名家的作品，但或者是他们的次废品，或者是他们风格尚未形成时的习作，可说是开他们的黑画展。我不清楚此事的前后背景，恐涉及政治问题，故讲座中一字未提，而赞扬了墨西哥及伊朗的画展，有心人自然也都懂得了。

五大夫松与加莱六义士

泰山貌不出众，主要因盘踞南北要道，文士官宦竞相登临，题壁累累，山凭人传，人又靠山扬名。古代交通闭塞，见闻狭隘，虚名欺世甚易。比之，黄山秀，崂山朴，泰山像个大傻瓜。仅中天门以上，有几处高处群松有气势，但都是仰视远景，而能入画图的主体形象则甚少甚少。我住了四个夜晚，爬上爬下，五个白天，只画了一棵唐槐与五大夫松。松只剩三棵，当然也摘了“大夫”帽子，名曰“五松亭”

了，但我仍画了一群五株，另两株是它们之中的两个不同侧像。画是用整张宣纸、毛笔、碳素墨水涂鸦的，只是草稿，拿到招待所往墙上一挂，突然感到仿佛是罗丹塑造的《加莱六义士》。

故事：英法战争中英军围茄来，久攻不下，英王恨极，城将破，扬言必屠城，除非守城六绅士开城代戮。罗丹刻画了六人交出城中钥匙，代全城百姓走上断头台时之悲壮神态。

岛上二月，忙煞人，一如戎马倥偬，连家信也极少写，明日归去，又将门庭若市，在济南我躲开了一切美术界人士，只伴你舅舅去看了一次吕品，他并不算老，只比我长一岁，但病兮，衰兮，生命之余烬兮！写完这信，我即赴车站上车返京了，怕返京后忙，先抽空复你，历史博物馆等我回去画一幅两米的风景，说要到日本展出，我还不知具体内容，效孟、寿宾不另写。

冠中 3 日晚 9 时，济南旅社

登泰山

名山独踞要路津，

文士官宦竞登临，

千载题壁书青史，

苍松不老阅阴晴。

初稿已抄给你舅舅。

第五章

在夕照中创新

地动山摇笔未停

地动山摇笔未停，（1976 年）地震期间，夜宿窝棚，白天我仍在家绘赠日本的两幅风景，油彩白皮松与水墨都已画成，前三天已先由历史博物馆取去。信悉，北京居民大都在室外搭棚，天寒地冻，岂能久住，又谁知死神何日光临。我们全家搬入那间拟作画室的小屋住，屋矮，再作些防震，即使全塌，危险不大了，虽进出不便些，但很暖和，暂保命于一时。白天照常在大屋生活。

画一完，趁三个壮丁都在家，重整家园，大大修补调整了一番，虽破旧不改，但安排得方便多了，外间可接客，不影响我闭门在里屋工作。这一阵忙下来，你的信也就迟复了，关于地震，形势时紧时松，种种现象反常，只欠六月雪了。既然科学尚无把握，管他呢，我是全不在乎，地球已是一万年太久，我六十岁也不短了。本想，防震期间作画，宾客少，可安心些，但送各种信息的朋友仍不断，仍有干扰，尤其老伴催得紧，令我不能十分任性。她不拟来青岛，十分感谢你们的诚意，前南京亲戚叫她南去避灾，她也未去，如今南京居民也都住入窝棚了！我系原计划去上海开门办学，既上海也防震，又计划去广西，今说南宁也住窝棚了，于无声处听惊雷，海内何处无震？天晓得！目前我们窝棚未拆，有时室内住，有时室外住，随大流，不少窝棚在安排过冬条件呢！

约 1977 年 10 月 1 日离京，去福建、江西，最后到韶山，此行二月余：武夷山、鼓浪屿、井冈山与韶山，重点在井冈，武夷有几幅，鼓浪屿仿佛青岛，不甚入画，

1982年秋，吴冠中在陕西华山写生

韶山四五日，是此行主要任务。

估计11月下旬返京。

我于雷劈瘟神的第三天，即八日得讯，通宵不眠，痛饮友人送来的泸州特曲半斤。

正值东风送喜讯

送日本的画 11 日起在历史博物馆供观摩几日，艺界人士去看的不少，正值东风送喜讯，人人喜洋洋，一片赞扬，其中黄胄、李可染、吴作人等作者都曾被打成黑画家或禁其作品出国，今日展出他们的画，标志文艺复兴的即将到来。同时在美术馆刚预展一天的所谓全国版画剪纸展，同摄影展一样立即关闭了。

我所作油画《松柏参天》与水墨《漓江新篁》亦得普遍好评，尤其水墨，极引人注目，人人都说有新意。若瘟神不倒，这批作品恐会引起一场风波。

云南行

我向往西双版纳，1978年终于成行。听说有传统画家到版纳后大失所望，认为无一可画。确乎，版纳远远近近皆植物花木，是线构成的世界，天气总晴朗，百里见秋毫，没有烟树朦胧和一抹云山。竹楼虽美，楼下牲口粪便恶臭难当，少数民族节日才穿戴的华衣繁饰跟不上现实生活的发展。我2002年访瑞丽，竟没有了竹楼，便关心地探问版纳之今状，据说也大变了。变，是必然，应鼓掌，但如何寓故情怀于新形式确是横贯中西的大问题、大学问，但却被人们轻视了，或者说人们还没有解决难题的能力。竹楼与大屋顶，难兄难弟，将被消灭，或保留几个旧样板示众，没有血统后裔了。正如版纳妇女的优美线条代代相继，我们难于估计聪明的人们对未来生活的创造。

离了版纳，我经大理、丽江，从危险的林场道上搭乘运木材的卡车直奔玉龙山。我由一位青年画家小杨陪着，住到黑水、白水地方的工人窝棚里，床板下的草和细竹一直伸到床外，吃的是馒头和辣酱，菜是没有的。都无妨，就是玉龙山一直藏在云雾里，不露面。你不露面，我不走。小雨、中雨、阴天、风夹微雨，我就在这阴沉沉的天气中作油画。大地湿了就像衣裳湿了，色彩更浓重，树木更苍翠，白练更白。就这样连续一个多星期，我天天冒雨写生，画面和调色板上积了水珠，便用嘴吹去。美丽的玉龙山下，湿漉漉的玉龙山下，都被捕入了我的油画中，我珍爱这些诞生于雨天的作品。

我们的窝棚有一小窗，我就睡在窗口，随时观察窗外，一个夜晚，忽然月明天蓝，玉龙山露面了，通身洁白，仿佛苏珊出浴，我立即叫醒小杨，便冲出去就地展开笔墨写生，小杨搬出桌子，我说不用了。激动的心情恐类似作案犯的紧张。果然，只半个多小时，云层又卷走了一丝不挂的裸女，她再也没有露面。一面之缘，已属大幸，我破例在画上题了诗："崎岖千里访玉龙，不见真容誓不还。趁月三更悄露面，长缨在手缚名山。"太兴奋了，但我不喜欢将诗题在画面上，局限了画境，后来还是将诗裁去了。

伟大，伟大

——1979年长沙绘《韶山》

人民大会堂内全国各省市均占一厅，并负责装潢各自的厅。湖南厅设计张挂巨幅湘绣《韶山》，省委邀我去长沙绘巨幅油画《韶山》作绣稿。画幅五米多宽，高约两米，湖南宾馆的一个最大的厅让给我做工作室。画成，照例审稿，我最怕审稿。

米开朗基罗作完大卫像，教皇的代表去审稿，他欣赏之余，显示自己的眼力，说鼻子边略宽了一点。米氏于是拿着锤和凿，并暗暗抓了一把石粉，爬上梯子，在大卫鼻子边当当敲打，同时徐徐撒下手中石粉，当审稿者说正合适了，米氏便下梯。

《韶山》审稿那天，大小官员及工作人员来了不少，他们将一把椅子安置在靠近画面的正中央，然后簇拥着主审进来坐进椅子，其他人均围在其背后，屋子里满是人。这位主审无官僚气，很朴实，像是一位老红军出身的高级领导。他左看右看，往上看时，问是否是船，谅是松枝某处像船形，微蓝的天空也可误认为水。大家一言不发，他当即拍板：行。当他站起来走出门时，回头看画，不禁高声赞扬：伟大！伟大！这时他真的看到了画的全貌。

养在深闺人未识——发现张家界

省委同我商量稿酬，我说不要，问有什么事要协助，我略一思索，答：能否借辆车，在贵省境内跑半月，我要画风景。太简单了，他们立即答应，并另找两位青年画家一路陪同照顾，他们是陈汗青和邓平祥。

我们快活得如出笼之鸟，振翅高飞，先到湘西凤凰、吉首，听老乡说：这里风景有啥好，大庸的张家界那才叫好。听人说好，结果大失所望，这样的经验不少，不过现在有车，不妨试试，于是兵发张家界。车到大庸县，已近下班时刻，但是省委的介绍信，省委的车，县里岂敢怠慢，晚餐像是急促中制作的阔气。但他们尚无正式招待所，将几间办公室作为我们的临时卧房。

翌日直奔张家界，那是只为伐木护林的简易公路，一路坑坑洼洼，散布着大小石块，是运木材的大卡车摇摇晃晃的通道，我们的小车不时要停下来搬开石头，走得很慢，且一路荒秃而已，我心已凉。傍晚，车转入山谷，凸现茂林、峰峦，郁郁葱葱，景色大变，我想是张家界了，必然是张家界了。停车伐木工人的工棚前，工棚本很挤，又要挤进四个人，颇费调度安排。山中夜来天寒，工人们烧木柴取暖，围火聊天，给我们介绍山之高险，野兽稀禽，风云变幻。翌晨我们匆匆入山，陡峰林立，直插云霄，溪流穿行，曲折多拐，野、奇、深远，无人迹。我借工人们擀面的大案，厚且重，几个人帮我抬入山间，作了两大幅水墨，再作速写，但时日匆匆，已到返程期限。

到长沙时已近年终，我写了一篇短文《养在深闺人未识——失落的风景明珠》发表于1980年元旦的《湖南日报》。后来张家界扬名了，我那篇短文曾成为导游册子的首篇，据说有一处石门还被命名为闺门。张家界的领导多次热情邀我回去看看新貌，虽想去，总是忙，何日得重游？

巴山春雪与形式美之争

1979年，中国美术馆举办我的个展，这是我的一件大喜事，但开幕时我并不在北京，在重庆北碚。我是应重庆西南师范学院美术系的邀请前去讲学的。讲学之余偕美术系的老师们去大巴山写生，我们一直深入到巴山脚下的穷山沟。时值天寒，记得用木炭或木柴烤火，但也可能是春寒，因忽然一场大雪，满山皆白，雪止，又很快消融，消融处，一块块浓绿与乌黑凸现出来，迅速扩展，变形，于是白与黑之间在相搏相咬，真是无比华丽的黑白抽象画。我一直观望这抽象艺术的演奏，实在心醉，我的多幅春雪作品大都孕育于此，或最早孕育于此。

在西南师范学院美术系所做讲学的内容是关于形式美问题。建国以来，一向是主题先行，绘画成了讲述内容的图解，完全丧失了其作为造型艺术的欣赏本质。绘画的美主要依靠形式构成，我也极讨厌工作中的形式主义，但在绘画中讲形式，应大讲特讲，否则便不务正业了。我多次参加全国美展等大型美展的评选，深深感到那么多有才华又肯下功夫的优秀青年，功夫下错，全不知形式美的根本作用及其科学规律，视觉的科学规律。经常有人在其作品前向我解释其意图如何如何，我说我是聋子，听不见，但我不瞎，我自己看。凡视觉不能感人的，语言绝改变不了画面，绘画本身就是语言，形式的语言。

当时的情况，一般人对形式美一无所知，需要像幼儿一样开始学ABC。我在西师的讲学满场沸腾，掌声不绝，他们觉得太新鲜了，而且能理解，似乎恨相知之晚。他们学院的学报要发表，我便整理成文稿：《绘画的形式美》。但后来并未见发表，我估计主编者有顾虑，害怕了。但《美术》杂志却来约了这篇稿，约稿人是吴步乃，并立即作为重点稿发出。出刊后，掀起了波澜，当然有鼓掌的，但毕竟攻击者众，我成了众矢之的，我清晰地知道自己步了普罗米修斯的后尘。

中国美术馆主办的我的个展被不少省市邀去巡展，我也被邀去做讲学。我重点揭露极“左”思潮对美术的危害，甚至毁灭，我讲的全是现身说法，不引经据典，我竭诚推崇“实践是检验真理的唯一标准”。这些讲学的观点大致归纳在《内容决定形式？》、《关于抽象美》等文章中，陆续在《美术》杂志上发表了。须知，当时的《美术》可说是唯一的美术权威刊物，学美术者必读，影响极广泛，攻击我的文章也大都在《美术》上发表，我自知是落入是非之海了，沉浮由之，问心无愧而已。改革开放后的第一次文代会上，我被选为美协理事，接着被选为常务理事，我从未担任过任何社会职务，这回像坐了直升机了。在第一次常务理事会上，我提出对“政治标准第一，艺术标准第二”的质疑。满座默然。有人推一位权威发表意见，权威考虑一番后缓缓说：政治标准第一还是对的。我虽坚信自己的观点，但心里还是害怕了。后来看到作家协会的报道，他们也提出了第一、第二分法不妥的问题，我才放了心。

高昌故国与阿勒泰的白桦林

工艺美院在新疆办了个班，教师轮流去上课。我上完课便去吐鲁番，刘永明做伴同行。目标是高昌遗址和交河故城。两个废墟里均高温 40℃以上，旅游转一圈无妨，我要留在里面构图、写生、东跑西奔，汗流浃背。我备的是整张大高丽纸，一米多见方，垫的板子很小，不断挪动板子随着画面移位，纸上滴了不少汗珠。我之所以用高丽纸，因它比宣纸结实，早期墨彩画在野外写生中完成的，基本都用高丽纸，这糊窗户的纸在我的艺术之道中立了汗马功劳。大约画了一个小时吧，构建了大局及关键性的局部，实在受不了暑之酷，便不得不回到宿处继续凭印象和想象加工。宿处是地下室，舒适了，我慢慢琢磨，并将火焰山移来做高昌的背景，现实中她们永不相见，但人们心目中她们长相伴，在灼热中共存亡。我想表现亡于灼热天宇的高昌，从高昌念及玄奘，从干裂的遗址中窥探玄奘时代繁华的故国高昌。这幅画后来在香港、新加坡等地展出后，几经转手，最后苏富比以 187 万港币创在世中国画家的拍卖纪录。当香港友人来电话报这一喜讯时，我并不激动，画早已非我所属，倒令我立即回忆在高昌的日子，想写信告诉高昌人民这一消息，无奈高昌断了邮路，信无法投递。

我与刘永明又一同去了阿尔泰，此行目标主要是白桦林。新疆方面给我们配了专车，有两三天路程。一路荒漠，天高云淡，天地之分一线而已。忽而风狂雨暴，冰珠击车，雷电交织，天地一片乌黑，颇为恐怖。道路已隐，草短花碎，吉普车在原野奔驰，四周色调有变而不见具象之物，我们在抽象之境中静听宇宙节律。那年月，车少，司机俏，我们竭力同司机搞好关系，一路同吃同住，平起平坐。这位司机年岁较大，朴朴实实，并不骄横，他背后问刘永明：老吴真是教授吗？

我们住定阿尔泰，翌晨便奔白桦林，白桦，素白的身段，那乌黑的斑点，其实都是疮疤或被人撕去皮后留下的血红伤残，但却偏偏形成了色彩美的搭配。且树身高处又长着许多眼睛，这眼，只有上眼帘，没有下眼帘，仿佛窥人的秋波。白桦都生长在寒地，西藏、东北、北京百花山高处，我偏爱，但少见，今进入白桦之林，森林，且悄无人影，是我多年梦想之画境。从住处到白桦林，吉普车要爬四十多分钟，一路乱石乱坑，车既爬又跳，东倒西歪，加足马力，就像一头受伤的猛兽，狂怒地冲撞，我真心疼这位半老司机，深感歉意。我们刚到阿尔泰，便已有当地的青年美工们在等待，说久仰大名，表达学习的诚意后，便事事帮忙，做各方面的向导。他们提出要跟我们一同去白桦林，我无法拒绝，但车挤。早上装车待发时，他们能干，不让我插手，装完所有的画具后他们歪斜站着居然全部塞进了车。到白桦林后又是他们抢着卸车，卸完车，司机驾车返城里加油，我告诉他傍晚来接我们回去。我先欣赏一番新娘——白桦林，正预备作画，悲剧发生了：不见了我的画箱。我个人的悲剧变成了大家的悲剧，他们主要是来看我作画的。有人立刻将自己的画箱让我作画，我无奈，就打开这不习惯的工具动手作画。忽然村口桥头发出隆隆之声，儿童们叫：车又回来了。司机在加油时发现我的画箱遗忘在角落里，几天来的接触，他已明白我的工作和画箱的重要，半老之人的心地多善良呵，他冒着道路的艰难，立即将画箱送到了白桦林。我泪湿，想拥抱他。最后，到乌鲁木齐分手时，我送了他一幅自己的小画，他也许认为是鹅毛，但确是感受到人意之重的。

重出国门，巴黎再会朱德群

返国三十年，1981年中国美术家协会派我、詹建俊及刘焕章三人访西非三国，我作为团长，另配英文翻译兼女秘书一人。先到尼日利亚首都拉各斯。我在黄土地上、原始森林中封闭了三十年，重见高楼大厦、现代生活，感到节奏频率的加速。其实，拉各斯的一切新建设都是西方国家的投资，我们不懂外交与资金及权力的关系，但恰恰遇到外交部大楼被整个焚烧，全部外交档案均消灭，据说是内部原因，自焚。残垣犹堵路，车辆绕道。我们同时带着各自的作品，每到一国须展示，属文化交流。布置草草，观众寥寥，倒是别国使馆来买了少量作品，款由我国使馆转交文联。我们感兴趣的是非洲人，他们的生活状况与木雕艺术。特别是乡间，那才是非洲，藤树缠绵，黑色的居民懒懒地躺在林阴里，身上披一块布，伸手便采来香蕉，衣食简便。塞拉利昂小，马里穷。

从马里转巴黎返北京，在巴黎停留三天，这是我们的焦点时刻。航班误点，抵巴黎已傍晚，我国驻法使馆派人在机场接。同时我也通知了朱德群。我注意接机的人群，先见到德群，后见到使馆人员，其中居然有我留法时的老同学董宁川。大家见面握手，自我介绍，使馆已安排好先到招待所住宿，但招待所远，参观博物馆不便，大家愿住市内小旅馆，获得同意。德群约我住他家，但使馆有规定，不能住私人家，因此接我们的工作人员有难色，幸而董宁川已是参赞，他拍板同意了。于是德群帮大家联系了便宜的旅店后（我们的公款极可怜），说定明晨一早

1981年冬，吴冠中作为中国美术代表团团长，访问西非三国

我们到旅店陪他们去卢浮宫。于是我如脱笼之鸟，跟着德群飞向高空，四十年的别离，我们今日又共飞，不知是欢乐，是哀伤。我们的老师吴大羽在庄华岳（注释：庄华岳已去世）同学的纪念册上题词：怀有同样心愿的人无别离。

我 1947 年离南京赴巴黎，德群不久随单位离南京赴台湾，从此断了音讯。他 1955 年从台湾到巴黎，首先找我，而我已返国。他偕在台湾任教时的女学生董景昭两人在巴黎奋斗，那民族歧视尚很严重的岁月，中国画家要在巴黎立足占一席之地，真是生存维艰，德群在巴黎艺海里终于游出了水面，日益引人瞩目了。他当时住在公寓楼里一个复式单元，楼下生活，楼上做画室，堆满了画，画幅均较大。他的写实功力很强，所作《景昭像》在春季沙龙获奖，但他很快转向抽象表现，特别是斯丹埃尔 (N. Stael) 的回顾展予他极大的启迪，那种大块、强对比中隐现生活形态的作风正适合了德群北方人的口味。抽象形式，仍不过是作者具象风格的演变和进展，因作品的律动永远缘于作者心脏的搏动。我们谈四十年来彼此的路，路崎岖，路曲折，甘苦有异同，而艺术中的探索却异曲同工，看了作品，无须解释，正如我们讲的是母语，不用翻译。别后四十年来的生活谈得极少，没有工夫，也无从谈起，长歌当哭，不愿再歌再哭。

我和景昭是初见面，当着她的面，我们的谈话令她更深一层了解德群。他们客厅里的沙发拉平便是我的卧床，这一夜，床其实是没有必要的。翌晨，早点后，景昭已准备好一大袋吃的和喝的，是考虑詹建俊他们在卢浮宫可参观一整天，不必为午餐费时间。待我和德群到达小旅店，詹建俊和刘焕章等早已下楼等在店门前，刘焕章心切，已显得不耐烦，待他们见到德群为他们带的食物，心头当别是一番滋味了。我们到卢浮宫后，德群说明路线等问题，交给了食物，看他们进门后，便和我去看一些新画廊，卢浮宫老样，我们不看了。我们跑了不少地方，德群介绍我近十年来巴黎美术的新动向，而我却感到并无多大新意，装腔作势者多，美术岂已山穷水尽，将被人们唾弃！

熊秉明陪我到大书店参观，我选了几本画册，付款时秉明准备了支票，但我有钱，自己付了，他有点惊异，我说在非洲卖了些画，款都交使馆转国内文联，大使感到不很合理，因我们太穷，便先支给我们少量外币，秉明听了点头有喜色。

我们在母校附近往昔常去的一家老咖啡店里长谈，额头的皱纹对着额头的皱纹，两个年轻人在这咖啡店里老了三十年。秉明讲一个故事，几个白俄每隔一时期便相叙于某咖啡店，坐下后先打开一包俄国的黑土，大家对着黑土默默喝黑色的咖啡（不加糖的咖啡谓黑咖啡），我这回没给他带来一包黄土。他提了一个尖锐的问题："如果你当年不回去，必然亦走在无极和德群的道路上，今日后悔吗？"我摇头，我今日所感知的巴黎与三十年前的巴黎依旧，三十年前的失落感也依旧，这失落感恐来自故国农村，我的出生地——苦瓜家园。

三天黄金的时光匆匆流去，我们这个微型代表团又到了戴高乐机场，德群赶到机场送别，夹了一幅他的作品送我，包得很严实，何日得再见，泪滴胸前，詹建俊等亦显得黯然。

搬入劲松七区

我在那令人诅咒的前海大杂院住了二十余年，孩子们一个个长大将结婚，住房的问题比天大，燃眉之急，走投无路。忘掉那艰难的过程吧，终于在劲松分得两个小单元房。我和妻及乙丁夫妇、小孙吴吉搬入了新居。因新楼无存车处，每日扛自行车上下楼极不便，家人也一致反对我再骑车，说年岁大了反应慢怕出事。秦琼卖马，我卖掉了劳苦功高的宝马，时值80年代初。

妻下厨虽用上了自来水、煤气，但她上班可远了，每天一早出门，从劲松到前海美研所至少一小时，傍晚回家已十分疲惫。她天天挤公共汽车，有一天回家，她并不愉快地说："今天车上有人叫我老太太，给我座位。"她惊讶别人说她老了，是的，她开始老了。她索性提前退休了。

于是她有机会跟我下乡写生，她工作以来，除了下放劳动的岁月，几乎没有离开过北京，今随夫君走江湖，换了人生。我们到巫山县住下。我每次船过长江青石洞与孔明碑之间，看到华丽的石壁，缘石纹、石洞、石壁上附生的灌木、藤萝……组成曲折缠绵的华章，苦于船速太快，难于捕获其美其魂。故这次先住巫山，从巫山坐小船到不太远的青石洞山村住下。

青石洞是个荒村，村中仅一家农民客店，只两间客房，一间住男，一间住女，当时并无客人，只我夫妇二人，女老板坚持我们各住一间，颇不便。女老板以其家面对神女峰为骄傲，坐在家门口便可画神女峰，并确有不少画家来过，签名本上还有我的熟人，她夸夸其谈，摆开八仙桌，招待十六方，真是一个江上阿庆嫂。她奇怪我并不画神女峰，似乎有点失望。

从她家走到沿江看石壁还有较长一段路，待我到江边坐下画那庞大的石壁时，妻也试着画，画不成，她沿江观赏去了。许久许久没回来，我意识到隐忧，小径极窄，悬崖万丈，一失足成千古恨。我放下画具沿江找她，只此独径别无歧途，我连叫带跑不见人影，真着急了，这时候，我感受到不要艺术只要人了，几乎要哭，哭我这个已被人视为老太太的妻为了我的工作而失足！很远很远处终于发现了她，她却悠闲地同一位农妇聊天，重温年轻时她那一口地道的四川腔。

返京后这篇峭壁华章我始终没有画好，最大的一幅丈二匹也不理想，题名《巫峡魂》，在台湾历史博物馆展出时被馆方要求留给他们，就留下了。离了青石洞，我们进小三峡，直至古镇大昌。妻非娇妻，她也同样能吃苦，她感到我外出写生真苦，事事相助，其实我这时的写生条件比之70年代已优裕多多了。

我们到山西芮城看永乐宫，芮城穷极，人民吃不饱，愿永乐宫的艺术引来游客，救救守着传统的苦百姓。过潼关，下洛阳，我的目标是南阳汉画像石。偌大一个洛阳城，却找不到我们二人的下榻处。因临近牡丹节，将有七十余个会议要在洛阳举行，大小旅店已被包一空。我们坐在马路上等，等一位热心青年，美术爱好者，他终于帮我们找到过夜的处所，还是美术救了美术家。

牡丹我是不看的，看龙门，看满身窟窿的龙，看早已定居海外的佛像的旧巢，旧巢空空，应标明其主人今在何国何城何处享福、落难！我们继续赶路，到了此行终点南阳，刘秀的故乡，皇亲国戚大墓多，墓葬画像石多，已建之汉画馆虽不宏伟，但藏品甚是宏伟，几日徘徊其间不忍离去。一日，忽遇大群儿童，举红旗，由老师领着奔进馆来，马不停蹄，又匆匆出馆，扬起满馆尘埃。原来那日是清明，老师领学生往烈士陵园扫墓，扫墓毕，归途经汉画馆，顺便参观学习。

我忆及初到巴黎时，上美术史课只能听懂十之五六，自己法语听力太差。某日在卢浮宫希腊雕刻展品前，遇一小学女教师，极年轻，正对学生们讲解一件件展品，讲其时代背景，分析其造型特色，字字清晰，我跟着听，句句听懂了，这是我到巴黎后第一次享受到听课的满足。我们的孩子们面对传统珍宝，无须满足？

1983年秋，吴冠中在四川木里山区写生

老师们无能给予他们满足！就在这次旅程中，我写了一篇短文《美盲要比文盲多》，发表于《北京晚报》。

再上黄山，妻偕行，宿北海宾馆多日。下山前日天雨，我作速写，妻为我撑伞，此情况被刚上山的一位法国人看到。北海仅一家宾馆，夜晚那法国人托翻译来访，知我能法语，便亲自来叙。我们谈到巴黎，谈到我的学习，谈到熟人，他看了我的速写本，最后他要求我明天让他照一张我写生的相片。但我们先已决定明日一早下山。他是一位较有名的摄影师，名马克·里布 (Marc Ribout)，多次到过中国，摄取中国的山水人物，曾在中国美术馆举办过个人摄影展，应该说是国际友人吧。便约定明日一早拍摄，照完我即下山，奉赠给他两个小时，我对时间从来是吝啬的。翌晨微雨，我在微雨中写生，妻照例为我打伞，估计这作品将是真实感人的，他说会寄给我，我们便告别。

别后杳无音信，德群却无意中在一本时事杂志 (Actualit) 中发现了碧琴为我打伞的那张黄山照片，便剪下寄到北京。作品无任何说明，在作者眼中，我们是他猎取的妇女小脚或男人长辫，他骗取了创作资料。正如我之估计，照片是真实而感人的，是极难遇见的黄山神韵，亦收入了他的个人大本影集中。后来出版我画集的多家出版社采用了这照片，问我有无版权问题，我说侵权的是这位法国佬。

多年以后，我的知名度不断扩展，一日，一位自称是皮尔·卡丹的代理人找到了我的电话，说有二十来位法国文化名人来访中国，其中一位摄影师马克·里布想采访我，我断然拒绝。

画不尽江南村镇，都缘乡情，我到过的村镇不少，写过一篇短文《水乡四镇》，柯桥、甪直、乌镇、朱家角。后来听说有周庄，1985 年我偕妻从苏州搭轮船到了周庄，住进唯一的一家旅店，房临街，一早便看楼下的早市，鱼虾新鲜而便宜，我们常买了拿到搭伙的干部食堂请厨娘加工。早市过后，人散尽，颇有寻寻觅觅冷冷清清之美，我画小桥流水人家，画窄巷通进深深庭院，画断壁残垣。我对周庄的赞语：黄山集中国山川之美，周庄集中国水乡之美。有一处老墙全系砖砌成，倾斜将塌，其上却长着肥硕的仙人掌，返京后作了幅水墨《老墙》，颇有特色。有一座桥上改成平台，台上架了个铁皮小商店，堵住了视野，破坏了水乡之优美身段，我为此写了篇《周庄眼中钉》发表于《中国旅游报》。人微言轻，这种文章发表了也就完事了，不意引起了旅游局和周庄所属昆山市的关注，启迪他们对周庄的旅游开发。赚钱，发财，力大无穷，谁也挡不住。今日周庄，人山人海，真如聊斋故事荒冢一夜成豪宅，因之我又写了篇《周庄——魂兮不归》。

1983年秋，吴冠中在四川大凉山彝族村寨写生

1984年4月，吴冠中夫妇在洛阳龙门

白色的小巷

1960年到宜兴写生，发现一条幽静的小巷，一面是长长高高微微波曲的白围墙，另一面也全是白墙，多属时凸出时凹进的棱角分明的垂直线。两堵白墙间铺着碎石子的小道，质感粗犷的路面一直延伸到远处的街口，那里有几点彩色在活跃，是行人。从高高的白围墙里探出一群倾斜的老树，虽不甚粗壮，但苍劲多姿，覆盖着小巷，将小巷渲染得更为冷僻。我一眼便爱上了这条白色的小巷，画了这条小巷。

事隔二十年，去年我再到宜兴写生，这条白色的幽静小巷依然无恙。这回是早春，这白围墙里探出的老树群刚冒点点新芽，尚未吐叶，蓬松的枝条组成了线的灰调，与白墙配得分外和谐，我于是又画了这条白色小巷，画成了我此行最喜爱的一幅作品。在宜兴住了一个月，画了一批画，临走时许多美术工作者和朋友来看画，他们赞扬，因感到乡土情调的亲切。只是有一位好心的老同志提醒我，说那幅白色的小巷不要公开给人看，因那白色的围墙里是监牢。

回北京后不久，中国美术家画廊邀请我在北京饭店举办一次小型个展，同时出售少量作品，售画收入支援美协活动。我同意了，展出作品中包括了我自己偏爱的那幅《白色小巷》，但说明此画属于非卖品。展出结束后，工作人员来向我交代，《白色小巷》偏偏列在已售出的作品中了，我很生气，他们直道歉，说一位法国人就坚持要买这一幅。我所爱的监牢就这样被悄悄卖掉了。

今年我因事又经宜兴，匆忙中又去看望了一次白色的小巷，白墙已被拆除一半，正在扩建新楼。

印度国家美术馆中国油画展

1987年酷暑，中国油画展在印度国家美术馆展出，中国方面只派我一人前去参加开幕。其时中印关系处于低谷，大概由于早先签订的文化交流协议，这个油画展只是应景而已。我为了看印度的风情与艺术，在四十余摄氏度的酷热中煎熬。接待很冷淡，住一个宾馆的地下室里，使馆给我送来热水器，馆方看这条件也会估计这是印方有意刁难。我要求参观的地区往往受到限制，他们以各种理由推辞，我知道我是误入政治外交之途了。展览开幕前，由使馆人员陪我去拜访了一些他们当地的主要画家，这些画家家里都阔绰，大宅院里花木繁茂，豢养着大狼狗。介绍后都客客气气，我们送上请柬，都表示欣喜，但开幕时一个也没出席，开幕那种冷落气氛，令人尴尬，这是中国油画展，时间是印度最热的六月天。因只我一人代表中国，既是团长又兼走卒，我天天守在展厅，要听听反应，但几乎没有观众，画展给谁看，展给我这个中国代表看。

印度的人民很美，深褐的肤色，瘦的精悍，肥的丰满，天热，几乎近似裸体，妇女披轻纱，风韵翩翩。旧德里老街五彩缤纷，十分好看，虽气味不佳，恰好我嗅觉先天不灵。坐过一次某县地区的公共汽车，是铁皮车，已生锈，窗极小，仿佛押犯人的车，谅今已大变。印度不仅人美，鸟也美：孔雀。印度的女翻译临别时送我一把孔雀尾羽织成的团扇，极美，惜今已灰暗破损矣。

世界七奇之一的泰姬陵当属印度的骄傲，游人必至。然而我不喜欢这种珠光

1987年6月，吴冠中访问印度，与当地民间画家合影

宝气之美，非美也，只是世俗的漂亮。如果杨贵妃不死于马嵬坡，李隆基为其建豪华之陵，也很难说是怎样的艺术形态。离陵入口尚远处便必须脱鞋赤足前行，烈日照晒的大理石地面烫足，痛如行刑，人们忍痛要去看宝，我是深入宝陵空手回，什么也没有印象了。出得门来被小贩紧紧包围，强卖纪念品，我不买，他们不放，便买了一本小册子，谅系旅游胜地介绍之类，后来一看，原是各式姿态的性交石刻，刻得极好，虽残破，形神兼备，神胜于形，是有名的神庙石雕，庙因性雕刻而扬名，此真春宫也，可惜我已无时日前去，庙名太长，记不住，曰：KHAJURAHO。

香港艺术中心吴冠中回顾展

1987年9月香港艺术中心为我举办回顾展，妻同行。一朝被蛇咬，十年怕井绳。妻最怕坐飞机，因抗战胜利从重庆返南京时，轮船、飞机紧张，都须排队等候，我先到了南京，在卫生署找了临时绘图工作等待出国，妻的航班排在后期，她单位知她等结婚，照顾她，将她与另一女同志对换，提前赴宁，后来那女同志的航班失事，替代妻遭了殃。妻内疚，从此视坐飞机为险途。今同我共乘一航班，生死共命，畏惧心情大大放宽，但她又担心此去香港首次个展，忧喜不卜。她虽第一次出边境，倒并不羡慕花花世界，同我一样关注于展厅。开幕在晚间，已记不清主持的领导官员们，我一味等待林风眠老师，我们说好去接他，他说有人送他来，其实他是坐出租车来的。我一直紧跟他看每一幅作品，同行们也一直围着，笑眯眯的林老师却一言不发，最后他只说了一句评语：基本功不错啊。躲开了一切媒体的炒作和是非争论，老师只看了学生的作业，题写了画册和展览的标题。他离开展厅后，我才陪同一些重要人物，答复媒体的提问。翌日英文版《虎报》以《顶峰》评价我的作品，其时内地对我早已争议纷纷，港报却一片好评，新华社驻港分社社长许家屯看了一个小时展品，认为我正如日中天。

我和妻去访林风眠老师，他先在电话中问有无别人，我说没有。本来是有几个人想乘机跟去的，但林老师总是闭门谢客，他极少出门，偶尔在街上被人认出："你是林风眠先生吗？""不是，不是。"找到他的寓所，按铃，他亲自来开门，

1990年12月，吴冠中夫妇最后一次访晤林风眠先生

倒茶，他说义女冯叶去巴黎了，家室空空，老师如深山老道，无发无须，自兼打扫佛堂的小和尚。我想看画室，他说没有什么好看的，乱七八糟，看来画室不大，反正他经常作四尺对开的画幅。幸他身体健康，后几天冯叶回来，他安排我们到最新建的大厦用自助餐，我和妻注意到他喝啤酒和吃肉都比我多，甚感欣慰。在他家照了许多照片，都是妻用傻瓜机拍的，却拍得很好，都早已发表于各类画集和文集，有心的读者谅已见过。

许家屯先生为贺我画展宴请少数宾客，他很高兴终于请到了林风眠，席间大家对林老师最感兴趣，因难得一见。林老师也很高兴，说话不少，说他本名凤鸣，自己改为风眠，不叫了，在风里睡觉了。别人问他每天什么时候作画，他说多半在夜里，大家叹息无法看到他作画了！我插话：“作画像鸡下蛋，你看着它下不出来。”满席大笑，林老师也咯咯地笑，像个孩子。其实，真正画家下的蛋是带血的，林老师夜半所下的带血的蛋往往被美展拒绝。

读风眠师去国前赠画

1977年9月24日

奉读画图湿泪花，
青兰盈幅难安家，
浮萍苇叶经霜打，
失途归雁去复还。

昨日意外收到林风眠师寄赠一画，惊喜之余不觉泪下，当即复师读画诗，抄录于此：

画面为浓重青绿基调，云层、浮萍、风里芦苇，二只飞雁。

重画巴黎

第一次香港个展后，我每年为海外个展奔忙，新加坡、日本、美国、英国、法国……妻偕行。1988 年日本西武百货店举办中国博览会，店里展销的商品全是中国货，在店的心脏展出中国的文化，有楼兰遗址图片及黄山摄影，再就是我的水墨画展。那是荣宝斋作为中介的商业性画展，卖得很好，西武很满意。西武老板同我商量，说他们明年搞巴黎博览会，全部展销巴黎商品，想邀我去巴黎写生一月，我的巴黎作品展就作为巴黎商品展的心脏，并邀我妻同行，全部费用与手续办理由西武负责。回巴黎写生一月！我同意了，全不考虑他们商业上的企图，妻也很乐意，是意外之喜。自从香港第一次回顾展后，我的作品在商品市场颇受青睐，香港一家美国人开的画廊万玉堂多方收集作品，举行我的个展，开幕请柬发出，想预先订画的人太多，只能按号先后进门抢订，晚上开幕，早上便已排队取号，当然是家里的用人去排队，香港报纸评介，说买楼房排队的事有，为买画排队的事属首例。后我在日本见到万玉堂老板，他说店门的玻璃都被挤破了。其时画价不高，西武着眼于价廉物美及我曾留学法国的条件吧。我不问市价，一味想重画巴黎。

1989 年，春寒料峭，我与妻住入凯旋门附近的一家三星级饭店，离西武驻巴黎办事处甚近，是他们选订的房。我先买一本地铁手册，重温学生时代的交通路线，路线基本依旧，这样，地铁加步行，我们看遍了巴黎的大街小巷与方方面面，今天我以中国画家的眼来剖析学生时代的洋巴黎。我只通知了德群和秉明，不与

1986年3月，吴冠中在日本京都为“国际交流合同绘画展”开幕剪彩

外界及使馆联系，一心一意，全神贯注追捕既是故乡又属异邦的巴黎，要解开我的巴黎情结。

从五六十年代起，我背着画箱在野外创作，边构思边构图，然后移动画架写生局部，整体意境是主观营造，而局部的真实保证了浪漫的虚构都在情理中。这样的创作过程在风雨烈日中进行了近三十年，80年代后，我逐渐只用速写在当地构思、构图、怀孕，然后回到北京制作油画或墨彩画，体力消损少，分娩条件好多了，画面也就日益趋向写意、意象，油彩与水墨间的疆界更模糊了。这回巴黎写生，时间紧，当然采用速写，同时用傻瓜相机摄取一些局部形象，补充记忆。风雨无阻，我们每天早点后即带着画具和雨伞下地铁，根据我计划的日程穿透巴黎，猎取巴黎的旧貌新颜。妻也看尽了巴黎的繁华与凄怆，从红磨坊的裸舞到断垣残藤及广告板下的露宿者。我学生时代的两地书里谈到的巴黎种种，一一给她印证，尤其我那母校美术学院，她当年想象是遥远的天国，今天看到的却是古老而并不气派的普通院落，只点缀着许多雕像和壁画。我写生期间，无须打伞时，她便在附近观光，不通语言，不敢走远，有时在一旁小公园的长椅上休息，常有牵着狗的老太太来同她聊天，用手作聋哑语，相视而笑。午餐无定时定点，总在各处小咖啡店喝饮料吃面包夹火腿。夜，不能再工作，找中国饭店吃中餐，我们都不爱西餐。

二十余天的紧张工作，我感到资料已搜集得差不多了，两大本厚厚的速写，封面已很邋遢，便是这次收获的全部珍宝，谁要偷走这两个本，那是逼我上吊。

我开始带她参观博物馆、大商场，并和德群及秉明约定活动日程。秉明夫人丙安及秉明侄女开车去访凡·高墓，学生时代我没有到过奥弗，当时也未探听凡·高墓在何处公墓中。凄风苦雨，两兄弟的墓碑立在墙脚的常春藤间，我们伏在墓碑上照了相，其时无有麦浪，无有乌鸦，而许多大墓上的塑料花经雨淋后显得分外鲜艳突出。我只画了凡·高所画的教堂，自己名之曰“凡·高教堂”。

另一日德群夫妇开车到齐凡尼莫奈故园，在远郊，路不近。池塘、垂柳、睡莲、日本桥，风物依旧，鲜花盛开，可能较莫奈当时更茂盛。工作室甚大，如厂房，谅晚年才能建此规模之大画室。我在巴黎书摊上买到一张明信片，是一位白须黑衣的老头闲坐在园林的椅子上，一看说明，就是晚年莫奈坐在他的家园，正是我们此刻脚踏着的这个家园。莫奈给我最深的感受是：印象派一直不被官方艺坛认可，待名满环球，法兰西学院给晚年的莫奈提供一把交椅，他谢绝了。

我返京后，趁印象犹新，立即动手作巴黎的油画及墨彩画。画幅不大，有的甚小，是西武提供的尺寸与画布画框，他们是依据日本家庭居室小，挂不了大画的实际需要。作品完成后待秋季运往东京展出，此次仍由荣宝斋作为中介。展出时我和乙丁去了东京，开幕四十分钟，作品被订出十之八九，大部分是香港藏家和画廊闻讯赶来抢购的，日本藏家及喜爱者反而近水楼台未得月。西武负责人对我说：“你是成功了，但我们失败了，我们本意是培养你在日本的市场。我们想邀请你到京都、奈良作画，在东京展销，希望你合作。”我婉谢了。

1989年3月，吴冠中在巴黎街头写生

1989年，美国两月

这一年真忙，当完成巴黎作品交给荣宝斋后，我便偕妻飞旧金山。两年前旧金山中华文化中心与我订约，于今年6月起我的个展在他们中心及伯明翰博物馆、堪萨斯大学艺术馆、纽约州圣约翰博物馆、底特律艺术馆五处巡展，为时近两年。我抵旧金山时正在布展，我们便应朋友之邀先去大峡谷观光，佳士得鉴定专家黄君实偕行。未见纽约，先看西部荒漠，未见画廊，先看赌场。大峡谷大而无当，远不如云贵高原崇山峻岭之气势。评论家高居翰及李铸晋等参加展览的开幕与晚宴。参观展览的洋人较多，遇到几个专门赶来展厅的洋人，目的是找我鉴定他带来的我的作品，水墨画，是中国买的，有香港买的，有真的，有的是荣宝斋的木版水印。

有友人劝我们留下不归，可代为安排一切。当我年轻时，通语言，熟悉巴黎，尚未恋其梁园，如今大半身已埋入故国黄土中，更拔不出来了。

我们飞往东岸纽约、华盛顿、波士顿，主要是看博物馆，欲阅尽天下名画。波士顿博物馆以藏中国古代书画著名，藏品虽多，但展出的不多。负责人吴同介绍，日本人投资正在扩展装修日本馆。明治维新时，许多古老的日本画被抛掷出来，颇似打倒孔家店，因此波士顿获藏不少，今日日本人悔矣，故出资在西方保护其国宝。而我在东京博物馆曾见当宝贝珍藏的西方绘画，不过是些二三流以下的东西，托崇洋之福高踞东土。

纽约大都会博物馆有一件庞大的中国展品，曰《明轩》，那是美国人自己出钱克隆的苏州拙政园一角殿春簃，殿春簃无水，无水则失江南园林之魂，不知是

1989年6月，吴冠中在美国约色麦特山区大森林写生

谁拍板选定了这无水的园林一角。

而在美国的不少日本式园林据说是日本人自己建造的，他们将日本式园林建设在美国土地上，让人欣赏日本风光。唐人街虽有点像中国租界，熙熙攘攘都是中国人，但其地位远不同于昔日上海的外国租界，甚至相反。

美国画画幅均大，出了博物馆便难找归宿。今日世界上似乎大画成风，大都为了展出时凸现身手，这些画件除博物馆收藏外，展毕便成废物。而博物馆里这类废物亦多，建多少博物馆亦容不下太多的废物，应建一个超大的废物博物馆，容雄心勃勃的画作进去一展，然后归入废物处理场。蓬皮杜博物馆的展品不断更换、淘汰，必然需要无穷大的仓库——废物处理场。作品之优劣不决定于幅面之大小，弗尔美的作品最小，其价值重量非高个儿大汉能超越。无论卢浮宫、大都会、伦敦国家画廊，观众最密集的还是印象派及其后的并非以大惊人的作品。

我国媒体爱宣传最大、最长、最……的作品，我对“最”很反感，华君武作过一幅漫画，以晾晒的长长的老太婆的裹脚布比之某些自夸最长的画作。有出息的年轻画家，力求艺术质量之提高，丢掉以大占位的包袱，人们大都习惯于在平易合适的距离欣赏造型艺术，日本画小幅多，是适合其居家生活环境的，艺术的最大出路是结合人民的生活与感情。

我只在美国逗留两个多月，便匆匆去东京赶巴黎博览会的开幕。在美国的展览巡回需一年半以上，由作品去巡回，我走了。

老虎高原

戎马倥偬，不断在国际上的花花世界奔忙，不无厌倦感。于是偕王秦生去晋北河曲，由他向导，找黄土荒漠之典型地区，石鲁确曾表达了这里的特色。山土被雨水冲击，满山皆沟壑，颇似老虎斑纹。若那山形似巨大动物，或伏或卧或昂首或回顾，沟壑随之，便活生生绘出了虎之群。我到黄土高原的第一感受便是面对了壮观的虎群。千万年来虎群孕育了炎黄子孙。我看过黄土高原，引起了画老虎的欲望，画过老虎，再画高原，我称之为老虎高原。

回忆在昆明滇池看西山，都说那山岭像卧美人，头、胸、腿、脚，身段优美。有一次在课室中，我将模特儿卧倒近乎山岭之起伏，同学作业中的腿写实模特儿，大都感觉短，不舒畅。我以西山卧美人为例谈错觉，说他们作业中的腿短了五百公里，他们很快领悟绘画中的气势与神韵。因之后来到苏州园林画太湖石时，石之形中隐隐体现着人体之伸展与蜷缩。

我和王秦生在贫穷的山沟赵家沟睡同一土炕，朝暮相处，似又回到了下放李村的劳动岁月，那时我们也曾睡同一房东家的土炕。俱往矣，未往也，我们晚间访老乡家，此处老乡比彼处老乡穷多了，只有十块钱的积蓄，便将之藏在壁洞里，表面糊上泥巴。乡里干部为我们的到来宰了一只羊，当地有名的柏子羊，因吃了柏叶之故，味美，我吃了，甚内疚。

夕照看裸体

人，穿戴衣冠，士、农、工、商、兵与官，我都不敢画，怕丑化。自从画了那个“麻子”女生，便连自己的家人也不敢画。但画过不少藏民，他们美，他们的形象具特色，别人也不辨我画中人物的美丑了。此外，画过一幅岳父的像，很成功，既像又具造型美，全家满意。这因他本人浓眉、大眼、厚唇，是理想的老人风度，激发了我的画意。我这幅唯一优秀的油画肖像，却被我岳母在“文革”中毁了，因岳父系地主成分，岳母怕留着地主丈夫的遗像贻害子孙。

脱尽衣冠，赤裸裸的人，没有了社会属性的人，属于造型领域中的模特儿，我半辈子在赤裸裸的人体中探寻造型规律、神韵与节奏。一部西洋美术史几乎是人们对人体审美的发展史。

我前半辈子的艺术历程，主要是在裸体画中学习、钻研、探索。西方造型艺术的精髓，其形式法则的归纳，可以说都源于裸体。然而我的全部裸体作品，包括油彩、素描、速写，以及这些作品的照片，统统毁于十年“文革”浩劫中。近几年每举办自己的回顾展，总要在前言或后记中，提到已无一件裸体作品的遗憾。

过河岂肯拆桥，我念念于在裸体写生中的获益。我画的树，是人，我尤其爱画落叶的树，那是裸体的人，更见筋骨，更美，赤裸裸的美。我画树之群，着眼点是顾盼缠绵，树际关系，人际关系。我向往表现一片丛林，但却不描摹每一棵树木，正如不刻画一个具体人物而表现人群之欢腾或怒潮。我画山，北国的峰峦或江南的丘陵，所见也是伏卧、跃起、奔泻、拥抱、追逐等等的形象意识。我在云南玉龙山麓的工棚里住了一周，困雨，日夜守候，苦待雪山在云雾中露面，终于在一个夜晚云散月明，洁白的玉龙显现了，我惊呼终于见到了苏珊（Souzanne）出浴。

步入1990年，我已七十一岁，利用一个月的暑天，决定重温一次裸体写生，自己也想看看我画的裸体是什么模样。雇定了五个模特，由我的研究生钟蜀珩陪着一同画，我们每晨八点开始工作，从不迟到。

旧梦永远不能重温，温故知新倒是必然的规律。自离巴黎于今四十年，四十年来忙白了少年头。在封闭中、孤独中、遭批判中不辍耕耘，是有种巨大的力量在支持我：人同此心，心同此理，广大人民的感情是真诚、无私的，以诚作画，以情作画，永无畏惧。不知不觉中，在与人民的诚与情的相融中，跋涉探索，竟已步入艺术生涯的晚年。在夕照中创新，今天重画裸体，东方的、老年的眼底所见的人之裸谅来也追不回青年时代在巴黎画室所作的裸体风貌，“人们永远不可能再次涉足于同一条河流”。

由于旧情的怀念，我想在那十幅裸体油画中重温昔日各种不同的表现手法：如主导老师苏弗尔皮（Souverbie）所经常强调的量感美，我强调匍匐人体的黄土山坡之感，人之伏兮山之崩，震得宇宙彩缤纷；曾在洛脱（A.Lhote）工作室学色彩交错，今以此手法作宫女，但并不满意。印象派的朦胧、构成中的转折、马蒂斯的韵律……都影响过我，但毕竟我还是立足于自己的立场来观察，来审美。当我将裸女引入画境山泉瀑布间，立即想起了《九歌》的山鬼；我将正面与背面的裸体合于同一画面，便憧憬于民间的色彩空间；最后一幅《梦》，淡淡的色调，着重写意笔墨，吸取宣纸效果，无疑更偏东方情味。我一直在油彩与水墨中转轮来，踩着彩与墨作“之”字形前进，在这些晚年的裸体作业中不知是否也流露出前进的轨迹。

钟蜀珩是我唯一的研究生，她也早已是教师了，自己功力扎实，教学严谨，这回从头至尾跟我一同写生，对她却仍是一个冲击。掌握正确的形象，她毫无问题。但艺术观察中有个核心之宝，是一把金钥匙：错觉。错觉之母是感觉，感觉之母呢？

是感情。习作与创作之分野，往往始终是错觉。小钟严谨认真有余，但感情不敢狂放，有约束，在这一个月的共同工作中，她在情与理之间彷徨、搏斗。她问我在作画中已得心应手了吧？我说未必，尚很难淋漓尽致地抒写所感所思，我作画中极度紧张，就是想竭力始终控制住自己的感受与意象，稍一松弛，便被对象俘虏，被动地描画一个摆了姿态的女模特。

小钟问："当年你上人体课时谈到赤裸的马、牛比戴着鞍架更美，记得吗？"记得，岂止牛马，赤裸的动物都很美，如给虎豹穿上衣服，不堪设想。人，生活在集体社会中，不得不穿衣服，但并非由于赤裸是丑的，一切时装设计都是着眼于更突出人体之美。女模特听了我们的对话，会心地微笑。

我们又讨论人体的结构问题。我的观点是明确的：结构包括两方面的涵义，一是解剖结构，这容易理解，是纯科学的；二是抽象结构，即指稳定、动感、转折、扭曲、起伏、疏密等等因素间的组织关系，这都牵连着形式美的规律。表现人体美，要求解剖结构与抽象结构的结合及默契。在实践中这两方面的结构必然有矛盾和冲突，难于兼顾。创作是强烈感受的体现，解剖结构从属于抽象结构，否则连"夸张""省略"等手法也无生存余地。但对初学者讲，解剖结构却占主要位置，随着学习的进展，抽象结构的因素愈来愈突出。如果开始学习时根本不谈抽象结构，只在解剖结构中讨生活，感觉日益麻木，以后恐难再接受抽象结构的观念，永远进不了艺术的殿堂。

香港绘旧街

香港在不断拆旧街改建新楼，1990 年香港土地发展公司邀我去绘将拆除的旧街，妻偕行，为时一月余。我成长于旧社会，惯看旧房旧街，日久生情，常爱画古宅老街。土地发展公司老板也爱惜这些老街，但任务在身，不能不拆，他半开玩笑说：“画下这些将消失的美丽老街，为我赎罪吧！”如果说香港的中西结合的特色引起我作画的兴趣，则探索表达这一特色的语言却煞费心机。屋漏痕的笔墨、中锋或侧锋的苔点，已与今日香江无缘；莫奈的大街、马盖 (Marguet) 的码头，也都套不上 90 年代的东方闹市；香港老街的狭窄与密集似乎有些邻近尤特利罗的小街小巷，但又全非那种淡淡的哀愁的情调。现代建筑的直线、大弧线、素净的面、穿凿的道、利刃的顶……是交响乐，是龙虎斗，是杂乱的篇章……由画家自己去组织自己所见的斑斓人间。

人间，不爱高楼爱人间，我作了幅油画《尖沙咀》，画外话：红灯区、绿灯区，人间甘苦，都市之夜入画图。我爱通俗，通俗与庸俗之间往往只一步之遥，琼楼玉宇的香港充满着庸俗与通俗。最入画的是即将拆除的鸟街 (康乐街)、李节街和花布街，亦即土地发展公司老板同样认为布满了时代烙印的历史遗迹，他一面惋惜，故请我用艺术来表现她们永恒的风采！香港弹丸之地，因争夺空间，成了全世界最大的建筑博览会。老巴黎保住了，新巴黎拉・德芳斯从老巴黎延长出去，造型的发展与历史的延伸同步，得天独厚。我国的问题大，保护文物建筑或力主发展都是硬道理，但两者必然矛盾。无奈我们的砖木结构建筑不争气，经不住岁月的考验，自己不断坍塌，未老先衰。

年龄飞升，看寰宇块垒

妻自从在公共汽车上被人叫老太太后，我们无疑已进入老伴阶段。她退休离开办公室后，伴我走江湖，参观世界上的著名城市，开了眼界。居家自己做饭，孩子们都已成家分居，平时只我们两人生活，做饭也简单。

1991年早春，有一天她买菜回来，半途头晕，在路边坐着休息，回家后仍不好转，晕且呕吐，第二天乙丁回来帮忙送三〇一医院。因该院一位名大夫是相识，凭这点关系留院观察，无病房，临时在楼梯下架一床，时病人已感天旋地转，不能吃喝。我以我背支持她坐起来喝水，喝一口水便满身是汗，看来形势严重。CT检查尚未血栓，但显然是脑血栓症状。用维脑路通等药物点滴几天后，病情缓解，能起床走几步，考虑等床位住入神经内科病房治疗。但那位年高的名大夫认为可出院回家了，他是好意，是感到住院条件太差了，或他其实对此非内行，我们当然信他这位相识的大夫，他应是为我们着想的。回家后两天，病情急剧恶化，名大夫也着急了，他带着他昔日的学生，今日神经内科真正的专家曹起龙大夫一同来家诊视，曹大夫一看，说立即返院急诊。再用CT检查，脑血栓已形成，且栓在要害部位，有生命危险。从此我们家陷入恐慌中，儿子、儿媳轮班去三〇一医院守护，小孙孙也闹着去，不让去，因奶奶的脸和嘴都歪了，孩子们见了会惊哭的。用了不同的药物，只知有从毒蛇提炼的酶。也请了名中医来诊治，他背后对我说这属三大恶症之一，摇头表示难治。请了女护工整日守护，我奔走于劲松与三〇一医院之间，此情此景见《他和她》，我不再回忆。经过几个月的治疗，老伴一天天好转，上天知道我们相伴的岁月不够，补她年寿。

她回家了，女护工也跟来我家当保姆。其时法国文化部授予我文艺最高勋位，我将勋章给她看，她淡然，小孙孙先抢去看，她只说：你也真不容易。

老伴的病情在逐步康复，开始在室内练习走步，我将画室里的大案拆除，腾出地方让她学步，我只在室之一角用小画架作小幅油画。一日，我正作画中，她居然倒了一杯热茶颤巍巍送到我面前，我感到喜悦与悲凉，回忆遥远的往事，追溯梁鸿与孟光。大夫说脑血栓治愈后第一年内的复发率有60%，以后逐年减少，我们分外小心，一直未复发，但仍有后遗症，左眼总不舒服，睁不开。中学时代的她，眼睛是全校最美最亮的，如今老用手按抚那只病眼，不是眼有病，是由于微血管不畅，供氧不足，当她睡倒，地心引力减弱，便舒服多了。反正，她生活得不完美了，她常自慰，在病前已看到了外面的世界。十二年后她病复发，住院昏迷一个星期，医院发了病危通知，但竟又奇迹般复活了。在她昏迷期间，同室的病友评议她：这老太太年轻时一定很漂亮，看她那双大眼睛和双眼皮。

我的知名度渐渐被人利用。我有些老学生，辛辛苦苦在艺术中拼搏，少数已在美术界立住脚跟，但大都默默无闻，生存维艰。我想为他们举行一次师生画展，利用自己的知名度，嫁出自己抚育过的老闺女。在艺术学院任教时的学生，老伴全认识，甚至比我更熟悉，因都要向她借画册，她的善良和耐心博得全系同学的赞誉和尊敬。她一向认为多一事不如少一事，但这回她却竭力催促我举办师生展，并为参展人选问题提意见。后来师生展在历史博物馆开幕时，她已病倒住院，参展和参观展览的同学们要到医院去看她，我们不让，地址保密，但钟蜀珩还是一人独自前去找到了病房，在窗外偷看了情况，哭着离开了。

同学们对她比对我更亲，她总批评我对学生对同事太严肃。也许她有理，但在艺术上，我永远是严肃的。

我原意将展览定名为“叛徒画展”，学生在艺术上对老师不可亦步亦趋，可以，应该有背叛老师的思想和胆量。开始大家为“叛徒画展”的命名鼓掌，但后来冷静下来，“叛徒”这个可怕的名词将引起麻烦，为免惹是非，平安展出，妥协了，套用了毫无内涵和性格的“师生画展”。吴大羽老师说：“贼（害）人者常是师，信人亦足以自误。教过我的老师为数不少，我能全信他们吗？”

1995年10月，香港艺术馆"叛逆的师承——吴冠中"画展，吴冠中与朱锦銮馆长、《先驱论坛报》艺术主笔梅利柯恩交谈

1995年，香港艺术馆举办"20世纪中国绘画展览"及研讨会，包括主题展"20世纪中国绘画——传统与创新"及两个专题展"澄怀古道——黄宾虹"和"叛逆的师承——吴冠中"，我衷心感谢他们赐我这顶桂冠：叛逆的师承。

记得1979年中国美术馆举办我的首次个展，中央电视台录了像，我很高兴，后来他们提出要求要我作什么画，我没答应，因此录像就不播，录像带洗掉了，从此我对电视台的活动不参加，很反感，太丑了。

90年代初，几个老学生劝我上太行山写生，我乐意前去。临出发在北京站集合时，才知他们预约了中央电视台的摄制组随行。我很不高兴，他们一再解释，是电视台主动要求的。你不通知，人家怎能知晓，须知，我作画是不愿人看的，何况我早对电视台有成见。他们一再保证摄制组决不干扰我的工作，这种保证是废话，但事已至此，老伴常劝我做人不要太过分，只好勉强对付了。

但这次行程中，我发现孙曾田是有智慧，且是为艺术而忘我的工作狂，我们有了共同语言，在环境艰苦的太行山中，彼此看清了对方。后来孙曾田随着我地面的脚印，想超越空间，追向时间，一直追到我的童年去。有志事成，终于我们到宜兴我农村的老家去拍摄半壁残墙犹存的旧居。游子归来，父母早亡的现场被老乡们围观，观众中有人为我父母之死叫屈。我们去竹海，去周庄，孙曾田竭力在镜里招魂，虽毕竟不易再现我笔底的故土风貌，但他追捕到了最接近原型的记录，我也愿与他协力寻觅消逝了的岁月，消逝了的生命。

1991年华东空前大水灾，呼救声急。其时我的画价相对较高，且市上难求，在大家捐款、捐物、捐画的热潮中，我考虑到捐画。我曾为修长城及拯救威尼斯、协助残疾人协会、扩大潘天寿奖学金……义卖作品捐款，但次数并不多，因要求捐画的方面太多太多了，既怕款并不能落到真正需求者手中，更怕画卖不掉，等于骗人。这回我向组织这项活动的新华社说明，画未卖掉前不要发消息。我选了那幅源于周庄的水墨画《老墙》捐出，画很快被一位香港人士以50万港币买走，款直接公开交民政部副部长接受。媒体报道这是个人捐款的最高额。后来我到周庄，周庄也知道这破墙卖了50万之事，并告诉我那破墙早拆掉了。捐画后，我不断收到一批批挂号信要求赐款救济：有家里失火的、有病危的、有负债将自杀的……人间灾难本来永无止境。

偷画与千里鹅毛

钱引人堕落，画居然也推人入狱。《北京周报》×× 周年纪念，索画祝贺，我贺了，贺画发表在当期刊物上。若干年后我在海外看到此画，画上贺《北京周报》×× 周年的题词犹在，真是有失《北京周报》之体面。返京后我直接与《北京周报》领导联系，他们查出此画由美编借出，美编说是吴冠中本人借去出版了，领导说那也应请吴先生留下收条，美编答吴先生已去香港定居，无法联系。弥天大谎，破案在即，美编改口说画已找回，他依照印刷品复制了一幅伪作，领导给我出示伪作。不知后来他们如何发落这位年轻的美编，我却为给公安局填表、签名等等花了不少工夫。这是一幅小画，另有一幅大画的故事。

住在湖南宾馆作巨幅油画《韶山》期间，宾馆要求为他们大厅画一幅水墨《南岳松》，大于一丈二尺。十余年后湖南省政协会议在湖南宾馆召开，一位有眼力的政协委员发现那幅《南岳松》是伪作，于是宾馆领导查案，是内部一位能画的职工仿了同样尺寸的伪作，于夜间换下了原作，竟无人知晓。画尚未脱手，于这位职工家搜出了原作，人们估价一百万元，作案者入狱了，湖南的报纸、电台均做了大量新闻报道。作案者的律师、家属，均来京找我求救，我未接见。后作案者在牢里写来一封信，说他如何如何爱我的作品，又将如何改悔，但愿他说了真话。

80 年代住劲松时，一日，不速之客敲门，说他代表几位对越反击战的战士给我一封信，交了信便匆匆离去。信内容是这几位前线归来的战士，要我为他们画数件精品，否则小心我及家人的安全。我立即请学院保安处向公安局报案。公安人员来家详细讯问后，便认真工作，做了模拟图像让我们辨认。不久后的一天，公安局来电话，说他们立即要到我家蹲点。接着几个公安人员进来，说今天作案者可能光临我家，叫我们一切照常生活，不要怕，但我家小阿姨早已发抖了。公安人员不时用大哥大与外面联系，那时大哥大是新事物，个儿大，不称手机。过了大约两小时，公安人员听完大哥大，高兴地说，好了，盗贼已在中途被捕。于是他们急急撤离。

后来才知钱绍武收到的恐吓信及子弹，原是同一人所为，此人早有血案，这次落网被枪毙了。

偷画、盗画令人犯法，则以画送人总是美意吧！“文革”在李村下放劳动期间，那位指导员蛮横无理，满嘴脏话，谁都讨厌他。相对地说，连长就和蔼多了，我们有困难和意见愿向连长反映，大家有意高唱“好连长！好连长！”其实是反衬指导员之可恶。连长有闲还同我们拉家常，同情我们妻离子散的境况。下放结束，我们返京，连长也复员到江南某县城被服厂当了书记，并给我们来过信。我立即给他复了信，并附了一小幅我的江南题材水墨画作为留念。连长回信说收到了画，且说是千里鹅毛，以后他要到北京找我们玩。很久以后，我在香港的拍卖目录上见到了这幅所谓千里鹅毛的画，我估计别人以极低廉之代价收购了这幅画，甚至只用某种电器便换走了。再之后呢，一日，连长突然到了北京，敲我劲松住家的门，背了一个麻袋般大的包裹，满头大汗。事先全无联系，居然能找到我家，如果我外出了呢，我真为他委屈，赶快请他进屋休息，沏茶慰问。互道了近况，一番虚话之后，文化不高的连长直截了当说要一幅油画，同时显示大袋里装的全是床单、毛巾被之类，我连忙推辞，他说是自己厂里的产品，小意思。待他确知我无意再赠他油画后，他只得告辞，便听我的话将大袋背了回去，还得出一头大汗。

我以千里鹅毛拂掉了心目中的好连长！我写了一篇《点石成金》，谈的就是以画毁掉友情的苦涩故事。

大英博物馆与林布朗对展

1992年3月至5月，大英博物馆举办“吴冠中——一个20世纪的中国画家”展。大英博物馆有一个中国展厅，展的都是古代书画、雕塑和文物，为展现一个现代中国画家的面貌，这些珍贵的古代艺术暂时让位给子孙。我学生时代利用暑假到大英博物馆参观，特别细看了顾恺之的《女史箴图》，陈列这手卷的位置今天展示我的一幅半抽象的长卷《汉柏》。德群夫妇从巴黎赶来伦敦参加我画展的开幕，我们都想再看《女史箴图》，馆方同意让我们看，那国宝作品暂安置在图书馆内一个高台上，我们爬几级台阶上去看画，因后退余地甚狭窄，要看画之下部时，我和德群自然而然就跪下细读了，这个子孙跪拜祖先的真实场面，有人想拍照，但此处禁止摄影。

我的展厅的对面，正展林布朗（伦勃朗）的素描回顾展，沾他的光吧，两边观众甚多，但我注意到，也有少数观众看过林布朗（伦勃朗）后，见这边是中国画家之展，头也不回就离去了。当我们在馆门外的大横标前照相时，聚了些人，一位牵着狗的老太太前来看究竟，当她知道是为这位中国画家照相时，她特别热情地与我握手，说她看过展览，太喜欢我的作品了！我想她听懂了下里巴人。

开幕后两天，下午，雨，馆方通知我不要离开展厅，说有一位重要的评论家将从巴黎赶来。他就是《先锋论坛报》艺术主管梅利柯恩 (S. Melikian)，他披着雨衣赶到我的展厅，馆方的负责人等都十分重视他，但彼此没有什么客套，他两眼直射画面，英语翻译紧跟着他，他偶然发现我讲了法语，立即不用翻译，要直接用法语同我谈，我说法语已生疏，他说无妨，坚持要直接谈。于是他劈面便问：“你离开欧洲数十年，首次回来展出，伦敦是你的首选之地吗？”我答不是，是巴黎，他点头。我接触到的西方著名评论家如苏立文 (Sullivan)、高居翰 (Cahill)、巴哈 (Barnhart) 等等，都是专门研究东方艺术尤其中国艺术的专家，梅利柯恩似乎并不迁就中国特点论中国艺术，他站在国际论坛上一视同仁地对待各路艺术，后来读到他的评论文章，他敢于肯定和否定，毫不掩饰自己的观点，正如他谈吐时鲜明的态度。不久，他在 1992 年 4 月 4 日至 5 日的《先锋论坛报》上发表了题为《开辟通往中国新航道的画家》的文章。我有点惊讶他开头便说：

“发现一位大师，其作品可能成为绘画艺术巨变的标志，且能打开通往世界最古老文化的大道，这是一项不平凡的工作，也许为此才促使东方文物部的负责人罕见地打破大英博物馆只展文物的不成文规例。凝视着吴冠中一幅幅的画作，人们必须承认这位中国大师的作品是近数十年来现代画坛上最令人惊喜的不寻常的发现……”

其他媒体如《泰晤士报》等虽也有不少评介，但梅利柯恩的旗帜最鲜明，且因其本人地位的重要性，我的这次欧洲之展无疑引起了关注，BBC 也做了电视报道。我将牵狗的老太太与大评论家联系起来，将下里巴人与阳春白雪联系起来，又回归到风筝不断线的思考。伦敦之展受欢迎，英国王储来剪彩等礼遇，并没有抹净我 1949 年在伦敦公共汽车上受辱的烙印，潜意识中仍有雪耻的心态，但我们的现代文化还未能超越人家。

我最爱看第八展厅，那是陈列希腊巴特侬神庙精华的专厅，全世界崇敬的古代艺术的专厅。希腊外交部一直与英国交涉要索回他们的国宝。索回国宝有理，何况是祖先的家庙。但从宣扬艺术品的价值角度讲，大英博物馆对这些人类珍宝的护卫与传播是有功的，我们的《女史箴图》等等也一直处于养尊处优的位置。如果只能到原地去看原物，则能看到原物的人群必然大大减少了，因而珍宝长期展出于重要的世界性博物馆，对发挥珍宝的作用当是积极的。大英博物馆不收门票，大、中、小学生，学者专家们随时出入参观和研究，那是一所独特的大学，

1992年3月，吴冠中及其长子可雨在伦敦大英博物馆“吴冠中——一个20世纪的中国画家”画展海报前

如收门票，门票高了，这大学的功能便也随之减退。至于原物主要求退还原物，是否可考虑以文物交换做补偿，同时起了文化交流的作用，我们那么多兵马俑，用少量去换一些西方重要艺术品，不算卖国吧？纽约人、美国人来参观苏州园林的有，但少，而进大都会博物馆看《明轩》的多，可惜那《明轩》不理想，不足以显示中国园林之精粹。梧桐树高凤凰来，当我们北京等大城市建起一流博物馆，不仅展示中国艺术家的真正杰作，国际大师也将以被中国收藏为荣，那时候，中国的文化，尤其现代文化，才称得上与国际接轨，分庭抗礼。

我自己虽不算今日重要作者，1988 年为北京饭店作了 300 厘米 ×1500 厘米的巨幅《汉柏》，在大宴会厅陈列过多年，宴会厅改装修后，今不知搁置何处。我时时为之心疼，这是我最大的代表性作品，估计不会有好下场，当年曾有国外单位和藏家想收购这巨幅，当然不可能，但我内心却愿意让她嫁到能展示身段的地方去。人生短，作为作者，我是看不到自己作品在自己国家的命运了。

我想展画于巴黎

伦敦是你回欧洲展出的首选之地吗？梅利柯恩的第一句问话就触到了我的要害。我想展画于巴黎，巴黎人能从作品中听到几许乡音吗？那边的共鸣应大于伦敦。然而店大欺客，巴黎的重要博物馆不会接受今天的我，我又不愿到商业性画廊展出。还是由于德群夫妇的中介，专门收藏东方艺术的市立塞纽奇博物馆愿举办我的个展。从规模名气讲，塞纽奇不及另一家东方艺术馆吉美，我去过吉美多次，因伯希和取走的敦煌文物都在吉美，而对塞纽奇的印象不深，但塞纽奇是严肃的博物馆，举办过林风眠、吴作人等中国当代艺术家展。路只能从脚下起步，我决定先到塞纽奇展出。馆长波波小姐本人是研究东方文物的，她提出对展品的要求，大英博物馆展过的他们不展。我很同意这样独具个性的选择。

展品均由可雨从新加坡直接送到巴黎，省了路途保险费并妥善而快速。展期一个月，后延至两个月。波波原约定希拉克市长剪彩，后因选举大事希拉克无法出席而由别人替代，并代授予巴黎市勋章。开幕过后平时观众不多，除了卢浮宫和奥赛，巴黎的艺术馆和画廊参观的人都不多，画廊门可罗雀，推门进去只自己一人，店员来招手，有点尴尬。

对艺术，巴黎人是骄傲的，各自有独特的见解，有人大骂当代艺术，说这是与人民隔离的柏林墙，要拆除柏林墙，确乎有人在拆，也仍有人在筑。我的展览有些报刊报道，但并不多，不及伦敦如引进了新事物，在巴黎什么也不新，无所谓新旧。但对真正的大师，公认的大师，大家总是承认的，我记得 1949 年参观威尼斯双年展，法国的展厅就以两人代表：勃拉克和马蒂斯，压倒群芳。

大概是“文革”后期威尼斯第一次吸收中国参加双年展，中国送展的竟是剪纸，真是对“最是民族的就最是世界的”肤浅的曲解。

巴黎之展，可雨、于静(儿媳)、吴言(孙子)一家及乙丁同行，老伴病，去不了，她说她都见过，哪儿也不去了。我们一家租了个公寓，生活还方便。

带着儿孙参观卢浮宫，感触良多，我曾费九牛二虎之力攀登的圣殿，今天小孙孙轻易就进来了。卢浮宫人山人海，歧途多，总怕吴言丢失，随时注意他。到底还是丢失了，来回找，最后发现他随一群洋人坐在地上听导游英文讲解，他能听懂英文，吸收量大，且对展品发表自己的品评，不是走马观花，他的旅程比我缩短了几十年。

国内正在炒潘玉良，从妓女到国际名画家，从传记到电视，我很反感。四五十年代，潘玉良住在一旧楼的顶层，五层，木头楼梯咯吱咯吱响，我们星期天有时买些水果点心去看她，这位大姐很豪爽，作品也很男性，接近野兽派作风，但品位平平而已，她用毛笔勾勒的女体格调不高，看来是为谋生而作。我国驻巴黎领事的女儿跟她学画，使领馆有时买她点画帮助她，显然她的生活是艰难的，用水要下一层楼去提，我们都帮她提过水。但她倔强，正直。我劝她是否可考虑回国教书，她说徐悲鸿在世她不会回去，她同徐曾在中央大学同事，历来观点对立，矛盾大。郁风是她当年的学生，郁风说，徐悲鸿的教室学生多，很挤，故她选了潘玉良的教室，人少，摆画架很宽敞。五六十年代间我在北京艺术学院任教，在“百花齐放”的政策下我和卫天霖商议聘请她回国任教，我去信告诉她徐先生已故，她是否愿回国到艺术学院任教，她回信说考虑考虑，接着 1957 年反右，决定了她魂断巴黎的归宿。塞纽齐亦藏有潘玉良的作品，我因已找不到潘玉良的门庭，便请教波波馆长，她答：不仅房子拆了，那整条街也拆了。

《北京雪》与《北国风光》

从巴黎返京后不久，全国政协秘书处通知我，说李瑞环主席将出访芬兰、瑞典、挪威、丹麦、比利时，想邀我做随员之一，征求我意见如何。政治领导出访，李主席首创带艺术家随行，后来又照例执行过几次。我欣然同意，既可见见外交场合的访问，又可欣赏北欧国家的风光。且我心里更有一个疑团待解开。

"文革"末期我系有教师介绍驻丹麦大使秦加林先生来访，秦先生酷爱艺术，我出示几幅作品，他的品评都很内行，但当时不敢多谈，唯恐有里通外国之嫌。几天后，那位介绍的教师传言，秦大使很欣赏我的作品，问能否为驻丹麦使馆作一幅画，让丹麦人看看我国油画的风貌，只是使馆经费不富裕，付不了稿费。我考虑后，便无偿给作了一幅油画《北京雪》，就取材于我当时的住处什刹海之雪。画成交付后，对方赠了一个联邦德国的瓷盘，出自名家之手，虽小却精美，至今挂在我家。随李主席的出访第一站到芬兰，第二站到斯德哥尔摩时，使馆一位参赞对我说，他曾当过多年信使，当他当信使时曾在丹麦使馆见过我一幅油画。一下落实了一个大问题，我的作品是到了丹麦使馆无疑。但事隔多年，后来的命运呢，仍是一大疑案，如至今安然，则其质量还过得去吗？母亲对流落的孩子的关怀真是超乎常人的想象，此事我压在心底不敢先对人说。

到了丹麦，到使馆活动的要紧时刻我恰恰因故缺席了，只赶上到大使官邸的晚宴。席间，李主席问大使："你们客厅内挂着吴冠中的一幅油画，你知道吗？"

大使茫然，问别人，都茫然。我心跳加速，恨不得立即返使馆客厅去一看究竟，但礼节和行动上都不许可。第二天我找个空隙专车去使馆客厅，那幅《北京雪》确乎挂在客厅不显眼处，作品质量和保存状况也不差。其他装饰品大都为瓷器、贝雕之类。我问工作人员此画是谁作的，都不知道，有说大概是一位青年画家的作品，画面上只在树的根部签一个红色的“荼”字，这是我的习惯，偏偏李主席在匆忙中发现了。

我深感李瑞环对艺术是有心人，他维护过不少年轻书画家。我第一次接触他是他领导建设首都国际机场时，机场的全部装饰画由中央工艺美院成立一个小组承包，分配给我的任务是为西餐厅作一幅六米宽的油画《北国风光》，表现雪里长城。我先认真用三合板作了油画稿，稿宽亦一米七左右，是幅完整的作品。那时听过李瑞环几次报告，讲得极生动，解决实际问题，他对装饰画组的工作也大力支持，大家对他印象深刻。我作完画很快便离开了机场，装饰画组工作结束时欲将我那画稿以小组名义赠李瑞环作纪念，我同意了。岁月流逝，人海沉浮，我与李瑞环也无缘再见面，后来他进入中共中央政治局常委，我更无从知晓自己的画有没有被送到他的手中。当他到政协任主席时，有了见面的机会，才知他确实收到了画，并利用他木工的巧技与眼力，配了一个合适的框子，并邀我在画的背面写了一篇记述作品来龙去脉的跋。

假画与炮打司令部

假画像耗子一样多起来，而且耗子过街都没有人叫打了。1993 年上海朵云轩和香港永成拍卖公司在香港合作的一次拍卖中出现了一幅《毛泽东炮打司令部》的伪作。查《人民日报》，1967 年 8 月 5 日头版套红发表了《炮打司令部》，当时中央工艺美院学生王为政便以此题材创作了一幅水墨画，表现毛主席执笔刚书就之态，背景是毛泽东的书体：炮打司令部，我的一张大字报。当时作画是不许署名的，因江青说过，农民种地，工人制产品都不署名，作幅画还署自己的名？所以谁作画也不敢署名，何况是这样重大政治题材的画，印章也不能用私人名章，王为政为此作品专刻了一章“扫除一切害人虫”。

作品署名的事也有一特殊例外，那就是《毛主席去安源》，那作者系王为政的同班同学刘成华。本来，照例，也没有署名。江青痛恨有一幅出名的油画《刘少奇在安源》，是侯一民所作，今出现《毛主席去安源》，如获至宝，便大加赞扬，大量宣传，并破例要标明作者，以示真实。解放军画报社仓促间打听作者是谁，打电话到工艺美院，电话中将刘成华误为刘春华，成万上亿的刘春华印刷发表到了全国、域外，刘成华从此改造成刘春华了。

《炮打司令部》和《毛主席去安源》在全国性展览中并肩展出，《炮打司令部》的发表量也不小，被用作《中国建设》杂志的封面及织锦的底稿等等。事隔数十年，巨幅原作已不知所终，今出现的小幅伪作系依照复印品临摹，除技巧拙劣外其他一概照虎画猫，只加了一行款：吴冠中画于工艺美院一九六：年。进入官司后被告方说是1966年，那两点是重复号，他们尚不知《炮打司令部》是1967年发表的，未发表前就作出了画，这样的官司还需争辩吗？官司前先由文化部文化市场司通知朵云轩那是假画，该撤下，对方不理，仍以50万港币拍出，并由媒体宣传吴冠中的领袖画像又创高价。

由工艺美院代我起诉，大家认为这不值一驳的事实当很快判决。人们，善良的人们，正直的人们，大家都太简单了，这一官司闹得沸沸扬扬，竟拖了三年，最后判决是伪作时，被告拒不执行判决，上海市第二中级人民法院于1996年9月10日在《人民日报》及《光明日报》上登载了公告，宣布此案经过与结果。法院也说这是首例假画案，首例案的结局无疑给制贩假画者开了绿灯。今有勇士、义士打假，邀我参加，我不积极，有人批评我哀莫大于心死。一寸光阴一寸金，我已黄金万两付官司。

从官司中，人与人斗争中，你将看到人之伪，人之丑，人之刁，人之奸，人原来如此不可爱；我失去了美感，失去了美的心灵，失去了艺术创作的欲望。

一画之法

为填补我生活的巨大空虚，我开始读早年想读而始终未读懂的《苦瓜和尚画语录》。艺专学生时代，崇拜石涛，几次读先辈们注解的《画语录》，注解只是词语的注解，《画语录》实质所指，仍如天书。这次我找来几家的注释本，对照着读，弥补自己对古汉语的功力不足。我想，只要读懂词句，跨越语言的障碍，对石涛发自内心的艺术观点与见解我当不难窥其隐微。这种独立作者的独立心得，年轻时体会不到，今年过七旬，再麻木不察，此生从艺真枉然了，这样一部民族经典的画论，人人皆曰好剑好剑而总不出鞘，锋芒何在？终于我还是读明白了，《画语录》是石涛对攻击他作品里没有古人笔墨者们的反击，同时阐明了他的艺术观与创作观。

全书的焦点是“一画之法”。何谓一画之法，众说纷纭，似乎石涛设了个谜，其实石涛明明白白作出了明确的解答。第一，他特别强调感受，特设“尊受章”，突出尊重自己的感受；第二，他说一画之法是自他创造的，则他以前所有的画法都不存在了；第三，他的一法贯众法。越说这一画之法越玄，无法理解了，其实，其逻辑性很强。

我的归纳：作画先凭个人感受，根据感受创造表达这种感受的方法，因每次每人的感受不同，故每次用的方法不同，这样产生的方法即谓之一画之法，一画之法是谈对法的观念，反对的其实就是固定的老一套死方法。所以他说：无法之法乃为至法。这个至法就指一画之法，已说得清清楚楚。《我读石涛画语录》由荣宝斋出版后，一印再印，颇受欢迎，我想发挥了这部名著的作用，有助于年轻人理解传统中的精华。

我发表过一篇短文《笔墨等于零》，开宗明义：脱离了具体画面，孤立谈笔墨的价值，其价值等于零。我敲警钟，是针对将笔墨的优劣掩盖了艺术本质的优劣，而所谓笔墨优劣的标尺又只是依据传统中某些类型笔墨形态的优劣。我强调笔墨属于技巧，技巧只是思想感情的奴才，艺无涯，笔墨的形态无常规。捅了马蜂窝，护卫传统笔墨者有的根本没有读我的原文便无的放矢说我摧毁笔墨，摧毁传统，将问题混淆到工具本身，有人提出毛笔应列为我国第五大发明。其实我自己同时在用宣纸、笔墨作画，洋人说纸上的中国画没有了前途，我想发展纸上传统，无疑成了一个保皇党。知识分子的天职：推翻成见。我远远没有尽到天职。

许多画展，无须都说，且说 1997 年台湾历史博物馆之展。到台湾去，就像是去探秘，而手续也比出国难办。文件先进文化部门，等一个圆圈，等了好几天，出了文化部，再进国务院台办，出了台办，再进北京市公安局，其间除了双休日，又遇“五一”放假三天。待拿到公安部的出境证，飞香港，拿着台湾官方寄来的入境证的副本，到驻香港的台湾办事处换正本。历史博物馆的记者招待会定在 9 号，我终于在 8 号晚赶抵台北桃源国际机场，机场海关扣下我的证件，给了收据，待离境时再凭收据领回证件。

历史博物馆刚刚结束法国奥赛博物馆之展出。为了奥赛之展，一楼全部展厅装修一新，我之展享用了现成的方便，展出效果令人满意。开幕时他们选琵琶、笛子、二胡、古筝等演奏来呼应我点、线、面的画面。众多宾客中出现了老友熊秉明，他刚从巴黎飞来参加书法学术会议，馆长黄光男先生请他说几句话，他显得太激动，思维敏捷的秉明却有点语塞。我们一同用青天白日标志的护照出国，今天在青天白日满地红的旗帜下相遇，世事、人生数十年，别是一番感触在心头。排开簇拥的观众，我和秉明在作品前悄悄细语，我要听他尖锐的批评，但好奇的观众偏偏伸长了脖子凑到我们耳边来。

记得刚抵桃源机场，有记者问我到台湾最想看什么，我答：看人。在我的讲演会中来了那么多听众，我属手艺人，非学者，讲不出什么，要讲的都在画面中，他们看了画还要听讲，可能也是想看人。不相识的人说，看了你的画与人，两者结合不起来，说我人很传统，画不传统。我深深感到台湾同胞的热情，在飞赴台北的机舱里看到当日的《中国时报》的报道：吴冠中今晚抵台。刚出机舱，一群摄影记者便追着摄像，我和可雨向前走，他们超前倒退着走，一直拍摄到办进关手续的窗口，同机抵达的外国人投以惊异的目光。我在国外举办画展时当然碰不见这样的礼遇，就是在内地，也不可能，像我这样的画家太平常了。但第一次到台湾，各种报纸在醒目位置频频报道画与人，开幕那天甚至用大标题排在头版，这样的热忱，我只能得出唯一的结论：这里是中国台湾。

画展日后要到高雄巡展，我不能久等，便先去高雄看看展厅规模并参观风光。阳光明亮的高雄海滩很宁静，蔚蓝的天，深蓝的海，衬托出岸上白得刺眼的纪念碑，高高的碑上站立着蒋介石的铜像，他孤独，面向祖国，我这才注意到，这是我到台湾后第一次见到的蒋介石像，白色碑座上大书“伟大领袖”四字，是于右任所书。

我被特别允许参观山间林区，因临近国防禁区。我在林荫道上看到一排排赤膊跑步训练的兵，个个是壮实的中华儿女，不时还呼喊保卫祖国的口号。这使我想起在厦门参观时，见过同样赤膊整队跑步的解放军，一样的肤色，一样的口号，中华儿女都在保卫祖国。

台湾归来后不久，又随中国对外文化交流公司赴加拿大多伦多参加“中国20世纪名家画展”开幕式。这个展览由加拿大保护中国文物基金会主办，为了宣扬祖国的文化，华侨们真是出钱出力，他们联系了皇家博物馆的展厅，举行盛大的宴会，并将到温哥华及首都渥太华的重要博物馆巡展，多难得的展示中国现代绘画的良机！然而，我感到内疚，因展品质量说不上是一流的。谁选的？怎样选？交流公司的负责人又有许多苦衷，体制及人际关系在腐蚀民族之魂。

1998年，中央工艺美术学院教师作品在巴黎国际艺术城展出，我亦被邀前去参加开幕。巴黎已不能吸引我久留，我乘机约可雨从新加坡到巴黎，陪我去参观荷兰及西班牙，时年79，已渐失青年时单骑闯天下的旺盛精力。

荷兰这个小小国度，首先通过了人类必将争得的最基本的权利：安乐死。人无生的选择，当有死的自由，荷兰是人性自在的乐土。这是闻名的花之王国，

1998年3月，吴冠中和熊秉明在巴黎国际艺术展城展厅里交谈

我并非追花而去，只因有一个魂召唤了我一辈子，就是凡·高。我30年代学画，不足20岁，对凡·高作品一见钟情，终生陶醉。不可理解，百余年前巴黎的艺坛和人民却不接受他。不喜欢他这个人是可理解的，他表姐残忍地任火焰烧他的手而置之不理，我后来看到她的照片，典型的一个冷酷的老寡妇。但凡·高的画，情之火热与色之华丽竟得不到共鸣，实在是颓废传统的审美观堵塞了人性之眼目。

凡·高对自己的艺术是完全自信的，虽当时他的画没人要，他坚信日后将值500法郎一幅。他的《向日葵》在日本创出天价时，一位日本友人对我说：如凡·高醒来，他将再次发疯。

他醒来，他在阿姆斯特丹见到祖国为他建造了博物馆，全世界最有亮点的个人博物馆，任何一日，观众须排队购票，已成了荷兰旅游项目之首，几乎全世界都将听到红头疯子心脏的跳跃。艺术，似乎可有可无，艺术，她又使人回归童心，迷恋童心。

拿破仑瞧不起西班牙，说过比利牛斯山便属非洲了。而马德里建了两座巨型而相对倾斜的楼，名曰欧洲之门。无论是欧洲之门外或门里，毕加索发扬了西班牙的民族性。参观他的故居博物馆，最令我注目的是有一展厅专陈列他将委拉斯贵兹的一幅皇家族群像用现代手法解剖，重组成无数幅不同意象的变体变形作品，有具象、抽象，黑白、彩绘。他与他的祖先对话，用西班牙语淋漓尽致谈透了绘画之道，将祖先之道用现代语言夸张、演绎，传播给全世界。

当我并未见到这一工程时，也曾感到我国古代杰作中的现代造型因素，如周昉作品中仕女的量感美，郭熙作品中寒林的线之结构美，范宽的块面组建美，等等，也曾尝试用油彩及墨彩来凸现这些因素，认为从古韵中引出新腔，应是对宣扬传

1998年3月，吴冠中在西班牙巴塞罗那

统与发展现代均有裨益的工作，但工作只开了个头，便又搞别的了。

其中一幅油画将韩滉的《五牛图》中分散的五牛集中起来，相互交错；另一幅将《韩熙载夜宴图》中的歌舞伎一段赋予运动感，自题：夜宴越千年，歌声远！

我并不喜欢达利的怪异，但感到西班牙确是一个多奇想和富于创造力的民族，巴塞罗那的高迪 (Gaudi) 教堂是一座独一无二的建筑，建造了近百年吧，她永不完成，随着时代的发展而发展，古典的和现代的艺术样式共融于一个躯体，谁知这位历史巨人将长成什么模样。敦煌壁画有后代作品覆盖前朝画面的情况，除非剥掉后代作品，便见不到前朝画面。雕塑或建筑，却能前后时代重叠。我授课时对学生讲过，艺术中的公式是 1+1=1，即作品中两个或两个以上的个体应结合成一个整体，《五牛图》中我拟将单独的五牛构成一个整体之牛。医学中分割连体婴儿是不小的手术，艺术中将分开的婴儿结合并只赋予同一个心脏，是绝对必须掌握的基本功。高迪教堂这颗心脏将派生多少新生代，人们拭目以待。

最后一次油画野外写生

1998年的暑天，几个友人，多半是昔日的老学生，约我和老伴去坝上避暑，写生。碧草连天，白云蓝天，群山弧线绘太空，清香溢太空。漫道是一片青草地，素面朝天，走近看，杂花满地，细碎的花，以紫蓝冷色为主，间有红黄与赤赭，更有夺目的猩红、嫩黄，分外娇艳，那是罂粟，美在毒中，毒而美，人不察。草地，近看原来彩面朝天，而且天天月月都永葆姹紫嫣红的青春。其实呢，每朵花只开几天，展现了几天的美丽后，她便枯萎，永远消逝，让新绽的花替代了自己。为了维护花草地的月月岁岁鲜艳，谁知有多少花朵献出了自己仅有一次的生命。我喜欢表现花草地，我用油彩和水墨画过无数次野草闲花。

我已多年不用油画在野外直接写生了，这些朋友有心要看我写生的全过程，他们悄悄准备了油画写生的全套工具和材料，而且都是新的，引我到这令人陶醉的坝上，等我自己爆出作画的激情来。我画了山野间的一个用白桦树枝围成的羊圈，大家包围着看我从第一笔开始，一直到全幅结束，像要破案似的摄下了动作的全貌及始终。老乡们都挤过来看杂技表演，不断发出评语和赞赏。众目睽睽，我目中无人地作了此生最后一次油画野外写生，廉颇老矣，尚能饭否！

好汉不提当年勇，却未忘当年苦，已记不清年月，在贵州布依族一石寨写生，因与猪圈为邻，苍蝇成群，我坐在石上写生，儿童围观，有淘气者在后数我背上爬满的苍蝇，并兴奋地高声报数：共81只。

1998年夏，吴冠中在河北坝上写生

吴冠中艺术展

1999年11月，吴冠中在“1999年吴冠中艺术展”开幕式上

1999年文化部在北京中国美术馆举办吴冠中艺术展，占用楼下三个大厅，规模和规格都不小，用文化部的名义为一个在世画家举办个展，尚属首例。我应该感到满意，我是感激的，因这意味着祖国对我的首肯，我选了十件展品赠送给国家。但展览结束后不久，人们还未忘却作品的余韵，便有人策划了连续三天的攻击文章，一如“文革”时期大字报的再现，在《文艺报》上发表了。有人告诉我这消息，我听了很淡然。面对各种各样的攻击，我无意探究其目的。过不多久，《文艺报》又采访了我，用突出的版面为我说了公道话。

我经历了几十年文艺批判的时代，自然很厌恶，但其中情况复杂，具体事件还须具体分析。

一个花岗石脑袋的汉子

我想谈对江丰的一些感受。我被调离中央美术学院时正值江丰任院党委书记，即第一把手，大权在握。他是延安来的老革命，岂止美术学院，他的言行实际上左右中国整个美术界。毫无疑问，他是坚定保卫革命文艺、现实主义美术的中流砥柱，我这样的“资产阶级文艺观的形式主义者”当然是他排斥的对象。但我感到他很正直，处事光明磊落，他经常谈到文化部开会总在最后才议及美术，甚至临近散会就没时间议了，他在中央美术学院礼堂全院师生会上公开批评文化部长没有文化，当时文化部长是钱俊瑞，大家佩服江丰革命资历深，有胆量。钱绍武创作的江丰雕刻头像，一个花岗石脑袋的汉子，形神兼备，是件现实主义的杰作。

但反右时，绝对“左”派的江丰被划为右派，这真是莫大的讽刺。据说是由于他反对国画，认为国画不能为人民服务，国画教师几乎都失业了，但这不是极“左”吗？如何能作为右派的罪证呢？详情不知，但他确确实实成了右派。反右后，他销声匿迹了。

很久很久之后，前海北沿18号我的住所门上出现过一张字条：江丰来访。我很愕然，也遗憾偏偏出门错过了这一奇缘。不久，在护国寺大街上遇见了江丰，大家很客气，我致歉他的枉驾，他赞扬我的风景画画得很有特色，可以展览，但现在还不到时候。

纠正错划右派后，江丰复出，他出席了在中山公园开幕、以风景画为主的迎春油画展，并讲了比较客观、宽容的观点，且赞扬这种自由画会的活动，颇受到美术界的关注和欢迎。他依旧是在美术界掌握方向的领导，观点较反右前开明，但对抽象派则深恶痛绝，毫无商讨余地。大家经常说“探索探索”，他很反感：探索什么？似乎探索中隐藏着对现实主义的杀机。

我发表过《关于抽象美》的文章，江丰对此大为不满，在多次讲演中批评了我，并骂马蒂斯和毕加索是没有什么可学习的。我们显然还是不投机，见面时彼此很冷淡。

在一次全国美协的理事会上，江丰讲演攻击抽象派，他显得激动，真正非常激动，突然晕倒，大家七手八脚找硝酸甘油，送医院急救，幸而救醒了。但此后不太久的常务理事会上（可能是在华侨饭店），江丰讲话又触及抽象派，他不能自控地又暴怒，立即又昏倒，遗憾这回没有救回来，他是为保卫现实主义、搏击抽象派而牺牲的，他全心全意为信念，并非私念。

我自己成了蛋白基因

自从青年时从工程改行学艺术，从此与科学仿佛无缘了。只在苏弗尔皮讲课中分析构图时，他常以几何形式及力的平衡来阐释美的表现与科学的联系。

90 年代末接触到李政道博士，他在艺术中求证他的“宇称不守恒”等发现。他将弘仁的一幅貌似很对称的山水劈为左右各半，将右侧的镜像（镜子里反映的形象）与右侧的正像合并，成了绝对对称的另一幅山水图像，便失去了原作之艺术美，这证实对称美中必含蕴着不对称的因素。

我作了一幅简单的水墨画，一棵斜卧水边的树及树之倒影，树与树之倒影构成有意味的线之组合时，必须抛弃树与影之间绝对的投影规律之约束；同样，远处一座金字塔形的高山，那山峰两侧的线彼此间有微微的倾斜，透露了情之相吸或谦让。

李政道在“简单与复杂”的国际科学研讨会上，选用了我的一幅《流光》做会议的招贴画。我的画面只用了点、线、面，黑、白、灰、红、黄、绿几种因子组成繁杂多变的无定型视觉现象。我在画外题了词：求证于科学，最简单的因素构成最复杂的宇宙？并道出我作此画的最初心态，抽象画，道是无题却有题：流光，流光容易把人抛，红了樱桃，绿了芭蕉。

李政道给美术工作者很大的启迪，我感到：科学探索宇宙之奥秘，艺术探索感情之奥秘。在李政道的影响与指导下，清华大学美术学院于 2001 年举办了大型国际性的艺术与科学展览会与研讨会。李政道创意作了一件巨型雕塑《物之道》，物

1996年5月，吴冠中与李政道参加“科学与艺术学术研讨会”

之构成体现为艺术形态。清华同事们鼓励我也作一件，我无孕如何分娩，他们陪我到生物研究所看细菌、病毒等蛋白基因，那些在屏幕上放大了的微观世界里的生命在奔腾、狂舞，不管其本性是善是恶，作为生命的运动，都震撼人心，我几乎要得出这样的结论：美诞生于生命之展拓。我终于在眼花缭乱的抽象世界中抓住了一个最奔放而华丽的妖精，经大家反复推敲而确定为创作之母体，由刘巨德、卢新华、张烈等合力设计，请技师技工们制成了巨型着色彩塑《生之欲》，庶几与李政道创意的《物之道》相对称，陈列于中国美术馆正门之左右，仿佛艺术与科学国际展之护卫、门神。

在《生之欲》作品下，我写了创意说明：似舞蹈，狂草；是蛋白基因的真实构造，科学入微观世界揭示生命之始，艺术被激励，创造春之华丽，美孕育于生之欲，生命无涯，美无涯。

翌年，我到香港，香港城市大学邀我去参加一种实验，我在黑暗的屋子里活动，类似作自己的画，以身体的行动作画，屏幕上便显示千变万化的抽象绘画，真是超乎象外，我自己成了蛋白基因。

汉字春秋

汉字之源，有象形、会意等因素，书法造型有立意、形式与意境。书法，始于实用，借用了形象，撞入艺术之门庭。今日看，书法的构架、韵律、性情之透露，都体现了现代艺术所追求的归纳与升华。无可争辩，书法与抽象艺术结缘已久远，但她不可能下嫁给抽象艺术，成为抽象艺术之家的儿媳，因为，她永远离不开生养她的家门：实用性与可读性。

20 世纪 80 年代，日本友人井上有一探索书法的绘画性表现，并出版书法集，约我作序，我已谈到：书法发展成抽象绘画，那是书法的支脉，但书法的大本营谁也拔不掉，其必须可读的实用价值根植于所有中国人民的心底，与世长存。

七十年的绘画探索，我从加法到减法，从乘法到除法，自然而然，逐步追求，把握造型中最基本的因素，体会书法构架其实就是造型构架，一个独立的字表达了一幅画的美感因素，一篇字的全貌体现了一幅画的总体效果。吴大羽老师形容书法似自由流水，令背负具象的绘画追赶不上。汉字构成与人间形象的亲疏因缘，总情谊脉脉。久在汉字间徘徊，揣摩其构架与韵律感，用今人识得的简体字营造其大美，力求人能共赏。我不写李杜佳句，只写自己的画思与文心，并探索文字内涵与字体样式间的情脉与拥抱。老来种块自留地：汉字春秋。

在人人尽识的汉字中寻觅美的形式，并赋彩以凸现其内涵意蕴。我立足于汉字家园，力图孕育东西方都感惊喜的怪胎——混血婴儿。生活变，时代变，文字变，汉字之石鼓、大小篆刻等古体，除专门研究者，一般百姓不识，今只认简体字了。书艺觅新知，新的造型美。艺术生命延续生长，全靠创新，抄袭世家，其能久乎！

写生维多利亚港

2002年春，香港艺术馆举办我的大型回顾展“无涯惟智——吴冠中艺术里程”。这个展览对我很有启发，他们不仅仅张挂了我的作品，而且在通读和理解了我的艺术探索后，剖析我探索方向中的脉络，将手法演进在不同时期所呈现的面貌并列展出，令观众易于看清作者的创作追求，其成败得失，共尝其苦乐。比方从20世纪80年代的《双燕》到十年后的《秋瑾故居》，又十年而出现了《往事渐杳，双燕飞了》，三幅作品被并列，我感到自己的被捕，我心灵的隐私被示众了，自己感到震撼。关于近乎抽象的几何构成，缠绵纠葛的情结风貌，其实都源于具象形象的发挥。不同时期作品的筛选与组合揭示了作者数十年来奔忙于何事。这样的展出其实是对我艺术发展的无声的讲解，有心人当能体会到这有异于一般的作品陈列展。我非常感谢以朱锦鸾馆长为首的展览工作组的专家们，我因自己的被捕、被示众而感到自慰，作者的喜悦莫过于被理解，遇知音。

由于群众的热烈要求，艺术馆与我商量，希望我做一次公开写生示范。我作画一向不愿人旁观，更不做示范表演，表演时是无法进入创作情绪的。但他们解释，如今画家很少写生，青少年不知写生从何着手，而我长期不离写生，希望不错失这唯一的良机，给年轻一代一些鼓励吧！我无法推辞主人的心意和群众的热忱，就只好做一次“服务”性的写生示范，重在服务，难计成败了。

他们准备从第一笔落纸便开始摄像，一直到最后一笔结束，展示写生的全过程，录像将作为稀有的资料档案。写生对象就选维多利亚海湾，我就在艺术馆的平台上写生，能挤上平台的人毕竟有限，观众大都在大厅里看录像。报刊早做了报道，写

2002年3月，吴冠中在香港艺术馆平台上，示范写生维多利亚海港

生那天，大厅里挤满了人，但，天哪！天降大雾，视线不及五米，维多利亚港的高楼大厦统统消失于虚无缥缈间。浓雾不散，群众焦急，我当然不愿有负群众的渴望，便凭记忆，对着朦胧表现海港的层楼和往来的船只，而在如何构成楼群，其落笔先后和控制平衡等手法中也许还能予人一些参考，写生并不是抄袭对象，写其生，对“生”的体会，人各有异。

事有凑巧，我的展览3月6日在香港艺术馆开幕，法兰西学院艺术院同日投票通过吸收我为通讯院士。我属首位中国籍通讯院士，香港报刊颇为重视，甚至以艺术诺贝尔奖誉之。通讯院士只授予外国人，法国人则为院士，朱德群和赵无极均已为院士，我们都是杭州艺专的学生，林风眠校长有知，当感慨深深。

送盲

“白内自内障，不许染丹青”这是我的老师吴大羽诗中一个无奈的痛点。他因晚年白内障未能得到治疗，心情郁闷，加速病体恶化。当时曾有一架美国眼科飞机医院经上海，据说，朱屺瞻因而得到治疗，但未曾有人重视抢救吴大羽这双杰出的慧眼。

步老师后尘，我晚年也患白内障，感到视力衰退，三年前下决心到同仁医院治疗。我比吴老师幸运，得到有关方面的重视与协助，请同仁眼科治白内障的最佳大夫施玉英手术。各方面检查后，住进了病房，我心情非常激动，不是怕，而是喜，我将跨越从失明到光明的河流。但临手术的前夜复查中，我的血小板突然下降到四万，医院领导向我解释：这说明刀口出血后将不易愈合，血流入眼内会有失明的危险，因而不得不取消手术。我背着偌大的黑影出了同仁医院。过了几个月复查，血小板上升到八万左右，就是说可以动手术了，于是二进宫住入同仁。因我不信上帝，上帝惩罚我又在手术前夜将我的血小板再次降至四万，我如判了死刑似的，再次出院。我请教中医，又到北京医院血液科就诊，说实在的，都未能真正分析出这怪现象并做出治疗方案，因血小板并不会因精神影响而骤变，而我自己也从未因血小板较低出现任何症状。

从此我生活在灰色中，这灰色日益趋向黑暗，失明从老远一步步向我逼来。我的视力不断下降，离“不许染丹青”的日子还有多久？在灰暗中我构想一个天堂，那是同仁医院，我心目中有一个上帝，那是施玉英大夫！别人劝我死了做手术的心，但我宁可玉碎，不愿瓦全，如不能再作画，被剥夺了创造，我想我是绝对不需要自己的躯体了。

事隔三年，最近我再次检查血小板，上升到八万多，又现一线光明，三进宫住入了同仁医院，再一查，血小板居然又上升到十万以上的正常值。我对接待我的葛大夫叙述了三进宫的过程，希望施玉英大夫尽快给我做手术，以免血小板又突然下降。葛大夫给我吃了定心丸，说按常规十天之内不必再复查，而且这手术与三年前比有了较大改进，如今用折叠晶体，切口较以前缩小一半，切口的位置也不同，基本不出血了。我喜出望外，于是安心等待，不再是热锅上的蚂蚁。

你们到过同仁医院吗？这里像人山人海的庙会，光明与黑暗搏斗的战场，全国各地眼疾的各种疑难病患者都集中来此求治。病人太多，必然挂号难，夜半排队，通宵排队，同仁医院门口倒黑票的现象像火车站一样历史悠久。人们以"眼中钉"来反衬眼睛之珍贵。亡目谓之盲，对任何事物的缺乏了解或错误对待均谓之盲目。目，目光，那是一切大小事件决策的先导。同仁医院以外，真不知有多少寻找光明与追回光明的人群。属于这人群中的我这回终于有幸得到了施大夫的手术治疗。我心目中的上帝大夫实在非常非常忙，她看门诊、做手术、搞科研、带博士生……一个上午做二十多台手术，一般是助手们先准备好一切工作，她在最关键的时刻操作，正常手术甚至不到十分钟，便给盲者植入了光明的视点。我手术前后仅见过她几面，手术中我什么也看不见，术后检查时想表达感谢她的心情，但她对任何病人一视同仁，她只关心病，并不区别对待谁和谁。

伟大的科学，科技发展迅猛！仅三年，白内障手术几乎起了质的变化，我们国家的科技工作也与国际速度同步。朋友说，上次血小板的魔影不让我做手术，实际是有意要我等待今天的更新手术，诚然，新手术已施惠于千千万万的广大患者。同仁医院位于崇文门，是一幢具密檐感的高楼，如再往上加个顶，便类似密檐式塔了，我于此看到了大雁塔。大雁塔里藏的是救苦救难的佛经，同仁医院里的宝是那一群移植光明的大夫，对这群有关人类眼目与光明的医务工作者，国家当会格外珍惜他们的辛勤，关怀他们自身的生活。

我负丹青！丹青负我！

七八十年代以前我作油画以野外写生为主，大自然成了我任意奔驰的画室，但回到家里却没有画室，往往在院子里画。作水墨画无处放置画案，将案板立起来画，宜于看全貌，但难于掌握水墨之流动。80年代住劲松，才有一间11平方米的画室，我的画室里没有任何家具，只一大张画案，案子之高齐膝，别人总提问为何案子如此矮，弯腰作画不吃力吗？正是需要矮，站着作画，作画时才能统揽全局。传统中坐在高案前作画的方式，作者局限眼前部位而忽视全貌，这有悖于造型艺术追求视觉效果的创作规律，也正是蔡元培觉察西洋画接近建筑而中国画接近文学的因果之一。中国画的图，《江山卧游图》《清明上河图》《韩熙载夜宴图》《簪花仕女图》，众多的图都是手卷形式，慢慢展开细读，局部局部地读，文学内涵往往掩去了形象和形式的美丑。

直到90年代中期，可雨协助我找到了一间近60平方米的大画室，于是我置了2米×4米的两块大画板，一块平卧，另一块站立一旁，作画时平面和立面操作交替进行，方便多了，从此结束了作大画时先搬开家具的辛苦劳动。就在1996年至1999年几年中创作了多幅一丈二尺的大画，而我，也老之将至了。

2003年是农历的羊年，我不信传统的所谓本命年，但上个羊年，即十二年前，老伴病倒，恰恰属我的本命年，似乎是对我顽固思想的惩戒。这个羊年孙女吴曲送来一条红腰带，坚持要我用，我用了，但红色的带驱不走华盖运，老伴又病倒，情况严重，我也罹疾，两人住两个医院，我们的三个儿子和儿媳穿梭于医院间，实在辛苦极了，尤其乙丁，眼看着瘦了许多。老两口携手进入地狱之门，倒未必是坏事。但终于还是都出院回家了，大约还有一段桑榆晚境的苦乐行程。病后，我们住到龙潭湖边的画室，清静，远离社会活动，每天相扶着在龙潭湖园里漫步，养病。可雨和于静从新加坡给我们两人各买了一件红色外衣，白发、红装，加上老伴的手杖，这一对红袖老人朝暮出现在青山绿水间。长长的垂柳拂年轻的情侣，也拂白发的老伴，我想起《钗头凤》中“满园春色宫墙柳”及陆游晚年的“沈园柳老不吹绵”，不无沧桑之感。

我们被人们看眼熟了，进园门也不需出示月票，如果某天未到，倒会引起门卫的关注。也常有游人认出我来，便客气地回答：“你认错人了！”但那神情，对方还是坚信没认错。日西斜，我们携手回到公寓，一些年轻人在打网球，有一位新搬来的姑娘，并不相识，她举着球拍向我们高呼：“爷爷奶奶真幸福！”

龙潭湖上，隔着时空回顾自己逝去的岁月，算来已入垂暮之年，自己就犹如路边那些高大的杨树，树皮干裂皱起，布满杂乱的疮疤和乌黑的洞。布满杂乱的疮疤和乌黑的洞的老树面对着微红的高空，那是春天的微红，微红的天空上飞满各色鲜艳的风筝，老树年年看惯了风筝的飞扬和跌落。我画老树的斑痕和窟窿，以黑白交错构成悲怆的画面，将飘摇的彩点风筝作为苍黑的树之脸的背景，题名《又见风筝》；又试让老树占领画幅正中，一边是晨，另一边是暮，想表现昼与夜，老树确乎见过不计其数的日日夜夜，但永远看不到昼夜的终结。

春天的荷塘里浮出田田之叶，很快，田田之叶升出水面，出落得亭亭玉立，开出了嫣红的荷花，荷花开闭，秋风乍起，残荷启迪画家们的笔飞墨舞。当只剩下一些折断了的枯枝时，在镜面般宁静的水面上，各式各样干枝的线的形与倒影组合成一幅幅几何抽象绘画。我读了一遍荷之生命历程，想表现荷塘里的春秋，其实想画的已非荷或荷塘，而着意在春与秋了，怎样用画面表现春秋呢？

我彷徨于文学与绘画两家的门前。

多次谈过我青年时代爱文学，被迫失恋，这一恋情转化而爱上了美术，并与之结了婚，身家性命都属美术之家了。从此我生活在审美世界中，朝朝暮暮，时时刻刻，眼目无闲时，处处识别美丑，蜂采蜜，我采美。从古今中外的名画中品尝美，从生活中提炼美，创造视觉美是我的天职。七十年前来家园，我对耕耘了七十年的美术家园却常有不同的感受。

我崇拜的大师及作品有的似乎在黯淡下去，不如杰出的文学作品对我影响之深刻和恒久。

达·芬奇的《最后的晚餐》，我同大家一样一直崇敬着。《最后的晚餐》这样的题材，如何用形象来透视内心活动，达·芬奇到聋哑人那里去观察表达情绪的动作姿态，用心至苦。如果他或别的大作家用文学来创作这一题材，我想会比绘画更易深入门徒们和叛徒的内心。但因需要作这一重大题材的许多壁画，画家们的工作不得不跨越了自己业务的领域。

籍里柯的《梅杜萨之筏》表现垂死的悲惨场面，令人心惊肉跳，而及我读了当时的文字报告，知晓了悲剧之起源于官场的腐败，便更感受到悲剧的震撼。

南京大屠杀的照片令人愤怒，当时文字记录的实况当更令人发指，因形象毕竟只显示了一个切面，画面用各种手法暗示前因后果，都是极有限的。绘画之专长是赋予美感，提高人们的审美品位，这是文学所达不到的，任何一个大作家，都无法用文字写出凡·高画面的感人之美，语言译不出形象美，而文学的、诗的意境也难于用绘画来转译。比如阿 Q 和孔乙己的形象，就不宜用造型艺术来固定他，具象了的阿 Q 或孔乙己大大缩小了阿 Q 与孔乙己的代表性和涵盖面。听说赵树理不愿别人为他的小说插图，我十分赞赏他的观点。

极“左”思潮中，有的作家羡慕画家，因齐白石可画鱼虾、花鸟，而他们只能写政治。齐白石利用花鸟草虫创造了独特的美，是画家的荣幸，也是民族文化的荣幸，他提高了社会的审美，但这比之鲁迅的社会功能，其分量就有太大的差异了。我晚年感到自己步了绘画大师们的后尘，有违年轻时想步鲁迅后尘的初衷，并感到美术的能量不如文学。文学诞生于思维，美术耽误于技术。长于思维、深于思维的美术家何其难觅，我明悟吴大羽是真诗人，是思想者，他并不重视那件早年绘画之外衣，晚年作品则根本不签名了，他是庄子。

凡·高临终最后一句话：苦难永远没有终结。凡·高的苦难没有终结，人类的苦难也没有终结。今年，“非典”像瘟神扑向人间，将人们推向生死的边缘，今天不知明天，人心惶惶。我们住的画室离人群远，成自然隔离区，两个老人天天活动在龙潭湖园中，相依为命。老伴说，画室本是你专用的，不意竟成了我俩的“非典”避难所。晨，夏，清风徐来，我们照例绕荷花池漫步，看那绿叶红花和绿叶上点点水珠，昨夜刚下过雨。忽见远处湖岸渐渐聚集了人，愈聚愈多，“非典”期间一般是避免人群聚集的，怕彼此感染，我想，这回出事了。

回忆一个清晨在北海写生，尚无游人，而湖岸居然有数人在围观，我好奇地也去看，地上躺着一个通体苍白的赤裸少妇，法医正在验尸，是奸杀？自杀？失足落水？是昨夜发生的悲剧。我画过无数裸妇，见怪不怪，而这个苍白的死去不久的裸妇却永远不会忘却。

我想这回在“非典”期间恐又将见到这样苍白的裸妇了，便偕老伴慢慢前去看个究竟。人多，我们挤不进去，便绕到湖岸拐弯的一侧遥望，原来是一个披着黄袍的年轻和尚在放生，将被放生的鱼虾装在一个大塑料袋里，和尚则在高声诵经，经卷厚厚一本，大家听不懂，只是想看放生，都有放生的愿望，人类应多行善事吧，以减少像“非典”这样的惩罚。鱼虾在塑料袋里乱蹦，不耐烦了，但和尚的经不知何时念完，人群渐渐走散，我们也走开了，没有看到鱼虾入水的欢跃和看到鱼虾欢跃的人们的欢跃。

因“非典”，有些单位暂不集体上班，于是到公园里的人群多起来，有的带着工作在林间干活，而打牌、下棋、放风筝、游湖的人骤增，这里原本主要是老人和儿童们的乐园。打牌、下棋、种花、养鸟……当属老年人安享晚年的幸福生活吧，但我全无这些方面的兴趣。躯体和感情同步衰老是人生的和谐，而我在躯体走向衰颓时感情却并不就日益麻木，脑之水面总泛起涟漪，甚至翻腾着波涛。这些涟漪和波涛本是创作的动力，但它们冲不动渐趋衰颓的身躯，这是莫大的性格的悲哀，万般无奈，民间谚语真比金子更闪光：江山易改，本性难移。

朔风起，天骤寒，画室空间大，冬天不够暖和，而年老怕寒，故我们考虑搬回方庄度过今年的寒冬。离开画室的前一天，我们从龙潭湖走回画室的路上，秋风从背后送来一群落叶，落叶包围着我俩狂舞，撞我的胸膛，扑我的头发和脸面。

有的枯叶落地被我踩得噼啪作响，碎了！

1995年1月，吴冠中与黄苗子在吴冠中家中看画

随手抓一片，仍鲜黄，是银杏叶，带着完好的叶柄；有赭黄的，或半青半紫，可辨血脉似的叶络。有一片血红，是枫叶吧，吹落在绿草地上，疑是一朵花，花很快又被吹飞了，不知归宿。

树梢一天比一天光秃，谁也不关注飞尽了的叶的去向。

西风一天比一天凛冽，但她明年将转化为温柔的春风，那时候，像慈母，她又忙于孕育满眼青绿的稚嫩的叶。

下编

文选

Anthology

第一章

魂寓何处

《双燕》 1981年作 水墨设色·宣纸 70cm×140cm

《桑园》 1981年作 水墨设色·宣纸 70cm×140cm

《高昌遗址》　1981年作　水墨设色・高丽纸　101cm × 105cm

《巴山春雪》　1983年作　水墨设色·宣纸　70cm×140cm

《狮子林》　1983年作　水墨设色·宣纸　173cm×290cm

《汉柏》 1983年作 水墨设色・宣纸 148cm × 365cm

《阿尔泰山村》　1986年作　水墨设色・宣纸　97cm × 180cm

《老墙》 1986年作 水墨设色·宣纸 70cm×70cm

1946年公费留法试卷

试言中国山水画兴于何时，盛于何时，并说明其原因。

吾国山水画始作于晋之顾恺之，但仅作人物之背景，非用以作独立之题材者，就此已为吾国风景入画之嚆矢。

五胡乱华之际，晋室南迁，一般士大夫均随之南下，感于江南风物之秀丽，山色湖光，处处入画，于是乃助成山水画之兴起。且其时崇黄老，尚清谈，爱静美。静美者，山水也。更加时值乱世，杀伐连年，人民生活不安，一般洁身自好之士均隐迹山林，朝夕与烟霞泉石为伍，习之近，爱之专，山水画自不得不兴起。迄于南朝其势更甚，宋时即有宗炳、王微等山水专门作家出，齐之谢赫更归纳绘画之批评、技巧、学习方法等于六法之中，曰气韵生动，曰骨法用笔，曰经营位置，曰随类敷彩，曰传模移写，曰应物象形，此六法者虽对整个绘画而言，但其主旨及含义似针对山水画而发，于是吾国山水画之格法大备。

此时之山水不过粗具规模，不合物理画理之处甚多，或人大于山，或水不容舟，其真真独特面目之完成则有待于唐之吴道子及李思训、王摩诘出，始奠定吾国山水画坚固之基础而达于盛期。唐时国势强盛，海内太平，前有贞观之治，后有开元天宝之盛世，文化极为发达，绘画亦达于空前未有之盛况，无论释道人物，马牛野性，均臻绝境，若不另辟途径，势难拔萃，故于人物画达于顶点之时乃转而向山水发展，自亦情理之常。且其时崇禅宗，主直指顿悟，轻形似而重精神。于是王维之水墨山水，乃大受一般士大夫之欢迎。

自后山水画之趋向，有崇大小李将军之青绿绮丽、金碧辉煌者，如南宋之赵伯驹、赵伯骕及李唐、刘松年辈。宗王维之水墨渲染者当时有卢鸿、郑虔、张璪、王洽，五代有荆浩、关仝，北宋有李成、范宽、董源、僧巨然等。明之莫是龙曾区分前者为北宗，重刚健之美；后者为南宗，偏秀丽之趣，于是世人乃有南北之争。其实艺术品之高下全不以形式手法为绳墨，“骏马秋风冀北”之美，与“杏花春雨江南”之美，均各有其特质，如吴李同作大同殿之山水，李思训累月之功，吴道子一日之迹，均同臻妙境。要之吾国山水画在唐时已立定基石，后之流派莫不由此脱胎转变而来。

北宋山水画多趋向水墨皴染，近于南宗。南渡后，画院内始有青绿工整之院体作风出，但其时马远、夏珪虽同出画院，但创水墨苍劲之风格，此亦南北渐趋融和之一证。暨洎乎元季，黄子久、王叔明、倪云林、吴镇出，用干笔皴擦，高风别具，故有人以元季为吾国山水画之最高峰者。后及明清，山水画已不能脱元四家之窠臼，或远承宋米芾、米友仁、苏轼等之文人墨戏作风，残山剩水，千篇一律，高明者犹得传前人衣钵，庸俗者则有被讥为八股山水者，是为吾国山水画已趋向形式，徒有躯壳，而缺乏灵魂，誉之者则谓已达技巧之至境，唯无论如何，明遗民之石涛、髡残、渐江、八大等均能自出新意，冲出生活之陈腐予世目以清新。

意大利文艺复兴对于后世西洋美术有何影响，试略论之。

文艺复兴之意义，不仅为恢复希腊、罗马人之智识文艺，其精意实为“人”之发现，即“自我”之觉悟，因中古时代一切均隶属于教会，无论身体思想均不得自由，人民几已忘却“我”之存在，唯祈求来世之幸福，故其精神为非现世的。文艺复兴则为此中世文明之否定，以人为世界之主人，一切均力求现世之享受，故为现实的，以此精神创造种种文化艺术，自皆以“人”为本位。其后此风披覆全欧，乃奠定西洋美术现实的、人本的之立足点。

近世绘画之渊源，自当推意大利之文艺复兴时代，其时佛朗多、荷兰、法兰西、德意志、西班牙等国画人均群趋于 Florence（佛罗伦萨）及 Venice（威尼斯）

两地留学，一如今之艺人麇集于巴黎者然，如 Velasquez（委拉斯贵兹）之取法 Tintoretto（丁托列托），Goya（戈雅）之取法于 Tiepolo（提埃坡罗），Rubens（鲁本斯）之取法 Titian（提香），而此三人者后为 19 世纪西洋绘画之先导。故若说威尼斯之绘画迄今而未绝亦无不可。威尼斯绘画重色彩，偏情趣，实为近世浪漫运动预伏因子。

迨 19 世纪英吉利之 Hunt（亨特）、Rossetti（罗塞蒂）、Millais（米莱斯）等提出追踪 Raphael（拉斐尔）以前之绘画，以救当时画坛之衰颓风气，此非 Florence 之绘画余波尤及于近世之证乎？近世绘画之一切格法，如透视之关系，人体之解剖，肖像之表情，均可说系导源于意大利文艺复兴者，如 Michelangelo（米开朗基罗）对人体肌肉之表现，Leonardo da Vinci（列奥纳多·达芬奇）之 Mona Lisa（蒙拉丽莎）对表情之深刻研究，固为空前所未有，实乃万世之师表，吾人所受惠于意大利文艺复兴者实难以种种局部来概括全体之影响。

又中古绘画全作教会之宣传手段，正如我国张彦远所记“成教化，助人伦”者，艺术家无自由创作之余地，文艺复兴时之作者则一本个人之志趣，作纯艺术性之创作，于是人各一帜，如百花争妍，造成近世独立绘画及个性创作之因素。

（原载于 2006 年百雅轩艺术沙龙编《历史的恩赐》）

美与漂亮

我曾在山西见过一件不大的木雕佛像，半躺着，姿态生动，结构严谨，节奏感强，设色华丽而沉着，实在美极了！我无能考证这是哪一朝的作品，当然是件相当古老的文物，拿到眼前细看，满身都是虫蛀的小孔，肉麻可怕。我说这件作品美，但不漂亮。没有必要咬文嚼字来区别美与漂亮，但美与漂亮在造型艺术领域里确是两个完全不同的概念。漂亮一般是缘于渲染得细腻、柔和、光挺，或质地材料的贵重如金银、珠宝、翡翠、象牙等等；而美感之产生多半缘于形象结构或色彩组织的艺术效果。

你总不愿意穿极不合身的漂亮丝绸衣服吧，宁可穿粗布的大方合身的朴素服装，这说明美比漂亮的价值高。泥巴不漂亮，但塑成《收租院》或《农奴愤》是美的。不值钱的石头凿成了云冈、龙门的千古杰作。我见过一件石雕工艺品，是雕的大盆瓜果什物，大瓜小果、瓜叶瓜柄，材料本身是漂亮的，雕工也精细，但猛一看，像是开膛后见到的一堆肝肠心肺，丑极了！我当学生时，拿作品给老师看，如老师说："哼！漂亮啊！"我立即感到难受，那是贬词啊！当然既美又漂亮的作品不少，那很好，不漂亮而美的作品也丝毫不损其伟大，只是漂亮而不美的庸俗作品倒往往依旧是"四人帮"流毒中的宠儿。

美术中的悲剧作品一般是美而不漂亮的，如珂勒惠支的版画，如凡·高的《轮转中的囚徒们》……鲁迅说悲剧是将有价值的东西毁灭给人看，为什么美术创作就不能冲破悲剧这禁区呢！

创作与习作

解放以来，我们将创作与习作分得很清楚，很机械，甚至很对立。我刚回国时，听到这种区分很反感，认为毫无道理，是不符合美术创作规律的，是错误的。艺术劳动是一个整体，创作或习作无非是两个概念，可作为一事之两面来理解。而我们的实际情况呢，凡是写生、描写或刻画具体对象的都被称为习作（正因为是习作，你可以无动于衷地抄袭摹写对象）。只有描摹一个事件，一个什么情节、故事，这才算“创作”。造型艺术除了“表现什么”之外，“如何表现”的问题实在是千千万万艺术家在苦心探索的重大课题，亦是美术史中的明确标杆。印象派在色彩上的推进作用是任何人否认不了的，你能说他们这些写生画只是习作吗？那些装腔作势的蹩脚故事情节画称它为习作倒也已是善意的鼓励了！

当然，我们盼望看到艺术性强的表现重大题材的杰作，但《阿Q正传》或贾宝玉的故事又何尝不是我们的国宝？在造型艺术的形象思维中，说得更具体一点是形式思维。形式美是美术创作中关键的一环，是我们为人民服务的独特手法。我有一回在绍兴田野写生，遇到一个小小的池塘，其间红萍绿藻，被一夜东风吹卷成极有韵律感的纹样，撒上厚薄不匀的油菜花，衬以深色的倒影，优美意境令我神往，久久不肯离去。但这种“无标题美术”我画了岂不被批个狗血喷头！归途中一路沉思，忽然想到一个窍门：设法在倒影远处一角画入劳动的人群与红旗，点题“岸上东风吹遍”不就能对付批判了吗？翌晨，我急急忙忙背着画箱赶到那池塘边。天哪！一夜西风，摧毁了水面文章。还是那些红萍、绿藻、黄花……内容未改，但组织关系改变了，形式变了，失去了韵律感，失去了美感！我再也不想画了！

我并不认为外国的月亮比中国的圆，但介绍一点他们的创作方法作为参考总也应允许吧！那是50年代我在巴黎学习时，我们工作室接受巴黎音乐学院的四幅壁画：古典音乐、中世纪音乐、浪漫主义音乐和现代音乐。创作草图时，我们先起草这四种音乐特色的形线抽象构图，比方以均衡和谐的布局来表现古典的典雅，以奔放动荡的线组来歌颂浪漫的热情……然后组织人物形象：舞蹈的姑娘、弄琴的乐师、诗人荷马……而这些人物形象的组合，其高低、横斜、曲直的相互关系必须紧密适应形式在先的抽象形线构图，以保证突出各幅作品的节奏特点。

个人感受与风格

儿童作画主要凭感受与感觉。感觉中有一个极可贵的因素，就是错觉。大眼睛、黑辫子、苍松与小鸟，这些具特色的对象在儿童的心目中形象分外鲜明，他们所感受到与表现出来的往往超过了客观的尺度，因此也可说是“错觉”。但它却经常被某些拿着所谓“客观真实”棍棒的美术教师打击、扼杀。

我常喜欢画鳞次栉比密密麻麻的城市房屋或参差错落的稠密山村，美就美在鳞次栉比和参差错落。有时碰上时间富裕，呵！这次我要严格准确地画个精确，但结果反而不如凭感觉表现出来的效果更显得丰富而多变化，因为后者某些部位是强调了参差，重复了层次，如用摄影和透视法来比较检查，那是远远出格的了。

情与理不仅是相对的，往往是对立的。我属科班出身，初学素描时也曾用目测、量比、垂线检查等等方法要求严格地描画对象。画家当然起码要具备描画物象的能力，但关键问题是能否敏锐地捕捉住对象的美。理，要求客观，纯客观；情，偏于自我感受，孕育着错觉。严格要求描写客观的训练并不就是通往艺术的道路，有时反而是歧途、迷途，甚至与艺术背道而驰！

我当学生时有一次画女裸体，那是个身躯硕大的中年妇女，坐着显得特别稳重，头较小。老师说他从这对象上感到的是巴黎圣母院。他指的是中世纪哥谛克建筑的造型感。这一句话，的确启示了学生们的感觉与错觉。个人感受之差异，也是个人风格形成的因素之一。毕沙罗与塞尚有一回肩碰肩画同一对象，两个过路的法国农民停下来看了好久，临走给了一句评语：“一个在凿(指毕沙罗)，另一个在切(指塞尚)。”而我们几十个学生的课堂作业就不许出现半点不同的手法，这已是长期的现象了吧！

风格之形成绝非出于做作，是长期实践中忠实于自己感受的自然结果。个人感受、个人爱好，往往形成作者最拿手的题材。人们喜爱周信芳追、跑、打、杀的强烈表情，也喜欢凄凄惨惨戚戚的程腔。潘天寿的钢筋水泥构成与林风眠的宇宙一体都出于数十年的修道。

风格是可贵的，但它往往使作者成为荣誉的囚犯，为风格所束缚而不敢创造新境。

古代和现代，东方和西方

原始时代人类的绘画，东方和西方是没有多大区别的。表现手法的差异主要缘于西方科学的兴起。解剖、透视、立体感等等技法的发现使绘画能充分表现对象的客观真实性，接近摄影。照相发明之前，手工摄影实际上便是绘画的主要社会功能。我一向认为伦勃朗、委拉斯贵兹、哈尔斯等等西方古代大师们其实就是他们社会当时杰出的摄影师。这样说并非抹杀他们作品中除“像”以外的艺术价值。古代的伟大杰作除具备多种社会价值外，其中必有美之因素，也是最基本、最主要的因素。很“像”很“真实”，或很精致的古代作品不知有千千万万，如果不美，它们绝无美术价值。现代美术家明悟、理解、分析透了古代绘画作品中的美的因素及其条件，发展了这些因素和条件，扬弃了今天已不必要的被动地拘谨地对对象的描摹，从画“像”工作的桎梏中解放出来，尽情发挥和创造美的领域，这是绘画发展中的飞跃。如果说西方古代艺术的主体是客观真实，其中潜伏着一些美感，那么现代绘画则是在客观物象中扬弃不必要的物件叙说，集中精力捕捉潜伏其中的美，而将它奉为绘画的至尊者。毕加索从古希腊艺术中提炼出许多造型新意，他又将德拉克罗瓦的《阿尔及利亚妇女》一画翻新，改画成一组新作，好比将一篇古文译成各种文体的现代作品。这种例子在现代绘画史中并不少见，就如鲁迅的《故事新编》。

我国的绘画没有受到西方文艺复兴技法的洗礼，表现手法固有独到处，相对说又是较狭窄、贫乏的，但主流始终是表现对象的美感，这一条美感路线似乎倒被干扰得少些。现代西方画家重视、珍视我们的传统绘画，这是必然的。古代东方和现代西方并不遥远，已是近邻，他们之间不仅一见钟情，发生初恋，而且必然要结成姻亲，育出一代新人。东山魁夷就属这一代新人！展开周昉的《簪花仕女图》和波提切利的《春》，尤脱利罗的《巴黎雪景》和杨柳青年画的《瑞雪丰年》，马蒂斯和蔚县剪纸，宋徽宗的《祥龙石》与抽象派……他们之间有着许多共同感受，像哑巴夫妻，即使语言隔阂，却默默地深深地相爱着！

美，形式美，已是科学，是可分析、解剖的。对具有独特成就的作者或作品造型手法的分析，在西方美术学院中早已成为平常的讲授内容，但在我国的美术院校中尚属禁区，青年学生对这一主要专业知识的无知程度是惊人的！法国19世纪农村风景画的展出在美术界引起的不满足是值得重视的，为什么在卫星上天的今日中国还只能展出外国的蒸汽机呢！广大美术工作者希望开放欧洲现代绘画，要大谈特谈形式美的科学性，这造型艺术的显微镜和解剖刀，要用它来总结我们的传统，丰富发展我们的传统。油画必须民族化，中国画必须现代化，似乎看了东山魁夷的探索之后我们对东方和西方结合的问题才开始有点清醒。

意境与无题

造型艺术成功地表现了动人心魄的重大题材或可歌可泣的史诗，如霍去病墓前的石雕《马踏匈奴》，罗丹的《加莱六义士》，德拉克罗瓦的《希阿岛的屠杀》……中外美术史中不胜枚举。美术与政治、文学等直接地、紧密地配合，如宣传画、插图、连环画……成功的例子也比比皆是，它们起到了巨大的社会作用。同时我也希望看到更多独立的美术作品，它们有自己的造型美意境，而并不负有向你说教的额外任务。当我看到法国画家夏凡纳的一些壁画，被画中宁静的形象世界所吸引：其间有丛林、沉思的人们、羊群，轻舟正缓缓驶过小河……我完全记不得每幅作品的题目，当时也就根本不想去了解是什么题目，只陶醉在作者的形象意境中了。我将这些作品题为“无题”。我国诗词中也有不少作品标为无题的。无题并非无思想性，只是意味深远的诗境难用简单的一个题目来概括而已。绘画作品的无题当更易理解，因形象之美往往非语言所能代替，何必一定要用言语来干扰无言之美呢！

初学者之路

数十年来我作为一个美术教师确曾教过不少学生，但我担心的是又曾毒害过多少青年！美术教师主要是教美之术，讲授形式美的规律与法则。数十年来，在谈及形式便被批为形式主义的恶劣环境中谁又愿当普罗米修斯啊！教学内容无非是比着对象描画的“画术”，堂而皇之所谓“写实主义”者也！好心的教师认为到高年级可谈点形式，这好比吃饱饭后才可尝杯咖啡或冰淇淋！但我不知道从抄袭对象的“写实”到表达情绪的艺术美之间有没有吊桥！我认为形式美是美术教学的主要内容，描画对象的能力只是绘画手法之一，它始终是辅助捕捉对象美感的手段，居于从属地位。而如何认识、理解对象的美感，分析并掌握构成其美感的形式因素，应是美术教学的一个重要环节，美术院校学生的主食！

（**原载于1979年第5期《美术》**）

内容决定形式?

有一条不成文的法律:“内容决定形式”。数十年来我们美术工作者不敢越过这雷池一步。

实事求是,讲究实际,“内容决定形式”应是一般工作中的指导思想。内容是实质,形式是依附的,是由此派生的。造房子,要求实用、经济、美观,美观是形式问题,排行老三,在我们今天贫穷的条件下,我赞同这样的提法。形式之所以只能被内容决定,因为它被认为是次要的,是装点装点而已,甚至是可有可无的。事实上也确是如此,首先要办完年货,有余钱再买年画,如果布料有限,便不能随意剪裁多褶的衣裙。已经习惯了,“形式主义”是贬词,是批评讲究次要的形式而影响或忽视了主要的内容,我也极讨厌那些虚张声势或装腔作势的形式主义作风。

然而造型艺术,是形式的科学,是运用形式这一唯一的手段来为人民服务的,要专门讲形式,要大讲特讲。美术家呕心沥血探索形式,仿佛向蜂房寻觅蜂蜜,还须时刻警惕着被蜂螯,这“形式主义”之一螯,也颇不轻啊!形式主义应到处被赶得像丧家之犬,唯在造型艺术之家是合法的,是咱家专利!空山鸟语人人爱听,也许鸟们是在谈爱情吧,人们听不懂,但人们还是能欣赏,音乐是通过听觉为人民服务的,也可以说就是为听觉服务的。咱们美术是为视觉服务的,大楼盖起来了,有了墙面,画家们于是忙起来。音乐和美术是世界语,即使不懂内容,人们亦能欣赏。

很多情况下，被理解了的对象确乎能被更好地感受到，但也并不都是这样绝对的。有一回我进入贵州一个犀牛洞，在昏暗的灯光中，匆匆一瞥，我感到了类似哥特式建筑群的形式结构美，那是钟乳石在朦胧中形成的。后来，我念念不忘这一美感，特意又一次进洞去仔细描绘，我分析、刻画、弄清了构成那钟乳石的各个局部，然而我白白做了两个小时的努力，完全没有捕捉到头一次的美感，远不如我头次凭记忆感受用一刻钟所作的素描，那素描是建立在并未完全理解对象时的感受基础上的，其间有错觉吧，那是可贵的错觉！另一次，在飞驰的汽车中看到远处盛开的白玉兰极美，其实那是前景的枯枝与背景坡上的白色废纸片组成的假象，当我发现了无情的真实后，我并不嘲笑自己的错觉，只为失去了那美好的错觉而惆怅，应将这错觉永远冰冻到艺术形象中去！

问题的实质还在内容与形式的关系。根据我们的习惯理解，内容是指故事与情节，多半是属于政治范畴或文学领域的。看图识字，图画为特定的思维概念服务，这是由来如此的，也是应该的，对连环画、宣传画、插图、科普美术……美术是做了大量的服务工作的，今后也还要在这方面发展下去。但正因如此，美术也就被认为只是永远听从“内容”指使的手段。美术为这些有现实需要的工作服务，当然是名正言顺，堂而皇之的。如果，它只是为了被独立欣赏呢？在穷困的家庭里，欣赏曾被认为是一种奢侈。奢侈，那是属于资产阶级的。“情人眼里出西施”，“战地黄花分外香”，人们对美的认识和发展往往与社会内容是分不开的，这是一种情况。另一种情况呢，形式美又有独立性。我这回到大鱼岛，看到许多新砌院落的照壁上都爱画老虎，在摆地摊卖的民间年画中也必定有老虎。可怕的老虎是美的，人们喜欢看，并不是因为今天发现了虎骨、虎胆都是宝。养猪是有利的，宣传画画猪的很多，但老乡家里不爱挂，张贴在公共食堂里，叫人瞧着这模样吃饭真有点不舒服。“四人帮”禁止别人欣赏山水花鸟，人们还要画牡丹、枸杞子……找到一个“内容决定形式”的借口：中草药。

我们这些美术手艺人，我们工作的主要方面是形式，我们的苦难也在形式之中。不是说不要思想，不要内容，不要意境，我们的思想、内容、意境是结合在自己形式的骨髓之中的，是随着形式的诞生而诞生的，也随着形式的被破坏而消失，那不同于为之作注脚的文字的内容。文学、戏剧、电影、美术、音乐、舞蹈……文艺姊妹间有着很大的共同性，互相渗透是十分有益的。但隔行如隔山，这是实践者的经验之谈。要体会某一行当的甘苦，若不认真钻进去，不做认真艰苦的实践，便只能停留在泛泛的理解上，而且往往由此得出错误的结论。左拉为印象派画家及其艺术写了不少介绍文章，他与塞尚从中学时代便是同学，保持着长久的友谊。可是左拉全不了解塞尚在艺术中的探索，他以塞尚作为无才能的失败画家的模特儿写了部小说，书一出版，两人永远断绝了关系。他俩的绝交已是故事，但文学和绘画间隔行如隔山的阻碍令人惆怅！内容不宜决定形式，它利用形式，要求形式，向形式求爱，但不能施行夫唱妇随的夫权主义。

在广阔无垠的视觉世界中，物象是错综复杂的，美好的形象、形式比矿藏更丰富，等待美术工作者去采选、利用。“随方就圆”是指做人处世之道吧，我对此不加褒贬，但对造型艺术讲，这却是极有价值的金玉之言。要尊重方与圆的形式的独立价值，要“随”着点，要“就”着点，不要乱砍乱伐。长江上的神女峰，黄山里的猴子望太平，幸而没有被审查掉，形式先存在，神女和猴子是形式的追随者。诗歌、音乐都经常要采风，我们要采形。我说采形，不同于物象资料的记录。具有特征的人物形象，各类少数民族的服饰，品种繁多的杜鹃，各式各样的船只……固然要收集记录，但照片资料已一天比一天丰富，不必全都由个人自己去采集。我的意思是要采组成形式美的点、线、面、色等等的构成体或其条件。“苍山似海”，因那山与海之间存在着波涛起伏的、重重叠叠的或一色苍苍的构成同一类美感的相似条件，将山脉、山峰及其地理位置的远近都画得正确无误时，山是不会似海的。对这种山海之间抽象的形式美条件的观察、发现与捕捉，并不相同于对泰山、黄山或华山的写真，当然这并不等于说就排斥对泰山、黄山或华山的写真。有一次在海滨看退潮，潮退得特别远，遥远的海底的礁石群显露出来了，人们像发现了什么古代城池似的赶前去看。那黑沉沉的、湿漉漉的、圆通通的石头或卧或伏，像海龟，像海盗，流沙绕着它们转，那是静中流露着动的美，那是“奔流”与“冲击”的形象记录。它们突兀，然而和谐，因为浪的规律的运动拍击那群突兀的怪石，万万年来它们之间有了协调的节奏，这运动中的力与美雕凿了具象的痕迹，这是抽象美术品！然而这种节奏感、韵律感、丰富的抽象美并不是易于凭空想象和创造出来的，捕捉住其要素，可能为某一内容、某一构图要求起形象主角的大作用。画家要丰富形式积累，正如作家要丰富语言积累。画家和作家的构思方式是不同的，后者在时空中耕耘，前者在平面上推敲。如果画家只遵循内容决定形式的法则，他的形式从何而来？内容是工、农、兵，于是千篇一律的概念的工农兵图像泛滥全国！缺乏形式感的画家，一如没有武器的战士！

“栩栩如生”，几乎成为我们赞扬美术作品的至高标准了！我并不笼统地反对模仿客观外貌真实的栩栩如生的要求，但这不是造型艺术的最高标准，更不是唯一标准，艺术贵在无中生有。酒是粮食或果子酿的，但已不是粮食和果子，酒也可说是无中生有吧！画农民革命的作品很多，珂勒惠支的就特别动人，人们介绍她画中深刻的情节构思，但其作品打动人的决定性因素还是独特的形式感。三十六行，各行有各行关系到自身存亡的大问题。美术有无存在的必要，依赖于形式美能否独立存在的客观实际。在欣赏性范畴的美术作品中，我强调形式美的独立性，希望尽量发挥形式手段，不能安分于“内容决定形式”的窠臼里。但是我个人并不喜爱缺乏意境的形式，也不认为形式就是归宿。松抱槐是偶然的自然现象，而形式中蕴藏意境却是作者苦心孤诣着意经营的成果。四川大足露天石刻释迦牟尼之死，个儿小小的佛门弟子哀悼安详地躺卧着的巨大的佛，灌木杂树从坡上俯垂，半掩着佛的头部，涓涓流水从佛的身后绕到了身前。我立即被吸引、陶醉了！我不信基督教，也不信佛教，我去寻访达·芬奇的《最后的晚餐》和大足石刻，都并非为了对其内容感兴趣，二者相比，我更爱大足卧佛，其形式感强多了。刚离开大足，途中遇到对越反击战胜利归来的英雄们，我们鼓掌，激动得落泪，我立即联想到牺牲了的永不再归来的战士，眼前顿时出现了一幅画：在我们国境的大地上，一个偌大的牺牲了的青年战士安详地睡了。广西、云南边境是亚热带，边民们几乎是半裸体的，妇、幼、老、少趴满在战士身上哭泣，战士与边民们身躯大小比例之悬殊，正如卧佛与其弟子们的差距，从战士绿色戎装的身后吐出一条细细的鲜红血流是牺牲的标志！我已多年不画人物，因不愿总去碰“内容决定形式”的壁，所以平时也不去构思人物创作了。这回，首先是形式刺激了我，不由自主地复活了人物创作的欲念，但，为时太晚，我早改行搞风景画了！

我没有理论水平，不能阐明“内容”一词的含义和范畴，如果作者的情绪和感受、甚至形式本身也都就是造型艺术的内容，那么形式是不是内容决定的问题我是无意去探究的。但愿我们不再认为唯“故事”“情节”之类才算内容，并以此来决定形式，命令形式为之图解，这对美术工作者是致命的灾难，它毁灭美！

（原载于1981年第3期《美术》）

关于抽象美

对于美术中的抽象美问题，我想谈一点自己的理解。

有人认为首都机场壁画中的《科学的春天》是抽象的。其实，它只能说是象征的，它用具体形象象征一个概念，犹如用太阳象征权力，用橄榄枝象征和平一样，这些都不能称抽象。抽象，那是无形象的，虽有形、光、色、线等形式组合，却不表现某一具体的客观实物形象。

无论东方和西方，无论在什么社会制度中，总有许多艺术工作者忠诚地表现了自己的真情实感，这永远是推进人类文化发展的主流。印象派画家们发现了色彩的新天地，野兽派强调了艺术创作中的个性解放，立体派开拓了造型艺术中形式结构的宽广领域……这些探索大大发展了造型艺术的天地。数学本来只是由于生活的需要而诞生的吧，因为人们要分配产品，要记账，听说源于实用的数学早已进入纯理论的研究了；疾病本来是附着在人身上的，实验室里研究细菌和病毒，这是为了彻底解决病源问题。美术，本来是起源于模仿客观对象吧，但除描画得像不像的问题之外，更重要的还有个美不美的问题。“像”了不一定美，并且对象本身就存在美与不美的差距。都是老松，不一定都美，同是花朵，也妍媸有别。这是什么原因？如用形式法则来分析、化验，就可发现其间有美与丑的“细菌”或“病毒”在起作用。要在客观物象中分析构成其美的因素，将这些形、色、虚、实、节奏等等因素抽出来进行科学的分析和研究，这就是抽象美的探索。这与数学、细菌学及其他各种科学的研究一样需要不可缺少的老老实实的科学态度。

“红间绿，花簇簇”，“万绿丛中一点红”，古人在绿叶红花或其他无数物象中发现红与绿的色彩的抽象关系，寻找构成色彩美的规律。江南乡镇，人家密集，那白墙黑瓦参差错落的民居建筑往往比高楼大厦更吸引画家。为什么？我们曾斥责画家们不画新楼画旧房，简单地批评他们是资产阶级思想。其实这是有点冤枉的。我遇到过许多热爱祖国、热爱人民的老、中、青年画家，他们自己也都愿住清洁干燥、有卫生设备的新楼，但他们却都爱画江南民居，虽然那些民房大都破烂了，还是要画。这不是爱其破烂，而是被一种魅力吸引了！什么魅力呢？除了那浓郁的生活气息之外，其中白墙、黑瓦、黑门窗之间的各式各样的、疏密相间的黑白几何形，构成了具有迷人魅力的形式美。将这些黑白多变的形式所构成的美的条件抽离出来研究，找出其中的规律，这也正是早期立体派所曾探索过的道路。

谁在倒洗澡水时将婴儿一起倒掉呢？我无意介绍西方抽象派中各种各样的派系，隔绝了近三十年，我自己也不了解了。我们耻于学舌，但不耻研究。况且，是西方现代抽象派首先启示人们注意抽象美问题的吗？肯定不是的。最近我带学生到苏州写生，同学们观察到园林里的窗花样式至少有几百种，直线、折线、曲线及弧线等等的组合，雅致大方，变幻莫测。这属抽象美。假山石有的玲珑剔透，有的气势磅礴，既有平易近人之情，又有光怪陆离之状。这也属抽象美。文徵明手植的紫藤，苍劲虬曲，穿插缠绵，仿佛书法之大草与狂草，即使排除紫藤实体，只剩下线的形式，其美感依然存在。我在野外写生，白纸落在草地上，阳光将各种形状的杂草的影子投射到白纸上，往往组成令人神往的画面，那是草的幽灵，它脱离了躯壳，是抽象的美的形式。中国水墨画中的兰、竹，其实也属于这类似投影的半抽象的形式美范畴。书法，依凭的是线组织的结构美，它往往背离象形文字的远祖，成为作者抒写情怀的手段，可说是抽象美的大本营。云南大理石，画面巧夺天工（本是天工），被装饰在人民大会堂里，被嵌在桌面上，被镶在红木镜框里悬挂于高级客厅；桂林、宜兴等地岩洞里钟乳石的彩色照片被放大为宣传广告画，这都属抽象美。在建筑中，抽象美更被大量而普遍地运用。我国古典建筑从形体到装饰处处离不开抽象美，如说斗拱掩护了立体派，则藻井和彩画便成了抽象派的温床。爬山虎的种植原是为了保护墙壁吧，同时成了极美好的装饰。苏州留园有布满三面墙壁的巨大爬山虎，当早春尚未发叶时，看那茎枝纵横伸展，线纹沉浮如游龙，野趣感人，真是大自然难得的艺术创造，如能将其移入现代大建筑物的壁画中，当引来客进入神奇之境！大量的属抽象范畴的自然美或艺术美，不仅被知识分子欣赏，也同样为劳动人民喜爱。而且它们多半来自民间，很多是被民间艺人发现及加工创造的，最明显的是工艺品，如陶瓷的窑变、花布的蜡染等。人们还利用竹根雕成烟斗，采来麦秆编织抽象图案，拾来贝壳或羽毛点缀成图画；串街走巷的捏面艺人，将几种彩色的面揉在一起，几经扭捏，便获得了绚丽的抽象色彩美，他们在这基础上因势利导巧妙地赋予具象的人物和动物以生命。

抽象美是形式美的核心，人们对形式美和抽象美的喜爱是本能的。我小时候玩过一种万花筒，那千变万化的彩色结晶纯系抽象美。彩陶及钟鼎上杰出的纹样，更是人类童年创造抽象美的才能的有力例证。若是收集一下全国各地区各民族妇女们发髻的样式，那将是一次出色的抽象美的大联展。

似与不似之间的关系其实就是具象与抽象之间的关系。我国传统绘画中的气韵生动是什么？同是表现山水或花鸟，有气韵生动与气韵不生动之别，因其间有具象和抽象的和谐或矛盾问题，美与丑的元素在作祟，这些元素是有可能抽离出来研究比较的。音乐属听觉，悦耳或呕哑嘲哳是关键，人们并不懂得空山鸟语的内容，却能分析出其所以好听的节奏规律。美术属视觉，赏心悦目和不能卒视是关键，其形式规律的分析正同于音乐。将附着在物象本身的美抽出来，就是将构成其美的因素和条件抽出来，这些因素和条件脱离了物象，是抽象的了，虽然它们是来自物象的。我认为黄宾虹老先生晚年的作品进入半抽象的境界，相比之下，早期作品太拘泥于物象，过多受了物象的拖累，其中隐藏着的，或被物象掩盖着的美的因素没有被充分揭示出来，气韵不很生动，不及晚年作品入神。文人画作品优劣各异，不能一概而论，其中优秀者是把握了具象抽象的契合的。我认为八大山人是我国传统画家中进入抽象美领域最深远的探索者。凭黑白墨趣，凭线的动荡，透露了作者内心的不宁与哀思。他在具象中追求不定形，竭力表达“流逝”之感，他的石头往往头重脚轻，下部甚至是尖的，它是停留不住的，它在滚动，即将滚去！他笔下的瓜也放不稳，浅色椭圆的瓜上伏一只黑色椭圆的鸟，再凭瓜蒂与鸟眼的配合，构成了太极图案式的抽象美。一反常规和常理，他画松树到根部偏偏狭窄起来，大树无根基，欲腾空而去。一枝兰花，条条荷茎，都只在飘忽中略显身影，加之，作者多半用淡墨与简笔来抒写，更构成扑朔迷离的梦的境界。

苏州狮子林中有一块石头，似狮非狮，本来很有情趣，可任人联想玩赏，偏有人在上补了一条尾巴，他以为群众同他一样不知欣赏抽象美。抽象美在我国传统艺术中，在建筑、雕刻、绘画及工艺等各个造型艺术领域起着普遍的、巨大的和深远的作用。我们要继承和发扬抽象美，抽象美应是造型艺术中科学研究的对象。因为掌握了美的形式抽象规律，对各类造型艺术，无论是写实的或浪漫手法的，无论采用工笔或写意，都会起重大作用。宋徽宗画的祥龙石以及一些羽毛的纹样，是把握了某些抽象美的特色的。陈老莲《水浒叶子》的衣纹组织中更具有独特的抽象美感，那也正是西方抽象派画家保罗·克莱所探寻的海外迷宫！科学工作者在实验工作中可能不被理解，但制出盘尼西林来便大大增强了医疗效果，引起人们重视。我们研究抽象美，当然同时应研究西方抽象派，它有糟粕，但并不全是糟粕。从塞尚对形体作出几何形式的分析后，立体派从此发展了造型艺术的结构新天地，逐步脱离物象外貌，转向反映其内在的构成因素，这便开了西方抽象派的先河。尽管西方抽象派派系繁多，无论想表现空间构成或时间速度，不管是半抽象、全抽象或自称是纯理的、绝对的抽象……它们都还是来自客观物象和客观生活的，不过这客观有隐有现，有近有远。即使是非常非常之遥远，也还是脱离不了作者的生活经历和生活感受的，正如谁也不可能提着自己的头发脱离地面而去！我并不喜欢追随西方现代艺术诸流派，洋之须眉不能长我之面目。但借鉴是必需的，如果逐步打破东西方的隔阂，了解人家不同的生活环境和生活趣味，则抽象派在一定社会条件中的诞生也是必然的，没有什么可怕的。就说抽象派的祖师爷康定斯基，他又是怎样的异类呢？我以前看北方昆曲剧团演出，在白云生演穷生时穿着的好看的百衲衣中，似乎感到了康定斯基的艺术感受！

（原载于1980年第10期《美术》）

没有去泰山之前，早就听说泰山有五大夫松。大夫和松都令我敬爱，想象中五棵大松该是多么雄伟壮观：它们傲踞在风风雨雨的山谷已二千余年！后来我登上泰山寻到五大夫松，只剩下三棵了，而且也已不是秦时的臣民，系后世补种的了。松虽也粗壮茂盛，但毕竟不同于我想象中的气概。我用大幅纸当场写生，轮转着从几个不同的角度写生综合，不肯放弃所有那些拳打脚踢式的苍劲干枝，这样，照猫画虎，画出了五棵老松，凑足了五大夫之数。此后，我依据这画稿又多次创作五大夫松，还曾在京西宾馆作过一幅丈二巨幅，但总不满意，苦未能吐出胸中块垒。隐约间，五大夫松却突然愤然地向我扑来，我惊异地发觉，它们不就是罗丹的加莱义民么，我感到悚然了，虽然都只是幽灵，两千年不散的松魂是什么呢？如何从形象上体现出来呢？风里成长风里老，是倔强和斗争铸造了屈曲虬龙的身段。我想捕捉松魂，试着用粗犷的墨线表现斗争和虬曲，运动不停的线紧追着奋飞猛撞的魂。峭壁无情，层层下垂，其灰色的宁静的直线结构衬托了墨线的曲折奔腾，它们相撞，相咬，搏斗中激起了满山彩点斑斑，那是洪荒时代所遗留的彩点。以上是我从向往五大夫松，写生三松，几番再创作，最后作出了这幅《松魂》的经过，其间大约五年的光阴流逝了。画面已偏抽象，朋友和学生们来家看画时，似有所感，但也难说作者有何用心与含义，当我说是表现松魂，他们立即同意了。从生活中来的素材和感受，被作者用减法、除法或别的法，抽象成了某一艺术形式，但仍须有一线联系着作品与生活中的源头，风筝不断线，不断线才能把握观众与作品的交流。我担心《松魂》已濒于断线的边缘。

如果《松魂》将断线，《补网》则无断线之虑，观众一目了然，这是人们生产活动的场景。1982年秋天，在浙江渐岭县石塘渔村，我从高高的山崖鸟瞰渔港，见海岸明晃晃的水泥地晒场上伏卧着巨大的蛟龙，那是被拉扯开的渔网，渔网间镶嵌着补网者，衣衫的彩点紧咬着蛟龙，伸展的网的身段静中有动，其间穿织着网之细线，有的松离了，有的紧绷着，仿佛演奏中的琴弦，彩色的人物之点则疏疏密密地散落在琴弦上。我已画过不少渔港、渔船及渔家院子，但感到都不如这伏卧的渔网更使我激动。依据素描稿，我回家后追捕这一感受。我用墨绿色表现渔网的真实感，无疑是渔网了，但总感到不甚达意，与那只用墨线勾勒的素描稿一对照，还不如素描稿对劲！正因素描稿中舍弃了网之绿色的皮相，一味突出了网的身影体态及其运动感，因之更接近作者的感受，更接近于作者从对象中得到的感受——将其从运动感和音乐感中抽出来。我于是改用黑墨表现渔网。爬在很亮底色上的黑，显得比绿沉着多了，狠多了，其运动感也分外强烈了，并且那些易于淹没在绿网丛中的人物之彩点，在黑网中闪烁得更鲜明了！由于背景那渔港的具象烘托吧，人们很快便易明悟这抽象形式中补网的意象。这只风筝没有断线，倒是当我用绿色画渔网时，太拘泥于具象，抽不出具象中的某一方面的美感，扎了一只放不上天空的风筝！

一位英国评论家苏立文教授很热心介绍中国当代美术，也一直关心中国当代美术界在理论方面的讨论，最近他写信给我谈到他对抽象的意见。他说abstract(抽象)与non-figuratif(无形象)不是一回事。“抽象”是指从自然物象中抽出某些形式，八大山人的作品、赵无极的油画以及我的《根》，他认为都可归入这一范畴；而“无形象”则与自然物象无任何联系，这是几何形，纯形式，如蒙德里安的作品。我觉得他作了较细致的分析。因为在学生时代，我们将“抽象”与“无形象”常常当作同义语，并未意识到其间有区别。我于是又寻根搜索，感到一切形式及形象都无例外地源于生活，包括理想的和怪诞的，只不过是渊源有远有近，有直接和间接的区别而已。如果作者创作了谁也看不懂的作品，他自己以为是宇宙中从未有过的独特创造，也无非是由于他忘记了那已消逝在生活长河里的灵感之母体。作品虽能体现出抽象与无形象的区别，但其间主要是量的变化，由量变而达质变。如果从这个概念看问题，我认为“无形象”是断线风筝，那条与生活联系的生命攸关之线断了，联系人民感情的千里姻缘之线断了。作为探索与研究，蒙德里安是有贡献的，但艺术作品应不失与广大人民的感情交流，我更喜爱不断线的风筝！

（原载于1983年第3期《文艺研究》）

笔墨等于零

脱离了具体画面的孤立的笔墨，其价值等于零。

我国传统绘画大都用笔、墨绘在纸或绢上，笔与墨是表现手法中的主体，因之评画必然涉及笔墨。逐渐，舍本求末，人们往往孤立地评论笔墨；喧宾夺主，笔墨倒反成了作品优劣的标准。

构成画面，其道多矣。点、线、块、面都是造型手段，黑、白、五彩，渲染无穷气氛。为求表达视觉美感及独特情思，作者可用任何手段：不择手段，即择一切手段。果真贴切地表达了作者的内心感受，成为杰作，其画面所使用的任何手段，或曰线、面，或曰笔、墨，或曰 ××，便都具有点石成金的作用与价值。价值源于手法运用中之整体效益。威尼斯画家委罗内塞 (Veronese) 指着泥泞的人行道说：我可以用这泥土色调表现一个金发少女。他道出了画面色彩运用之相对性，色彩效果诞生于色与色之间的相互作用。因之，就绘画中的色彩而言，孤立的颜色，赤、橙、黄、绿、青、蓝、紫，无所谓优劣，往往一块孤立的色看来是脏的，但在特定的画面中它却起了无以替代的作用。孤立的色无所谓优劣，则品评孤立的笔墨同样是没有意义的。

屋漏痕因缓慢前进中不断遇到阻力，其线之轨迹显得苍劲坚挺，用这种线表现老梅干枝、悬崖石壁、孤松矮屋之类别有风格，但它替代不了米家云山湿漉漉的点或倪云林的细瘦俏巧的轻盈之线。孰优孰劣？对这些早有定评的手法大概大家都承认是好笔墨。但笔墨只是奴才，它绝对受役于作者思想情绪的表达。情思在发展，作为奴才的笔墨的手法永远跟着变换形态，无从考虑将呈现何种体态面貌。也许将被咒骂失去了笔墨，其实失去的只是笔墨的旧时形式，真正该反思的应是作品的整体形态及其内涵是否反映了新的时代风貌。

岂止笔墨，各种绘画材料媒体都在演变。但也未必变了就一定新，新就一定好。旧的媒体也往往具备不可被替代的优点，如粗陶、宣纸及笔墨仍葆青春，但其青春只长驻于它们为之服役的作品的演进中。脱离了具体画面的孤立的笔墨，其价值等于零，正如未塑造形象的泥巴，其价值等于零。

（原载于 1992 年 3 月香港《明报月刊》）

三方净土转轮来：灰、白、黑

青年时代，崇强烈：马蒂斯的色、凡·高的热，求之不得。50 年代回到祖国，不愿学舌，不学西洋人的舌，也不学自家人的舌，哪怕你是皇亲国戚。于是孤独，寂寞，茫茫！孤独者岂无钟情，爱我乡土。江南多春阴，色素淡，平林漠漠，小桥流水人家，一派浅灰色调。苏联专家说江南不适宜作油画。我自己的油画从江南的灰调起步，游子眼底，故乡浸透着明亮的银灰。艺途中跋涉了长长的灰色时期，也许人生总是灰暗苦涩，也许摸透灰调非数十年不入门。

不知不觉，有意无意，由灰调进入白色时期。依依恋情：白墙、雪峰、羊群、云海、海底浪花。白，白得虚无……白色的孝服，哭坟的寡妇扣人心弦，但画不得。“若要俏，常戴三分孝”，民间的审美观令人赞叹。在宣纸厂看造纸，一大张湿漉漉的素纸拓上墙面烘干，渐渐转化成一大幅净白的画面，真是最美最美的图画，一尘不染。此时我渴望奋力泼上一块乌黑乌黑的浓墨，则石破天惊，艺术效应必达于极点。世界上新潮展览层出不穷，如代表中国新潮参展，我希望展出一方素白的无光宣纸与一块墨黑的光亮漆板。

行年七十后，我终于跌入、投入了黑色时期。银灰或素白，谦逊而退让，与人民大众的审美观矛盾不大。求同存异，我之选择银亮与素净也许潜伏着探求与父老乡亲们相通语言的愿望，属于“风筝不断线”范畴内的努力吧！意识形态在变异，五十年换了人间，中国人民心眼渐开，审美观不断提高，我先前担心他们能否接受抽象的考虑已是迂腐之见了。任性抒写胸怀吧，人们的口味已进入多种多样的高品位，信任他们的品评吧！我爱黑，强劲的黑，黑得强劲，经历了批黑画的遭遇，丝毫也割不断对黑之恋。黑被象征死亡，作丧事的标志，正因这是视觉刺激之顶点。当我从具象趋向抽象时，似乎与从斑斓彩色进入黑白交错是同步的。

暮年，人间的诱惑、顾虑统统消退了，青年时代的赤裸与狂妄倒又复苏了。吐露真诚的心声，是莫大的慰藉，我感到佛的解脱。回头是岸，回头遥望，走过了三方净土：灰、白、黑。

（转载于文汇出版社 1998 年版《吴冠中文集》）

魂寓何处
——美术中的民族气息杂谈

“中国水墨画已没有前途”，这是我听到过的一些西方画家对中国画的看法。他们并非出于恶意，这观点却令我警惕。杞人忧天，我本来也一向感到陈陈相因、千篇一律的中国水墨画已日暮途穷，终将枯死于世界艺术的百花园中。中华民族几千年的辉煌绘画岂能断子绝孙，华夏子孙皆曰：绝不可能。周恩来赞美昆曲《十五贯》，说一个剧本救了一个剧种。今日需要，也必将有一批崭新面貌的水墨画来展拓传统，开辟新径。展拓与开辟包含着突破，突破陈旧，被突破的方面不可避免会感到痛楚。

“数典忘祖”“西方中心”等等忧虑出于维护民族特色的善良愿望、忠贞立场。潘天寿说过中、西画要拉开距离，本意是发挥民族特色，但也被人利用作为排斥西方，反对中西结合，只求纯种的借口。吾爱吾师，吾更爱真理，潘老师自己艺术创作的体验涵盖不了民族艺术的整体发展，何况他本人的杰出成果恰恰与西方现代绘画的探索在某些层次上碰了面。认为中国水墨画没有前途，当指其内涵之日益单调与形象之不断重复，而这样的画图正泛滥于国内国外。如今很多中青年画家正在努力丰富画面的内涵与形式，宣纸上的用武之地果真比不上油布领域宽阔？我自己的体会是既不服气，也确有隐忧，我们面临着不革新便衰亡的抉择。

写生的过程是从恋爱到结婚的整体过程。不再写生了，只凭照片嫁接，甚至只是照片的抄袭，这类似没有恋爱过程的婚姻，这样的婚姻今日比比皆是。中西结合属异国婚姻，其美满者亦必缘于爱情。无爱的婚姻有诸多目的，各样目的也都渗入了艺术制作中。二三十年代时有的画家对洋人显示其中国画，对国人又炫耀其油画，欺蒙观众的无知。今天大量的中国人用油彩和画布作画了，中国绝不可能成为西洋艺术的殖民地；西洋人也不乏试用宣纸、毛笔之类的中国传统工具作画的，他们绝非想当我们祖先的孝子贤孙。作画材料和技法非专利，谁也无权霸占，艺术的民族特色又在何处显示、隐藏、潜伏？

我童年觉得洋人都很丑，后来能区分洋人中大有美丑之别，美丑呈现在个体中，正如我们中国人自己也大有美丑之差异。艺术作品的美丑只能从每件作品自身来剖析，难于以整个民族或地区来概括。民族的、地区的特色显然是由于长期历史的、地理的局限等等生活环境所形成。德拉克洛瓦画的《但丁之舟》是西洋画，如果我们用他那手法表现了汨罗江上的屈原，该如何区别其民族性呢？郎世宁的翎毛、走兽，李毅士的《长恨歌画意》，这类作品都凭采用中国题材赋予中国风貌，而从其造型艺术本身的语言分析，却全无新意，而且也算不上高水平的西洋画技巧，但他们尝试了中、西结合的可能性、必然性。达·芬奇的素描山水与黄公望的《富春山居图卷》颇为相似；波提切利的作品突出线造型、平面感、衣带飘摇感，大异于拉斐尔、提香等浑圆丰厚的立体氛围，独具东方情致。尤脱利罗的作品中可感到冷冷清清凄凄惨惨，以及“小楼一夜听春雨，深巷明朝卖杏花”的中国诗情，加之他表现手法中强调平面分割的对照及线之效果，我最早喜爱其作品也许缘于其吻合了我的中国品味，而中国传统的或民间的绘画中也同样可发现西方所探索的因素。近代除潘天寿外，虚谷作品中的几何构成及点、线、团块间的对照与联系也与西方现代绘画的形式感异曲同工。我有一次在印尼看到一个硕大无朋的胖妇人，那是马约尔与毕加索等所追求的量感美典型，我也觉得是发挥量感美极好的对象，回来为之作了一幅油画。一见此画中肥婆的友人都感到惊异，我说我画的是洋阿福，于是友人们立即回复了平常心态。无锡的胖阿福已被多少代中国人欣赏，洋人也会对之青睐。

我一向着眼于中西方审美之共性。我爱传统绘画之美，并曾大量临摹，深切地爱过，仍爱着。我也真正爱西方绘画之美，东也爱，西也爱，爱不专一，实缘真情，非水性杨花也。正相反，倒是人们如何会只爱东方或只崇西方呢？审美中也有大量的偏食者！我们的民族近代长期受侵略，遭歧视，自卑激发了自尊。当我年轻时代留学异国，在被歧视的环境中我是带着敌情观念学习的，并深感我们民族几千年的艺术成熟独立于世界艺坛而无愧。但也正由于学习了西方之优，在比较中更认清自己民族的特色、不足和欠缺。我们民族传统之博大是由于历史悠久，积累深厚。积累者，不断吸收与创造之谓也，其对立面是孤陋寡闻。

60年代我用油画写生江南，白墙黑瓦、桃柳交错、春阴漠漠，绝非西方油画中的风物与情调了，我请李可染看，谅来当是知音，因他不久前到富春江等地用水墨写生的一批风景与我的油画写生具相似的追求。当时有人批评他，不认他的写生属传统中国画，当然更有人不认我的作品是正规油画，苏联专家先就认为江南风景不宜于作油画，苏联没有写出“杏花春雨江南”的诗人。有些中国画家定居在西方了，各有乡土情怀，或以西方技法表现中国题材，或以中国“气韵生动”的品味融入西方的抽象表现，或以民间工艺的审美观结合了西方现代的夸张与狂放……如果出于爱情的自然结合，诞生的混血儿多半留有某种或隐或现的胎记，慧眼人易于识别自己民族的印痕。“领异标新二月花”，在芸芸艺坛上扬名实非易事，于是为标新而装腔作势，故弄玄虚，焚香祈求老、庄、佛、禅……处处暴露无爱婚姻的无奈。“前卫”(avantgarde)一词，本身无褒贬之意，其含义等同于创新，而其间真情探索与欺世盗名则不可同日而语。

绝无永远的纯种，周口店祖先的头骨留下了珍贵的文物，但已不是我们子孙的脸型，儿子未必像父亲，不必像父亲。遗传基因是科学家的课题，艺术中的遗传基因更为隐蔽，她往往只体现在感受中。即使面貌不像了，也许基因却呈现在脉搏里，脉搏里有节奏，或者节奏寄寓于脉搏，说得玄乎点，有魂，魂寓何处？寓于历代文化的背景中，寓于各自的苦难与悲愤中，寓于扬眉吐气中……而材料将不是分类的标志，文房四宝将不是国画之唯一基石，传统的优秀笔墨已凝固在传统的品位中。在世界百花园中，奇花异草引人瞩目，奇花异草必有其独特的土壤与根源，顺藤摸瓜，最终能摸到其故国的、民族的因素。但如根本缺乏对艺术的纯正爱恋，一味标榜民族的特色，强加于人，以自尊掩饰自卑，只能掀起假花市场。

（转载于文汇出版社1998年版《吴冠中文集》）

何处是归程
——现代艺术倾向印象谈

谈三点感想：

一、外师造化与中得心源

西方美术传统重写生，这种写生的观点到印象派而达于极端。摄影是写生画的大敌，写生画从此败于这个天敌。今天的超级现实主义不得不与摄影搞好关系，依靠依靠。塞尚、马蒂斯、毕加索、康定斯基、蒙德里安……都艰难地从写生中走过来，又更艰难地走出这条因循前人的老路，着意探寻自我的感受和形式美的规律。从客观形象到艺术境界之间，亦即外师造化与中得心源之间，有时是非常非常之遥远，有时又只毫厘之差。美术自从从狭义的写生画桎梏中解放出来后，大大扩展了新的疆域：后期印象派、野兽派、立体派、抽象派……其间有没落、腐朽、丑恶、黄色的东西吗？有，当然有。弄虚作假、沽名钓誉者是大量的，这在我们社会主义社会都有，更何况资本主义社会，但能不分青红皂白一概抹杀西方现代美术的新成就吗？甚至有人宣言："凡头脑健康的人都认为马蒂斯和毕加索是无可学习的。"三十年前抽象派在巴黎并非主要派系，后来几乎席卷欧美画坛，成了独霸之势，前几年又听说"过时了"。这次在巴黎所见，抽象的作品仍是大量的，不只是巴黎的作品，正碰上墨西哥的一个古代和现代的庞大展览，现代部分几乎全是抽象的。我无须为抽象派辩护，也并不担心它的中兴与没落，我只关心抽象作品与现实世界间的联系。早期抽象派作者，他们在追寻自己美感的田园时，为跨越太多的路障，运用了抽象或半抽象的手法，这种仿佛初离地面低飞的过程，在蒙德里安与斯丹埃尔（N. Stael）等人的一些作品中尤为明显。抽象派之席卷欧美画坛，正是由于其传递美感的新颖表达方式被多数画家们理解和接受了。抽象作品大都无政治的或社会的内容，资本家无非利用其赏心悦目或新颖别致的效果来装点生活，此外我是看不出抽象派的政治背景了。像巴黎的苏拉士（P. Soulages），作品中粗壮、厚重、黑沉沉的硕大笔触欲压裂画面，表现了悲愤感、痛感或苦辣之味。而以黑色线状构成画面的哈赫顿（H. Hartung），则多挥写交错与纷飞的感受，他创作中的冲动与中国水墨画家画兰竹时的追求颇为相仿。

各人在客观世界中感受到某一点，强调了某一点，当感受只限于极个别极偶然的情况时，作品也必然只能在极小的范围内起共鸣。外师造化不是艺术，艺术诞生于中得心源，但离开了造化，心源也就枯竭了。从表面看，外行看，抽象作品信手乱涂，无所谓功力与修养，无所谓好坏，犹如乡下佬看各家草书，一概是鬼画桃符。也确是由于抽象作品好像不需功力，是捷径，于是招摇撞骗的欺世之作也必然泛滥，道高一尺，魔高一丈。少写生或不写生了，表现物象的基本功衰退了，听说欧美画家赞扬我国油画家的写实功力，这应引起他们的警惕与反省，但也不会因此得出外师造化远比中得心源更重要的结论。我多谈了几句抽象派的问题，其实形形色色的流派和表现方式太多了，可说已经没有派，只有个人。

我们站在建设社会主义精神文明的立足点上来研究西方现代艺术，要采纳、移植他们的许多有益的表现手法，包括某些抽象或半抽象的手法，但，我们首先要面向自己的人民，同时也面向世界人民。怎么办？难！我们就在“难”字中奉献自己。袁可嘉同志写了一篇《我所认识的西方现代派文学》（《光明日报》1982年12月30日），对西方现代文学分析很客观，很科学，也完全适合对西方现代艺术的分析。文中提到：“……在艺术与表现、模仿的关系上，现代派认为艺术是表现，是创造，不是再现，更不是模仿。他们以为文艺家是通过艺术想象创造客体，表现主体，客观世界只有提供素材的作用。这种极端强调艺术想象力的创造性的观点无疑有唯心主义的成分和失之片面的地方，但用得适当，也有助于把人们的思想从机械的模仿中解放出来，充分发挥形象思维的特点。”

二、世界化与民族化

我这回主要是访问西非三国。尼日利亚是非洲富国，既有悠久的雕刻传统，又有现代化的建筑、雕刻及绘画。非洲传统雕刻的特色无须我介绍，它曾经是欧洲现代艺术的奶妈之一，毕加索和莫迪里阿尼等都吸吮过她的奶汁。能欣赏到这些人类的杰作是莫大的享受。同时，欧美现代艺术之风已吹遍尼日利亚的艺坛，在美术馆、国家剧院、艺术院系、广场、机场及街头，凡是新搞的作品，包括具象和抽象的，大都是欧美式的现代风格（当然也有不少是结合了传统特色的）。传统的继承不是历史的重复，要现代化，民族艺术现代化首先碰到了欧美现代艺术的世界化。如何对待和解决呢？这已经是不可回避的现实问题了。巴黎的、美国的、墨西哥的、非洲的、日本的、南斯拉夫的、菲律宾的……从他们现代艺术作品中所得的印象是共性强于民族性。其中许多作品也曾给人美感，如在百货商店里看过无数美丽的布匹，但很快也就淡忘了。定居巴黎的华裔画家赵无极和朱德群在欧洲抽象派绘画中各有自己的特色，因之也都受到很高的评价和重视。他们都从不同的角度汲取了祖国传统艺术的营养，结合西方现代艺术的特色，终于艰难地开辟了自己的新路。从立足点看，他们还是立足于西方的。哲学家、雕刻家熊秉明的打铁尖锐而坚劲，用铁笔最简洁地勾勒出了禽、兽的精魂，曾获得西方的重视，内行人也能发觉他是八大山人的子孙。还有好几位在巴黎已引起注意的中国画家。我看过陈建中和戴海鹰两位的工作室，他们住在过去毕加索等住过的闻名工作室"洗涤船"中，工作条件不差，他们都作具象画，作品也都严谨而完美，感觉很敏锐，我祝愿他们披荆斩棘在异国艺坛闯出自己的路。但他们画面表现的大都是一门、一窗、墙一角之类，不无生活牢笼的苦闷之感。民族化的根源应是民族生活的特色。我们生活在自己的人民中便首先具有丰富的艺术源泉，有了一个基本条件。然而艺术要发展，单凭生活源泉是不够的，单依靠传统也是不够的，必须开放西方的现代艺术，只要不是反动的、黄色的、丑恶的，都应尽量开放，我们绝大多数是头脑健康的人。

三、工艺与造型

工艺美术与造型艺术之间本来就没有鸿沟，为了给人们创造美好的生活，无论用于纯欣赏或结合实用，创作中应不择手段。画家波提切利本是金银细工匠，雷诺阿画瓷器，毕加索制陶瓷，齐白石是雕花木匠。西方现代绘画中引用了很多工艺手法，壁画、壁挂、镶嵌……在许多场合造型艺术与工艺手法几乎是难分难解了。工艺制作的最后效果还应体现出“艺”来。在国外看到我国几个使馆陈设的一些工艺品，如贝雕、象牙雕、挂毯、刺绣……功夫很细，但不美，庸俗，有的近乎丑。我国工艺美术有优秀的传统，但继承中似乎偏于继其技，而丢其魂——美。如无锡的泥人、宜兴的紫砂等都有此倾向。西方现代的工艺品是愈来愈重视造型美、形式美了，在非洲有些大旅馆里陈设了木船、茅屋，张挂了渔网，予人亲切浓郁的生活情趣。现代人更爱自然质朴之美，西太后那样的美盲早该淘汰了。我国工艺美术教学中有一种看法，怕学生学多了绘画便不爱工艺专业，有点怕绘画，这近乎因噎废食。没有深而广的造型艺术基础，对形式美的规律不博而通，便只能为西太后的审美观点去服务。另有一种情况，有些搞绘画的同志，善意地认为在工艺美术中可搞形式，可搞点抽象，但在绘画中不行。搞工艺的怕绘画，搞绘画的怕形式与抽象，这种画地为牢的想法不利于造型艺术与工艺美术的发展。从世界潮流看，绘画与工艺之间，绘画与雕刻之间，甚至与建筑之间都在互相渗透、结合，控制艺术的是设计思想。这也引出了“艺”与“技”的不分，绘画中一味追求光影效果，看画时令人头晕目眩，绘画和雕刻的制作进入了杂技的领域。管他呢，有人不就爱到游艺场乘坐那转得晕头转向的飞机吗？但艺术应触及人们的感情深处，因之意境还是最根本的，我们吸取一切有利的表现手法，为了便于传递多样、复杂且难于传递的意境。

（转载于文汇出版社 1998 年版《吴冠中文集》）

《江南人家》　1987年作　水墨设色·宣纸　85cm×68cm

《老虎高原》　1989年作　水墨设色・宣纸　123cm × 245cm

《天际黄河》 1989年作 水墨设色·宣纸 68cm×86cm

《小鸟天堂（一）》　1989年作　水墨设色·宣纸　63cm×143cm

《张家界》 1992年作 水墨设色·宣纸 69cm×139cm

《忆江南》　1996年作　水墨·宣纸　70cm×140cm

《秋瑾故居》　2002年作　油画・麻布　70cm × 140cm

《高桥》 2006年作 水墨设色·宣纸 45cm×48cm

第二章

雨雪霏霏总相忆

寂寞耕耘六十年

——怀念林风眠老师

有不少老一辈的国画家，他们从传统出发，吸收了西方绘画的某些因素，各自做出了程度不同的贡献，大大拓宽了我国绘画的领域。有不少老一辈的“西画家”，他们在学来的西方绘画的基础上，再吸收我国传统的因素，也大大促进了中西绘画的结合。老画家林风眠在中西绘画的结合方面开辟了一条独特的新路，那不是国画的改良，也不是西画的引进，不是两者简单的结合，是化合。不，也不是化合，正如新生的婴儿并不就是父母的化合一样，如果说某些音容笑貌标示着父母的遗传，而性格特征却完全是新生的了！

林风眠在创作上走的是一条寂寞的路，是孤独者之路。中国画家学习、吸取西方绘画，多半是吸取西方绘画的所谓写实手法，比方形象的正确呵，立体感呵，甚至光影呵，等等。但林风眠的情况却不一样，他早年留学法国，除掌握了油画表现的雄厚实力外，他尤其对自印象派以后现代西方绘画的精髓有着深刻的了解和体会。我国在20年代开始直接学习西画时，一般是学其“像”，国内的欣赏水平更是大都停留在“洋画片”的趣味上，至于塞尚、凡·高、高更、马蒂斯、毕加索等等早已为世界美术界所公认的画家，不仅极少介绍，还被视为蛇蝎，我们几乎不知道自从照相术发明以后现代西方绘画是怎么回事。林风眠是向西方现代绘画最早的取经者之一，他不仅是取经者，同时也是译经者，他很少写文章，很少做报告，他用绘画本身的语言来翻译，来移植。可以说当时中国人民尚未开始

1987年9月，吴冠中拜访林风眠老师于香港林风眠的家中

理解现代西方绘画的结构、节奏及韵律感等等形式美的基本因素，但对我国自己传统绘画的气韵生动、抒情意趣以及“似与不似之间”等等的艺术规律却是深有体会的，而且一向认为这是我们东方艺术的精华，并为之感到骄傲。林风眠吃透了东西方艺术的共通规律，他咀嚼着西方现代绘画的形式美，用传统绘画的气韵生动来“消化”它。林风眠走的这条拓荒者之路是颇不合时宜的，因为当时唯一能通行的只有“写实”的手法，林风眠又绝不向庸俗的观点低头，一意坚持探索自己的艺术风格，这必然是一条寂寞的路，也决定了他孤独者的命运！他在孤独中耕耘已不止六十度春秋了！

作品永远透露着作者的品质，装腔作势的作品是永远骗不过读者的。老画家林风眠永远是儿童，他作品中的感情真挚，赤子之心溢于画面。他画的枝头小鸟是稚气的儿童，是同儿童一样稚气的林风眠内心的流露！他的作品表现了东方诗意、东方情调，尤其表现了东方儿童的天真与梦境！

林风眠曾是我们国立杭州艺术专科学校的校长，但我不算他的入室弟子，平时接触也不多。1937 年前在杭州，算是他生活最优裕宁静的时期吧！在西子湖之滨，住着他自己设计的有着明亮画室的小洋房，地板的花纹是拼成人字形的。学校陈列馆里、会客室里悬挂着他彩色斑斑的油画。我那时年纪小，年级低，记得他的一幅大幅油画，画着海滨的人们，回忆起来，有些像马奈的作风，是大刀阔斧的黑白灰色调。那时，他已同时画些水墨画了，主要用线画水鸟，我当然并不很理解，李超士老师对我们这班新生介绍说：这主要讲笔力。我半信半疑。

卢沟桥的炮声惊醒了林风眠为艺术而艺术的春梦。随着全校师生，随着广大人民，他坠入了苦难生活的底层，滚进了国破家亡的激流。在沅陵，国立杭州艺专和国立北平艺专合并，当林风眠卸去校长职务离开学校时，留给另外两位校务委员的信中写道："……杭校员生，随弟多年，无不念念，唯望二兄加意维护，勿使流离……"流亡中的师生们读到这信时哭了！我感到林风眠已不再是高高在上的绅士校长，而是最可亲可爱的师友了！确乎，他从校长的宝座上跌下来了，确乎，他真正开始体验现实生活了，开始抒写自己的深刻感受了。这是林风眠的诞生！他用大笔挥写湘西、贵州一带的山川人物，湿漉漉的浓郁的山，茫茫的水，离不开背筐的妇女……国土沦亡大半，残山剩水实可悲，人民凄苦有谁怜，林风眠画面的情调是感伤的，笼罩着淡淡的哀愁！

在重庆，听同学说，林风眠住在什么仓库的小屋里，在大食堂买饭，来了客人自己加煮一小锅豆腐算是款待。其时，他整天作画，据李可染先生说，林先生有一回画马，用几条线表现的马，一天最多画到 90 幅。我没有去吃过他煮的豆腐，也没有看过他画马，只在重庆中央图书馆的一次车如流水马如龙的一个名画家的个人展览会上遇见了林先生，我依依不舍地跟着他看画，注意到他的袖口是破烂的，我感到心酸！

寂寞中的劳动创造了价值，林风眠长期的辛勤耕耘种出了新品种的庄稼。

20 世纪初叶，许多西方的画家们已逐渐不满足于油画的厚重感和坚实感了。塞尚晚期就已用轻快的笔调和稀薄的色层追求松动的效果，往往连画布都没有涂满。日本画、波斯画对他们显得是新颖的表现手法了。马蒂斯、丢非、尤脱利罗……他们力图卸脱沉重的、黏糊糊的油色与粗麻布的累赘，追求流畅的自由奔放的即兴情趣。常与泥塑石雕相邻的油画爱上了新的情人——轻音乐，林风眠接来他们的新欢，将之嫁到水墨之乡。林风眠在宣纸上画的蓝衣女、白衣女、“宝莲灯”、苗家姑娘、临流水鸟……正是西方现代画家们所追求的节奏感和东方音韵感的结合。但他自己却谦虚地说：“我是炒杂菜的。”他用线有时如舞绸、如裂帛、如急雨，有时又极尽缠绵。当然也有只偏爱屋漏痕的人们看不惯林风眠爽利的线条。舞蹈的美感靠练，歌唱的美感靠练，林风眠画中的形、线、结构的美感也靠练。一天画 90 幅马只是一个平常的例子吧。他为了完美地表达一幅画的构思和所要追求的美感，每每画到深夜，然后将许多幅成品都铺在地板上，他睡了。第二天一早，他一起床，第一眼先观察这批画，挑出其中的一二幅，其他的便撕毁了，或者全部撕毁了！我读小说或散文，一般只读一遍，看电影和话剧也往往如此。但对喜爱的诗词却愿一读再读，百读不厌，对周信芳等人的戏也屡看不厌，大概因为其间有更多的美感，那种通过艰苦的技术劳动而锤炼成的美感。人们之所以有欣赏艺术的需要，正由于艺术有不可或缺的娱乐性。我爱经常不断地看林风眠的画，看不厌！

雕塑、建筑的主要手段是空间，绘画的主要手段是面积。一幅画的形成，主要依靠画面面积的分割、安排和处理，即全局的整体效果及其间各部分相互的制约关系。画中面积愈大的部分它的作用和影响也愈大。这不同于图，一个图像可以孤立地画在一张白纸上，图像以外的纸的空白大小似乎是无所谓的。我国传统绘画中有许多是图与画不分的，空白处可以随便题诗，补跋，皇帝盖印，收藏家记叙作品的经历和遭遇。不必讳言，这是没有进入构图的严格科学领域的。潘天寿在这关键问题上是丝毫不放松的，他构图时重点着眼在空白处，他题款的位置和形式的长短完完全全是画面结构的组成部分。马蒂斯有一句名言：“画面上绝无可有可无的部分，如不起积极的有益的作用，便必定起破坏作用。”林风眠在构图中充分彻底地调动了画面的全部面积，他的鸡冠花、绣球花、大理花几乎布满了画面，绝不让盛花的壶罐去滥占宝贵的空间。同样，当树木山川是画中主角时，一线之天或一角之地也是不轻易割让的。因之，他的画面显得特别饱满、充实。他喜欢方构图，这更便于集中、紧凑。他连签名的位置都不留，如果留白，那是表现中必需的白，绝非不了了之的白纸。他的白与黑的价值是相等的。“惜墨如金”是珍贵的遗训，林风眠自己没说话，但他在实践中以“惜白如金”补足了这一遗训的片面性。就版面来说，这更是一个最基本的规律吧！

1940年左右在重庆，曾从什么小报上见到一条新闻：林风眠的棺材没有人要。我当时不觉一震，仔细读下去，原来在香港举办了林风眠的画展，画都卖光了，只一幅“棺材”的画卖不掉，没有人要。我没有见过林先生画的这幅“棺材”，但我想象着黑棺材与白衣哭灵妇女的对照效果。林风眠善于画浓黑的美：黑乌鸦、黑松林、黑鱼鹰、黑渔翁、黑屋、黑礁石……同样他也善于表现洁白的美：白鹭、白莲、白浪、白绣球……他牢牢掌握了西方现代绘画中黑白灰之间的整体组织关系，以及其间的辩证关系。他的展翅白鹭身上的几笔浓黑的羽毛真是痛快的挥毫。任伯年是一位颇有本领的画家，我家里的挂历上正展开他的一幅《松鹤泉石图》，那鹤乌黑的脖子及尾羽与素白的身躯对照，本来是醒目的，但作者却乱配些黑黑的松针，破坏了黑白的结构美，画者由于认识的局限性，没有意识到形式的科学规律。

犹如画面或以浓黑控制全局，或以素净为主调，林风眠用色也是倾向两极的：要么浓艳至极，如酣红的鸡冠花、斑斓的秋景、花园的一角、鲜艳的瓜果花卉及杂色器皿之类，浓重的色彩像被浸入清泉之中，永远保持着水汪汪的湿润之感。要么画面通体淡雅，如极目成片的浅绿莲叶中满吐素白的睡莲；淡墨渗入生宣浮起漫天的云层，风吹苇低，孤雁失群；几枝极淡的透明的兰花插在几乎无色的玻璃杯里，只几点花蕊是乌金似的浓墨，签名林风眠三字也淡淡地半退隐到虚无中去了。林风眠不曾着色、染色或填色，他的色彩与浓墨或淡墨都是一体组成的，或直接将色调入墨中，或与墨搭配呼应，都属绘画的整体，是不可分割的血肉关系。他吸取西方色彩光影变化的华丽，服役于自己画面的装饰效果，他用块面与线的有机结合创造了错综复杂、瑰丽多彩的形象世界，如他所画的“宝莲灯”等戏曲人物和一些静物，尤为明显。

林风眠完全打破了只从某一死角去观察物象的局限性：碟子和碟子里的柠檬是俯视的，这样，碟子和柠檬的形象特色更明显，“量感”更美，并占领了画面更大的面积。但花瓶却往往是侧影，因这样更表现了花瓶的身段美。在《黄花鱼盘》一画中，取俯视的桌面与鱼盘的大圆小圆的重叠美，取侧面花瓶的瘦长方形与双重圆形来对照，三条瘦长的鱼与花瓶之瘦长形相呼应，但彼此横直相反又成对照，花朵的类似圆形与桌面及鱼盘是谐和美，其间大小之悬殊却是对比美。就凭大小圆形与横、直长条形组成了单纯又多变的结构美。初学一点透视的学生也许看了这些画会笑其错误吧，其实正是你自己“见与儿童邻”了。

林风眠的画是抒情诗，蕴藏着深远的意境。正因画中有诗，就不需额外题诗。我并非完全反对明清以来画上题诗的普遍程式，其中自有不少很成功的综合艺术体裁，但我并不认为这是一种固定的好形式。画要靠诗来补充岂非由于画本身有所不足，而且绘画形式的严格性是不许可黑体文字的偶然闯入的，即使签个名写个年月都会影响画面的均衡和结构。我有一个学生画国画，他说字写得不好要练字，我同意，因这同样是造型艺术的基本功，书法本身就是造型艺术么！但他又说主要是为了画上总要题些字，我认为这就是盲从了！连画上题字这一程式都要因袭，我很不以为然。林风眠画中的诗意是不从属于诗文的，他画中的诗意是由形象本身抒写的。一抹远山，眼前层层黑松林中偶然透露出几小块白，也许是林中屋，也许是林外江，也许……它令人舒畅，令人向往，令人……如果这些白太大或太小了，松林和远山的浓淡关系变了，诗情画意也就随着消失了！这就是为什么作者经常为同一题材内容要画上无数幅，而其中绝大多数又都只好被撕毁的原因！我见过很多幅林先生画的离群孤雁，人们也许可根据其中任何一幅来写诗，但画本身却不是每一幅都能表达作者的意境的。

抗日战争胜利了，林风眠抛弃了所有的行李，只带几十公斤（飞机的最大限载量）未托裱的水墨画回到了上海。人们可以想象到他的喜悦和希望！他当时为贺我结婚画了幅紫藤枝头上两只成团的小鸟，心情是愉快的。但接着来到的依旧是失望和苦难，蒋介石发动了内战，金圆券如废纸飞扬。其时，我已在巴黎，读到了林先生给巴黎一位同学的信，得知他的痛苦，他孤寂如故！

解放后在知识分子的思想改造过程中，谅来林先生有更多的甘苦，但我没有与他联系过，老同学中了解他内心活动的也很少。1961 年前后吧，林风眠的个人画展居然在北京美术馆开幕了，我犹如遇见了失散多年的亲人，真想抚摸每一幅作品。林先生的作品已不全是淡淡的哀愁了，有欣欣向荣的满树梨花，花丛中还满躲着小鸟；有高压线；有幼儿园里嬉戏的儿童；有捕鱼的渔民；有正在收获的人们……老画家已走到人民的行列中来了！我记得采访过他的记者，曾说起这位美术园里的老园丁在谈话中几乎要落泪的激动情景。然而苦难并没有终结。林风眠的画展不过是昙花一现，接着来到的还是批判。米谷同志因写一篇《我爱林风眠的画》，听说还遭到非议。林彪、“四人帮”一伙不仅将林风眠打为黑画家，更以特务的罪名将他投入了牢狱，劳动改造四年半。当我再见到林先生的时候，他刚出狱半年，人很瘦，神情很安详，似乎一切都不再在意。他依旧一人独居在小楼上，室内挂着一幅他学生早年画的油画，是他女儿的肖像。

后来听说他要出国探亲了，我为他将与家人团聚而高兴，又为祖国暂时离去这样一位杰出的画家而惆怅！我一到上海就先急匆匆去看他，但除了竭力以粉碎了“四人帮”的欢乐感染他外，也找不到别的语言来安慰年将八十的老师。他感到我心里的难过，说了一句使我高兴的话：“我到法国后将尽力做点中法文化交流方面的工作。”

他临行前，挂号寄给我一幅画，我哆嗦着打开了画，画的依旧是苇塘和归雁，不过是蓝色调了。我立即复了他四句诗，希望赶在他离沪前收到：“捧读画图湿泪花，青蓝盈幅难安家。浮萍苇叶经霜打，失途归雁去复还。”

（原载于 1979 年第 4 期《文艺研究》）

形象突破观念
——潘天寿老师的启示

潘天寿是我的启蒙老师。很幸运，一开始学习传统中国画，就遇上这样一位品位高、涵养深、风格独特的老师，他影响了我终生的艺术探索。除了在课室内直接听他的教导，还经常有机会见到校外画家拿作品来向他求教，在他给各样作品的意见中，我们逐步加深对潘老师观点的理解。每每，当展开画幅，我先揣度潘老师首先将指出哪个问题，因他总是着眼于要害。当我的揣度果然吻合了老师的见解时，真是感到莫大的欣慰：没有白学，了解老师的观点了。有时老师并没说话，在过目众多作品时，他只微微点头或摇头。在点头与摇头之间，也就学到了老师的审美品位，这是造型艺术中最直观的教学关键：眼睛教眼睛。

潘老师的观点强调中国本位艺术，对西方艺术不重视，不关心，也不甚了解。他在教学中主张临摹入手，以后逐步进入自己创稿。因此我们上课时以临摹为主，即便自己创的稿，也总落在传统程式的窠臼中。潘老师自己虽也深受石涛、八大山人的影响，但青出于蓝，他的构思、构图往往出人意料，独领风骚，引画坛瞩目。他早年名天授，似乎也意味着他的天分是一般人不可及的，后来改为天寿，不肯自露锋芒吧！

作为青年学生，又同时学西方油画，且崇尚现代派，我早就徘徊、彷徨于中、西绘画间，鱼和熊掌都舍不得。抗日战争时期学校迁四川璧山县，潘老师返浙江探亲时，我们似乎一天也不能离开他的教导，便不断给他写信，诉说学习的体会和苦闷，并提出自己的各样想法。潘老师的复信中有这样两句话："以吾弟现在时期，宜乎多研究，少主张。"

我终于全力扑向西洋画了，追踪到了巴黎，离潘老师远了，但他高格调的东方品位仍在我探索道路中闪光。后来我自己成为指导青年的教授了，在油画教学中我经常从中国传统绘画中汲取营养来喂养满身油彩的年轻人，或者说教他们用西方形式分析的方法来解剖传统绘画中的得失，在解剖台上暴露精华与糟粕。有一回我找到一幅潘天寿的黑鸟与勃拉克的一幅黑鱼静物做对照，讲解两幅作品的平面分割与结构组成十分相似，甚至可以说完全一致。当年潘天寿不知勃拉克何许人也，勃拉克大概也未见过潘天寿这幅作品，艺术规律的共性被东、西方的慧眼同时发现，这类例子不少。东、西方若能促进交流，相互深入理解，当节约许多不必要的耗损。潘老师的东方本位观念过于强烈，因之他对中国画创新与改革的看法当不无局限，但凭他个人的才华，其作品却突破了自己观念的局限。如果说当时当地中国画家认为他的作品近乎天授，而放眼世界，从造型角度看，他只是不自觉地触及并掌握了造型艺术的共性规律，并非天授。

当年我讲课选用做比较研究的两张图片已不易找到，凭记忆，画了示意图以显示潘天寿与勃拉克的邂逅。

（转载于文汇出版社 1998 年版《吴冠中文集》）

吴大羽——被遗忘、被发现的星

性格决定命运。

吴大羽老师逝世已整整八年，他似乎只在我们一些老学生的脑海中闪光，待我们陆续死去，吴大羽是否也将消灭？我曾以“孤独者”为题写过一篇悼念他的文章，文章结尾谈到他终于死去了，而他曾坚信他是永远不会死去的。他曾涉猎古今中外的哲学，探索儒、释、道的真谛，但他不是基督教徒，不是佛教徒，也非老庄门下，他只是生命的宗教徒。用他女儿的话说：他并不遁世于老庄儒释之中，他最终还保留他的童真，尽管生活应该使他成为一个“老人”。然而，在他逝世前多年，几十年，他早已被挤出熙攘人间，躲进小楼成一统，倔强的老师在贫病中读、画、思索。佼佼者易折，宁折毋屈，身心只由自主，但他曾在给我的书信中说：长耘于空漠。

20 世纪二三十年代西方绘画被引进中国，对中国绘画起了巨大的催化作用。中国人见到了未曾见过的模样儿像、颜色又逼真的西洋画，外国来的洋画片及留洋回来的画家们介绍的，也基本属这类人们易于接受的作品范畴。毕竟当时我们同西方太隔膜了，去留学的或迷失于花花世界，何取何舍，往往深入宝山空手回。技与艺的关系在我国传统绘画中也早有人重视，石涛在《画语录》中对技与艺的关系作了最精辟最明确最尖锐的阐述（见拙著《我读石涛画语录》）。19 世纪的欧洲艺术在吸取东方和非洲艺术营养后，起了审美观的剧变、发展。中国人开始也同当年法国市民一样看不懂印象派的作品，所见只是画面上的鬼打架，所以刘海粟在国内开油画展时的说明书上要请观众离画面十三步半去欣赏，才能获得这“远看西洋画之美”。但中国人不乏聪明才智，林风眠、吴大羽、庞薰琹、常玉等留法学艺青年很快体会到了欧洲近代艺术的精华，他们不再停滞于蒸汽机时代的西洋画。

中国创办西方模式的美术学校了，教什么样的西方美术呢，见仁见智，于是展开了大论战，我的中学时代，就经常在报纸上见到刘海粟和徐悲鸿的笔战，这几乎成为一桩社会公案。我学艺于林风眠创办的国立杭州艺专，林风眠对欧洲现代艺术采取开放、吸取的方针，但他重视造型基础训练，学生必须经过三年预科严格的素描训练，与现实社会有着较大的隔膜，校内师生一味陶醉于对现代艺术的研讨，校图书馆里莫奈、塞尚、凡·高、高更、马蒂斯、毕加索等画家的画册永远被学生抢阅，这些一般中国人全不知晓的洋画家却落户在西湖之滨的象牙塔里，受到一群赤子般的学生们的共鸣和崇拜。林风眠是校长，须掌舵，忙于校务，直接授课不多，西画教授主要有蔡威廉、方干民、李超士、法国画家克罗多等等，而威望最高的则是吴大羽，他是杭州艺专的旗帜。杭州艺专则是介绍西方现代艺术的旗帜，在现代中国美术史上做出了不可磨灭的功绩。

吴大羽威望的建立基于两方面，一是他作品中强烈的个性及色彩之绚丽，二是他讲课的魅力。他的巨幅创作《岳飞班师》及《井》等等都已毁于抗日战争中，未曾出版，连照片都没有留下，只留存在我们这些垂垂老兮的学生记忆中。《岳飞班师》是表现岳飞被召撤兵，但老百姓阻拦于道路，我记得题目标签上写的是：“相公去，吾侪无……”（后几个字已忘却）马上的岳飞垂头沉思，百姓们展臂挡住了他的坐骑。红、黄、白等鲜明的暖色调予人壮烈、刺激的悲剧气氛，我无法查证这是否是作者对日侵略不抵抗时期的义愤宣泄。当我后来在卢浮宫看到特拉克洛亚的《十字军东征君士坦丁堡》时仍时时联想起这幅消失了的《岳飞班师》。《井》表现井边汲水、担水的人们，蓝绿色调，画面水桶、扁担纵横，好像赤膊者居多，是生活的拼搏，是人间艰辛。每当看到塞尚的大幅拼图时，我总不自觉回忆到冷暖对比强烈的《井》。无疑，吴大羽曾涉足过特拉克洛亚、塞尚、毕加索等人的道路，尤其是塞尚，他谈得最多，他早期作品如《女孩像》等也与塞尚有异曲同工之妙。吴大羽着力于形与色，着意于构思。当全校师生掀起抗日宣传画高潮时，吴大羽在大幅画布上只画一只鲜红的展开五指的巨大血手，像透着阳光看到血在奔流的通红的手。恐怕是唯一的一次，他在手指间书写了题词，大意是：我们的国防，不在东南的海疆，不在西北的高岗……而在我们的血手上。除了绚丽、奔放的作品引发青年学子的爱戴外，同学们还崇敬他在教学中循循善诱，总以源源不绝的生动比喻阐明艺术真谛、画道航向，他永远着眼于启发。引他的原话："……美在天上，有如云朵，落人心目，一经剪裁，着根成艺。艺教之用，比诸培植灌浇，野生草木，不需培养，自能生长，绘教之有法则，自非用以桎梏人性，驱人入壑，聚歼人之感情活动。当其不能展动时袖不能创发新生，即足为历史累。譬如导游必先高瞻远瞩，熟悉世道，然后能针指长程，竭我区区，启彼以无限。更须解脱行者羁束，宽放其衣履，行人上道，或取捷径或就旁通，越涉奔腾，应令无阻。画道万千，如自然万象之杂，如各人心目之异，无待乎同归……培育天分事业，不尽同于造匠，拽蹄倒驰，骈骝且踣，助长无功，徒槁苗本，明悟缠足裹首之害，不始自我……作画作者品质第一，情绪既萌，法逐意生，意须经磨砺中发旺，故作格之完成亦即手法之圆熟。课习为予初习以方便，比如学步孩子，凭所扶倚得助于人者少，出于己者多。故此法此意根着于我，由于精神方面之长进未如生理发育之自然，必须潜行意力，不习或不认真习或不得其道而习者，俱无可幸致，及既得之，人亦不能夺，一如人之自得其步伐……美丑之间，时乖千里，时决一绳……新旧之际无怨讼，唯真与伪为大敌……"亲身听过大羽老师教课、谈话的同学们更永远不会忘记他那激动的情绪，火热的童心，我们矢志追随他进入艺术的伊甸园。

卢沟桥的炮声将我们统统逐出了伊甸园，杭州艺专于 1937 年冬迁往内地，开始了流亡教学的艰辛历程。经过杭州艺专和北平艺专合并后的人事变动及学潮，在沅陵时期林风眠辞去了，蔡威廉病逝了，林文铮走了，刘开渠走了……吴大羽尚未到达。到昆明复课时改由滕固任校长，其时吴大羽也抵达了昆明，但滕固却没有续聘吴大羽。我们学生多次到大羽老师寓所希望他回校任教，他也同意回校，并表示大家不用怕条件艰苦，他愿将衣物都卖掉来教学。然而滕固表面上对我们说同意聘吴老师，但迟迟不发聘书，此中文章我们猜不透，这位写过《中国唐宋绘画小史》的创造社成员是否不同意吴大羽及林风眠创导的艺术教学路线，他说常书鸿先生就是我国第一流画家，其时常老师正坐在他一旁。其后吴大羽回上海去了。滕固病逝，合并后的国立艺专改由吕凤子继任校长，校址迁至四川青木关。我们高年级学生又竭力向吕校长建议聘请吴大羽。吕凤子搞中国书画，不介入西洋画的派系之争，无成见，且推崇独创性，他真心接受了学生们的请求，决定聘请已远在上海的吴大羽，连路费也通过曲折的渠道托人转汇去上海。为此，我和朱德群、闵希文等最为积极，由我执笔和大羽师不断联络通信。大羽师感于青年学子的嗷嗷待哺之情，决定去四川任教，但交通阻隔，实际情况困难重重，最后仍不能成行，路费也未领取。就在这时期，我们读到他不少论艺的信札。像圣经似的，我随身带着这些墨迹，一直带到巴黎，又带回北京，最后毁于“文革”。不意今日在大羽师家里还留有部分信札的初稿，这些信稿被抄家后又发回，残缺不全，涂改甚多，但令我惊讶的是他对复信的认真推敲，他其实是在写授课讲义，同时吐露了他对艺术、对人生的心声，他似乎只对有着赤子之心的青年学子吐心声。

世事沧桑，我 1950 年从巴黎回到了北京。在巴黎时与大羽师还有些通信，抵京后与一直住在上海的老师反倒鱼雁甚稀了，彼此都在被批判中。每次过上海，我必去看他，但因总是来去匆匆，万语千言不知从何说起。有一次我看过他后返京没几天，便接到他的信，说：“你留沪之日太短，没给我言笑从容，积想未倾……”读罢，别是一番滋味在心头。每次到他家总想看到他的作品，他总说没满意的，只偶或见到一二幅半具象半抽象的小幅，到他工作的单位油画雕塑室去找，也只见到极少几幅小幅，事实上，只保留给他两间小房，他能作大幅吗？我感到寻寻觅觅、冷冷清清、凄凄惨惨戚戚的悲凉。

直至 1984 年第六届全国美展评选中，我见到了大羽师的近作《色草》。画面是案头的花，是草是花？色在流转，形在跳跃，冲出了窗前，飞向寰宇，又回归知音者的怀里！是一种印象，是感受的捕获，是西方的抽象，是中国的意象，无须寻找依据，也难于归类，或说归于“静物”，英文名静物为“静静的生命”(still life)，法文则名“死去的自然”(nature morte)，这都与《色草》格格不入。倒是画题“色草”引我思索良久，是色是草，是色彩世界的野草，非人工培养的受宠的艳花。当然，画题只是画外音，可有，可无，倒是应排斥废话、多余的话，因感受只凭画面透露。当画面凝聚成完美之整体结构时，那是形与色的拥抱与交融，其间没语言的余地。《美术》杂志发表了吴大羽一幅题名《滂沱》的作品，将画印颠倒了，编辑部向吴老师道歉，他却说无关紧要，从月球上看过来，就无所谓正与倒。康定斯基就从自己一幅倒置的作品中受启迪而探索造型艺术的抽象因素，视觉语言和口头语言开始分居。

《色草》和《滂沱》真是凤毛麟角，人们盼望能见到吴大羽更多的作品，但后来听到的是他的病，咯血，目疾，他遗句：“白内自内障，不许染丹青”，最后来的是他的死讯。一代才杰消逝了，就这样默默消逝了，有远见卓识的引进西方现代美术的猛士将被遗忘了！

最近，突然传来惊人的消息：发现了吴大羽留下的四五十件油画。当看到这批作品的照片及幻灯片时，无须寻找签名，我立即感到确乎是那颗火热的心脏在跳动。画面设色浓郁，对比鲜明，动感强烈，表现了花、鸟、物、人……欲辨已忘形，或隐或现，形象统统卷入了音响的节律之中，用他自己的话：“飞光嚼采韵”。再读他40年代给我书信的部分底稿：“……示露到人眼目的，只能限于隐晦的势象，这势象之美，冰清玉洁，含着不具形质的重感，比诸建筑的体势而抽象之，又像乐曲传影到眼前，荡漾着无音响的韵致，类乎舞蹈美的留其姿动于静止，似佳句而不予其文字，它具有各种艺术门类的仿佛……”当年他提出了“势象”，这“势象”一词应是他自己创造的，其旁的加重线也是原稿上原有的。象，形象，融进了势的运动，也就是说，人们形象在心魂的翻腾中被吞吐，被变形了。

鱼目混珠，应该是易于识别的，今日东施效颦的抽象状貌绘画汗牛充栋。乍看吴大羽的画似乎也近西方风格，然一经品赏，才体会到是东方韵致的发扬。他又几次谈到书法，认为书法在艺术上的追求虽甚隐晦，似无关于眼前物象，但却是挥发形象美的基地，属于精练的高贵艺术。引他原话：“……更因为那寄生于符记的势象美，比水性还难于捕捉，常使身跟其后的造像艺术绘画疲惫于追逐的。”他同时谈到书法又缺少绘画另一面的要素，即画眼观，也就是绘画上必需的画境。至此，我们基本领悟了吴大羽在具象与抽象，西方和东方，客观与自我之间探索、搏斗的艰苦、孤独的历程。他说他长耘于空漠，而李政道等杰出科学家也说正是在空漠中由猜臆而探寻到永恒的真实。我们再度面临油画民族化或中西结合的老问题、大问题。郎世宁用笔墨工具结合西洋的明暗写实技法描摹中国画中常见的题材，他全不体会中国高层次的审美品位；李曼峰用油画材料模仿水墨效果，我远远看到他的油画时，误认为是常见的中国画；林风眠从融会东、西方的审美观出发创造了独特的风格，他的风格终于逐渐被中国人民接受，赞扬了。创造中国特色的油画，走油画中的东方之路已是中国艺术家的职责，感情职责，良心职责。而东方之路真是画道万千，如宇宙万象之杂，如各人心目之异。吴大羽以中国的“韵”吞食、消化西方的形与色，蛇吞象，这“韵”之蛇终将吞进形与色之“象”，虽艰巨，几代人的接力，必将创造出奇观来。长耘于空漠的吴大羽终将见到空漠中的辉煌，他终将见到，因他坚信他永远不会死去。

被发现的这数十件遗作看来大都属70年代末至80年代的作品，与《色草》《滂沱》基本属同一时期。“文革”前，60年代他作了五百余件粉蜡笔画，被抄家后并未发回，不知今日是否尚存人间。人们，画家朋友们，你们能相信吗，吴大羽在所有的作品上全无签名，也无日期。他缘何在逆境中悄悄作画，在陋室中吐血作画，甚至当我们这些毕生追随他的老学生去看他时也不出示他血淋淋的胎儿了，他咀嚼着黄连离去了，虽然他在作品中表现的是飞光嚼采韵。

“我是永远不会死去的！”永远在我耳中回响，我要呼叫：他是永远不会死去的！感谢大未来画廊出版这本吴大羽画集，填补了现代中国美术史上一个关键性的空白。我想，捧读画集时热泪盈眶的读者当不只是我们少数老学生吧！

（转载于文汇出版社1998年版《吴冠中文集》）

“可贵者胆，所要者魂。”李可染先生谈过的许多有关山水画创作的精辟言论，都是从长期探索实践中所凝练的肺腑之言，他这两句对魂与胆的提醒，我感到更是击中了创作的要害，令人时时反省。

1954 年在北海公园山顶小小的悦心殿中举行了李可染、张仃和罗铭三人的山水画写生展览，这个规模不大的画展却是中国山水画发展中的里程碑，不可等闲视之。他们开始带着笔墨宣纸等国画工具直接到山林中、生活中去写生，冲破了陈陈相因日趋衰亡的传统技法的程式，创作出了第一批清新、生动、具有真情实感的新山水画。星星之火很快就燎原了，建国三十余年来的山水画新风格蓬勃发展，大都是从这个展览会的基点上开始成长的，我认为这样评价并不过分。

“写生”早不是什么新鲜事物了，西方绘画到印象派可说已达到写生的极端，此后，狭义的写生（模拟物象）顶多只是创作的辅助，打打零工，完全居于次要的地位了。“搜尽奇峰打草稿”，石涛也曾得益于写生，他的写生实践和写生含义广阔多了，但能达到这种外师造化又中得心源的杰出作者毕竟是凤毛麟角。日趋概念化的中国山水画贫血了，诊断：缺乏写生——生命攸关的营养。关键问题是如何写生，即写生中如何对待主客观的关系。李可染早年就具备了西方绘画坚实的写实功力，困难倒不在掌握客观形象方面，用心所苦是在生活中挖掘意境，用生动的笔墨来捕捉生意盎然的对象，借以表达自己的意境。徒有空洞的笔墨之趣不行，徒有呆

1985年4月，中国美术家协会在中国美术馆举办“吴冠中新作展”。吴冠中与李可染夫妇拍摄于展厅

板的真实形象乏味，作者在形象与笔墨之间经营、斗争，呕心沥血。李可染在写生中创作，他是中国传统画家将画室搬到大自然中的最早、最大胆的尝试者，他像油画家那样背着笨重的画具跋山涉水，五六十年代间他的十余年艺术生活大都是这样在山林泉石间度过的，创作了一批我国山水画发展中划时代性的珍贵作品。

五代、宋及元代的山水画着意表现层峦叠嶂，那雄伟的气势惊心动魄，但迄清代的四王，虽仍在千山万水间求变化，但失去了山、水、树、石的性格特征，多半已只是土馒头式的堆砌，重复单调，乏味已极。李可染在水墨写生中首先捕捉具有形象特色的近景，仿佛是风景的肖像特写，因之，他根据不同的对象，不同的面貌特征，采用了绝不雷同的造型手法，力求每幅画面目清晰，性格分明。《夕照中的重庆山城》统一在强劲的直线中，那滨江木屋的密集的直线与桅樯的高高的直线和谐地谱出了垂线之曲，刻画了山城某一个侧面的性格特征。作者当时的强烈感受明显地溢于画面，他忘乎所以地采用了这一创造性的手法，这在中国传统绘画中前所未有，是突破了禁区。正由于那群控制了整个画面的细直线显得敏捷有动势，予人时而上升时而下降的错觉，因而增强了山城一若悬挂之气势，表现了山城确乎高高建立在山上。《梅园》除一亭外，全部画面都是枝杈交错，乱线缠绵，繁花竞放，红点密集。在墨线与色点紧锣密鼓的交响中充分表现了梅园的酣红，梅园的闹，梅园的深邃意境。当我最初看到这幅画时，感到这才是我想象中所追求的梅园，是梅园的浓缩与扩展，它令我陶醉。这里，作者用粗细不等的线、稠密曲折的线、纷飞乱舞的线布下迷宫，引观众迷途于花径而忘返。在貌似信手狂涂狂点中，作者严谨地把握了点、线组织的秩序与规律，要组成这一充实丰富、密不通风的形象效果大非易事，失败的可能远远多于成功的机缘，所以李可染常说：废画三千。在《鲁迅故乡绍兴城》中，全幅画面以黑、白块组成的民房作基本造型因素，用以构成沉着、素朴而秀丽的江南风貌。偏横形的黑、白块之群是主体，横卧的节奏感是主调，以此表现了水乡古老城镇的稳定感和宁静气氛，那些尖尖的小船的动势更衬托和加强了这种稳定感和宁静气氛。这批画基本都是在写生现场完成的，这种写生工作显然不是简单地模拟对象，而是摸透了对象的形象特征，分析清楚了构成对象的美的基本条件后，狠而准地牢牢把握了对象的造型因素，用其各不相同的因素组成不相同的画面。这是提炼，是夸张，而其中形式美的规律性，与西方现代艺术所探求的也正多异曲同工之处。

为了充分发挥每幅作品的感染力，李可染最大限度地调动画面的所有面积。他，犹如林风眠和潘天寿，绝不放松画面的分寸之地，这亦就是张仃同志早就点明的“满”。李可染构图的“满”和“挤”是为了内涵的丰富与宽敞。他将观众的视线往画里引，往画境的深处引，不让人们的视线游离于画外或彷徨于画的边缘。《峨眉秋色》的构图顶天立地，为的是包围观众的感觉与感受，不让其出此山。《凌云山顶》中满幅树丛，将一带江水隐隐挤在林后，深色丛林间透露出珍贵的明亮的白。李可染画面的主调大都黑而浓，其间穿流着银蛇似的白之脉络，予人强烈的音响感。正如构图的“满”是为了全局的“宽”，他在大面上用墨设色之黑与浓是为了突出画中的眉眼，求得整体醒目的效果。李可染的艰苦探索已为中国山水画开辟了新的领域，扩大了审美范畴。今天年青一代已很自在地通过他建造的桥梁大步走向更遥远的未来，他们也许并不知道当年李先生是在怎样艰难的客观条件下工作的。《新观察》杂志曾借支100元稿费支持他攀登峨眉，而保守派则拒不承认他的作品是中国画，说那不过是一个中国人画的画。

我爱李可染的画，爱其独创的形式，爱其自家的意境。他的意境蕴藏在形象之中，由形式的语言倾吐，无须诗词作注解。《鲁迅故居百草园》其实只是平常的一角废园，然而那白墙上乌黑的门窗像是睁大着的眼睛，它凝视着观众，因为它记得童年的鲁迅。杂草满地，清瘦的野树自在地伸展，随着微风的吹拂轻轻摇曳，庭园是显得有些荒芜了，正寄寓了作者对鲁迅先生深深的缅怀。李画中比较少见的，是作者在这幅画上题记了较长一段鲁迅的原文，这是作者不可抑止的真情的流露。就画论画，即便没有题记，画面也充分表达了百草园的意境。在《拙政园》及《颐和园后湖游艇》中，李可染一反浓墨重染的手法，用疏落多姿的树的线组织表达了园林野逸的轻快韵致。诗人以“总相宜”三字包括了浓妆与淡抹的美感，这是文学。绘画中要用形象贴切地表现浓妆与淡抹的不同美感，却更有一番甘苦。李可染在《杏花春雨江南》中通篇用淡墨表现雨中水乡，淡墨的银灰色与杏花的粉红色正是谐和色调。类似的手法也常见于《雨中泛舟漓江》等作品中，令观众恍如置身于水晶之宫。所要者魂，魂，也就是作品的意境吧！

我感到《万山红遍》一画透露了作者艺术道路的转折点，像饱吃了十余年草的牛，李可染着重反刍了，他更偏重综合、概括了，他回头来与荆、吴、董、巨及范宽们握手较量了！他追求层峦叠嶂的雄伟气势，他追求重量，他开始塑造，他开始建筑！然而新的探索途中同样是荆棘丛生，路不好走，往往是寸步难行！李可染采用光影手法加强深远感，他剪凿山的身段以表现倔强的效果。于是又开始大量地失败，又一番废画三千。老画家不安于既得的成就和荣誉，顽固地攀登新的高峰，他自己说过，死胡同也必须走到底才甘心。“马一角”虽只画一角，但作品本身却是完美的整体。李可染的写生作品即便有些是小景小品，也都是惨淡经营了的一个独立的小小天地。但他如今更醉心的是视野开阔、气势磅礴的构图了：飞瀑流泉，山外青山。这类题材由于中国人民最熟悉，永远爱好，因此传统绘画中代代相传，只可惜画滥了，早成了概念化的老套套。最近我看到李可染1982年的一幅新作山水，表现了“山中一夜雨，树杪百重泉”的王维诗境，整幅画面由黑白相间的纵横气势贯通，全局结构严谨，层次多变而统一。山、树、瀑，形象均极生动，体态屈曲伸展自然，却又带有锐利的棱角，寓风韵于大方端庄之中。我按捺不住心头的喜悦与兴奋，对李先生说：这是您现阶段新探索的高峰，是您70年代至今的代表作！

诗歌《拉奥孔》运用时间作为表现手法，雕刻《拉奥孔》的表现手法则完全依凭空间。这是莱辛早就分析了的文学与造型艺术表现手法间的根本区别。“牧童归去横牛背”是诗，是文学，表现这同一题材的绘画作品已不少，但大都只停留于用图形作了文学的注脚。李可染在其《牧归图》《暮韵图》等等一系列表现农村牧童生活情趣的作品中，着力强调了“形式对照”这一绘画的固有手法。焦墨塑造了如碑拓似的通体乌黑的牛，一线牵连了用白描勾勒的巧小牧童；俏皮的牧童伏在笨拙的牛背上，大块的黑托出了小块的白；夏木荫浓，黑沉沉的树荫深处躲藏着一两个嬉戏的稚气牧童。牛，当它不该抢夺主角镜头时，往往只落得虚笔淡墨的身影。李可染的牛与牧童之所以如此迷人，是由于他在天真无邪的牛与儿童的生活情趣中挖掘了黑与白、面与线、大与小、粗豪与俏皮间的无穷的形式对照的韵律感。作者的强烈对照手法同样运用于人物画创作，他的《钟馗嫁妹》中那个浑身墨黑的莽汉子后面跟着一个通体用淡墨柔线勾染的弱妹子。我爱听李先生说戏，他谈到当红脸宽袍气概稳如泰山的关羽将出场时，必先由身躯巧小裹着紧身衣的马童翻个筋斗满场。这动与静、紧与宽的衬托不正是李可染《牧归图》的范本吗？这使我想起李可染真诚地、长期地向齐白石学习，但齐白石并非山水画家，李可染则从不画花鸟。

张仃同志还曾指出过李可染作品的另一特色：“乱”。李可染在作品中力求用笔用墨的奔放自由，往往追求儿童那种毫无拘束的任性，使人感到痛快淋漓。特别是在写生期作品中，因写生易于受客观物象的约束，他力避刻板之病。大人者不失其赤子之心，李可染在解放前的人物画中，早已流露了其寄情于艺术的天真的童心。“乱”而不乱，李可染于此经营了数十年，看来潇洒的效果也正是作者用心最苦处。李可染不近李白，他应排入苦吟诗人的行列，他的人物画中多次出现过贾岛。可贵者胆，李先生在艺术创作中是冲撞的猛士，但在对待具体工作时，从艺术到生活，对自己的要求是严格的。他作画不喜欢在人群中表演，连写字也不肯做表演。有一回在一个隆重的文士们的雅集会上，被迫写了几个字，他写完后对我说：心跳得厉害！我看他脸上红得像发烧似的。良师益友，四十余年的相识了，前几年他送我一幅画，拿出两幅来由我挑选一幅，我选定后他再落款，虽然那只是写上姓名和纪念等几个小字，但涉及全局构图的均衡，且落笔轻重和字行的排列还费推敲，他于是请我先到隔壁房里去等待。岁月不肯让人，七十余高龄的李可染已在遭受疾病的暗暗袭击，手脚渐渐欠灵活了，他有时哆嗦着在画面上盖印，他的儿子小可是北京画院的青年画家，自然可以代替他使用印章，但李先生不让，他对盖印位置高低的苛刻要求是任何人不能替代的！

今年春节到李先生家拜了个年，回来写下这点心得作为自己学习的回忆，并以此为李先生恭贺新春，祝他的艺术新花开遍祖国，开遍东方和西方！

（原载于1983年第10期《人民中国》）

朴实的灵魂 斑斓的色彩

——悼念老油画家卫天霖老师

难得呵！卫天霖的画终于在北京展出了！说实在的，观众大多不知道卫天霖是谁。为什么辛勤劳动一辈子又获得很高造诣的老画家却不被人知呢？这大概是因为卫天霖是个油画家，而油画之道在我国一向不很通行，他又被认为是印象派作风，所以长期不为人们所重视和理解。一直到 79 岁含恨死去，他默默工作了一生，默默地死去！

我认识卫天霖，读到他的画，是在北京师范大学共事时开始的。他家里几间屋子堆的全部是他的油画，就像画廊仓库的地下室。这么多画，没有人看，不能展出，还占着房子，我担心他的家人会有意见。但当我像耗子似的钻进他的画库，贪婪地一幅一幅翻读他毕生的作品而抑制不住心头的激动时，不仅卫老流露出内心的喜悦，他的老伴和姑娘们也高兴地笑了。

卫老早年留学日本，学西洋画，以人物为主，后期作风景和静物较多，尤其在静物花卉方面有独特的成就。美术界的同志们提到卫天霖，一般对他的评价是印象派作风。“近墨者黑”，印象派一向被视为异类，列为批判对象，你卫天霖无人敢问津是理所当然哪！卫老确乎是近印象派，但他主要是吸取了印象派色彩的呼应关系，将这种关系融会到我国传统绘画、民间绘画和工艺美术的装饰色彩效果中去，创造了自己独特的斑斓色调。卫老的画面笔触斑斑，可看出和印象派有蛛丝马迹的关系，这正是“四人帮”的审美观所深恶痛绝的。印象派的笔触偏于即兴，具不经意的轻快。而卫老用笔多锤炼、凝重，这是与我国书法苍劲的传统分不开的。如说卫老是印象派画家，他追求的却不是印象的流逝，表现的不是感觉的瞬间，而是凝固了的印象！他每一幅的创作时间很长，一层层积色，一次次推敲，苹果烂了，再换，花谢了，再补……他的画面予人厚实的艺术效果。此外，你提提他的画试试，画也够重的，俭朴的老画家经常在不满意的旧画上作新画，画下有画，心压着心，他少有知心！

我喜欢卫老的画，不仅由于他色调的丰富，主要爱其饱满、朴实和浑厚，画如其人。可能广大观众并不熟悉卫天霖，然而卫老的学生却是桃李遍天下，几代学生都为卫老的朴实人格所感动，爱戴他！我第一次见到卫老，是在北京师范大学教职工的盥洗室里，他正在洗刷油画笔，并没有对我这个新来的教员显得需要特别巴结或笼络，只诉说了些油画的苦衷。他不喝酒，不吸烟，生活淡泊，保持着山西农民的淳厚性格，但对教学十分严格，对学生爱护备至。他是北京艺术学院创业维艰惨淡经营时的副院长，不仅是学生爱他怕他，教师见他也像见到自己的师长。

特别使我不能忘记的是“文化大革命”中的一天，这位白发满头的艺术家被迫要离开居住了一辈子的北京，离开儿女们到丹江去！那天我照例去看他，他老眼昏花中正在查看地图，问我丹江在哪里呵。更致命的，人家说他的画充满毒素，命令他都要销毁。我听说，关良老师被迫将一生精品水墨画用两个铅桶溶成纸浆，然后倒在马桶中冲走。我亲见，卫老在家一幅一幅涂刷他的心血，他的手颤抖着！我忍不住向他要一幅画留作纪念，替他收藏保存。他让我在他全部作品中任选一幅。我选了一幅粉红色的芍药，这画是我曾亲眼看着他画的，我们第一次见面时他在洗笔，就是在画这幅画！

卫老虽然含恨去世了，但他用心血描绘的花朵依然盛开着。校友们永远怀念他！

（原载于 1980 年 7 月 13 日《光明日报》）

剪不断，五十年

——记与朱德群、熊秉明的情谊

50年代我毅然投入祖国的怀抱，满腔热忱，想为祖国的美术事业建立汗马功劳。错了，无须考验立即证明这是可笑的幼稚病。人家不信西方现代艺术，我自己倒先成了众矢之的——资产阶级形式主义的堡垒。能向留巴黎的老友们倾诉吗？很危险，说得露骨了，可能危及身家性命。巴黎临别，秉明说：对于造型规律的问题，回去一步也不能退让。我复信渐简：今生我们也许已不能再见面，希望身后我们的作品能相聚相诉！

巴黎与北京，当时是两个截然不同的世界。但我深知秉明虽远比我吸取了更广更深的西方文化，但中华文化的深厚底蕴使他永远清醒知道自己的位置，如果不是由于那么强大的人为阻力，他是会回来的。失望连着失望，他说已将居室改名断念楼，决定断掉回国之念。我复信：楼名断念，正因念不能断也。

秉明日记中谈到我们曾为回国与否的重大问题讨论过一整夜，他黎明睡去噩梦连连，梦醒已是1982年。人间沧桑的递变愈来愈加速，我80年代初经巴黎，同窗们再度相叙，均已鬓色斑斑，秉明任教巴黎大学，一面仍做雕塑，锤打铁鸟、铁兽，四五十年代巴黎美术学院纪蒙教授在课室里对他的锤打使他永远不放松对雕刻的锤打，八大山人式的写意翎毛也被他锤打成了抽象的跃动的笔墨。沧海一粟，我们于1987年同时飘到了香港这小岛，艺术中心为我举办回顾展，中文大学邀他讲学。此后他多次回国，应北京大学、中央美术学院之邀讲学，为故乡云南打铁鹤，为他父母熊庆来夫妇造像，为书法家协会开书法讲座班。千变万化的西方造型规律被他导入了书法的结构中，或者说书法的结构派生出现代西方艺术的新品位。他的《中国书法理论体系》可说为数千年的书法发展奠定了现代艺术基石。

我与秉明相识于1947年，缘于录取于同一榜国家公费留学，同时赴法学习。我与德群则相识于1935年杭州学生集中军训营中，他带我参观了国立杭州艺专，从此我决心抛弃浙江大学高工学籍，投考艺专。德群是决定我走上艺术生涯的关键因素，在艺术生涯中，我们朝暮相处，志同道合，从杭州到重庆，到南京，携手共行了十余年，而且他总走在我的前面。当我与秉明等离南京赴巴黎时，才与德群分手，他那时心情是沉重的，只希望将他的志愿由我带到巴黎一起实现。这一别几乎成了永诀，他不久去了台湾，我们间的通讯中断了。终于他于1955年到了巴黎，立即找我，才知我已返回北京，我们间仍无联系，唯余怀念，应该由他在巴黎一起实现我的志愿了。直至1981年我访非洲时，将经巴黎返国，才从马里与德群联络上关系，他终于在一个夜晚到戴高乐机场接到我了，拉我住到他巴黎的寓所。话无尽，人未变，但艺术上我们均已从中年步向晚年了。我们一同去博物馆重温历代艺术，青年时代的观点仍紧紧联系着我们，数十年的时空隔阂并未改变我们对艺术的追求，我们的审美情致仍十分接近。虽然他画面的抽象追求已大异于早年的写实风格，但其情调、韵律、彩色空间里呈现的笔墨动荡，均烙印着他学生时代对中国传统绘画与书法的功底。

80年代德群偕几位法国友人访北京、大同、西安，90年代他全家又返北京，至徐州故里扫墓，并去敦煌、桂林参观。我于80年代末到巴黎写生，90年代到巴黎塞纽奇博物馆展出。北京和巴黎的往返已不再遥远，我们晤面的机会多起来，每到巴黎，像探亲人，必定要与德群、秉明两家相叙，由他们陪我去探凡·高墓、莫奈故居、米勒故居……我们终生的偶像。翻阅这些前人的脚印，不知不觉发现自己的路似乎也已所剩无多，愿镶嵌在脚印间的友情随着我们的旅程永不磨灭！

（转载于文汇出版社1998年版《吴冠中文集》）

第三章

手抚沧桑

土地
吴冠中2005

黄金万两付官司

电话潮

1994年12月29日，“伪作《炮打司令部》案”在上海中级人民法院再次开庭，于是我家电话铃声不断，来自海内外的问讯频频，都是亲朋好友及正直的人们的关怀，我衷心铭感。这是第二次开庭，第三次电话高潮。我必须将事件作最简要的介绍：

上海画店朵云轩与香港永成拍卖公司，于1993年10月27日联合主办中国近代字画及古画拍卖会，事前印出的目录中有两幅冒我之名的伪作，一幅《乡土风情》，另一幅《毛泽东肖像——炮打司令部，我的一张大字报》。我当即通过文化部艺术市场管理局，正式通知朵云轩，请撤下两幅伪作。对方不撤，结果《炮打司令部》以52.8万元港币拍卖成交，并宣扬此画创他们这次拍卖的最高价。海外报纸直截了当讽刺“这是利用毛泽东诞辰百周年的热潮，不择手段牟暴利”，赤裸裸揭穿了交易的丑恶本质。我当即在《人民日报》海外版撰文《伪作〈炮打司令部〉拍卖前后》，揭露真相。朵云轩却咬定此画确是吴冠中所作，并宣言无须吴本人承认，他们自有权威鉴定。我于是委托中央工艺美术学院，于11月30日代我以侵犯姓名权、名誉权为由，向上海中级人民法院起诉。

1994年4月18日，上海中级人民法院民事法庭开庭审理，我家第一次电话如潮。

辩论焦点针对画的真伪问题。画面画毛泽东右手持毛笔的半身像，背景书：炮打司令部，我的一张大字报。毛泽东（原画上分行书写，无标点）。左下角落款：吴冠中画于工艺美院一九六：年。这是一幅完完全全抄袭王为政先生原作的劣作（包括毛泽东手书字样）。1967年8月5日《人民日报》头版套红发表《炮打司令部》后，当时中央工艺美术学院学生王为政便以此题材创作了这幅主席像，还煞费苦心地从毛主席已发表的许多手书稿中，集合拼凑成画中字样。伪作者抄袭了王的作品，并加上“吴冠中画于工艺美院一九六：年”。被告说“六：”就代表“六六”，也罢，1966年谁能以1967年的重大政治题材作画，而且公然署名？当时批判个人主义，谁作画也不署名，王为政也只盖了个“扫除一切害人虫”的印章。我这个被剥夺创作权的反动学术权威，便是吃了豹子胆，也不可能书写自己的姓名。被告在法庭上居然说，当时作为学生的王为政1967年之作，是抄袭了1966年吴冠中老师之作（即今日之伪作）。30年代我曾从潘天寿老师学过传统中国画，以临摹山水、兰竹为主，从未画过人物，在油画中则主要画人体。40年代后便没有接触水墨工具了。留学返国后，70年代中开始探索彩墨画创新，采用大板刷及自制滴漏等工具，强调对比，突出节奏，画面与传统中国画程式差距甚大，我这些表现手法完全不适合表现受对象局限较大的肖像画，故迄今我从未用水墨画过肖像。伪作张冠李戴，一味为获利而存心欺蒙，根本不顾及风格手法之迥异。

这次开庭没有做出判决，法律专家们认为此案主要是侵犯著作权，于是我决定聘请北京纵横律师事务所沈志耕律师和上海天人律师事务所柳三泓律师，另以侵犯著作权为由向上海中级人民法院起诉。立案后，根据法律程序，撤去了前一个诉讼请求。就在知识产权法庭即将开庭的前一个多月，1994年11月18日，我家发生了第二次电话高潮，这次大都是来质疑，甚至质问的，大家都感到惊讶。我没有订上海《文汇报》，原来这天的《文汇报》上，刊发了这样一条消息：

本报讯（记者徐亢美） 老年画家吴冠中不久前令人费解地向上海市中级人民法院提出了撤诉申请。日前，经裁定，市中院民事审判庭根据法律规定，准许其撤回起诉。于是，在海内外媒介上热闹经年的吴冠中“《炮打司令部》假画案”落幕，被告上海朵云轩及香港永成古玩拍卖有限公司自然退出本案。吴冠中在交

出减半收取的8800元案件受理费后，留给人们的仍是一个大大的问号：《炮打司令部》一画，假兮真兮？

此次著作权的开庭自然照明了这条新闻的面目和背景。早在这条新闻发出前，沈志耕律师为二次开庭已向法院提供了有力证据，即中华人民共和国公安部的刑事科学技术鉴定，证明伪作上的落款署名不是吴冠中亲笔所写。被告这回感到情势严峻，于是朵云轩向法院提出了管辖权异议，说官司要到香港去打，被法院驳回，永成则干脆不应诉了，后未出庭，似乎已山穷水尽。朵云轩便炮制了这条新闻，《文汇报》记者未与法院或原告核对便排上版面。

我不了解世界上哪些国家的法律是保卫假冒伪劣或纵容污蔑他人人格的。就说香港，1994年9月份前后，因《东周刊》发表了一篇有损香港大学法学院院长张五常教授名誉的文章，张提起诉讼，《东周刊》虽道歉，法院仍判定罚款240万港币。这消息《北京晚报》亦曾转载。

这回著作权案开庭，辩论的焦点已转到法律适用方面，虽然朵云轩出示了他们专家证明伪作系我真作的鉴定书，我的律师建议请出这几位专家到法庭作证，令人惊讶的是，这几位专家在答辩中对我的绘画风格、作法及一般鉴定知识等等一问三不知，他们全是朵云轩的职工，他们这个鉴定小组是在伪作早已卖掉而我向法院起了诉，为开庭而受命组合的。案件虽尚未判决，但人们在乐观中等待着这宗明知故犯、公然贩卖假画案的结果，因这首例美术假画官司，关系到今后对伪造、贩卖冒名作品是开绿灯还是开红灯的问题。绘画的真假，有时确乎难于分辨，尤其有些古画更是情况复杂，但有时也能一目了然。这幅《炮打司令部》伪作，根本无须在艺术问题上纠缠，因为这是“文化大革命”中的现实问题，是特定政治史实案件。众目睽睽，凡经历过“文革”的人们，不用查资料，都能立即做出确切、深刻的答案。请教大量正直的历史见证人吧，他们遍布全国、全球，他们注视这宗官司，也正由此唤起各自苦难的回忆吧！1994年我随全国政协李瑞环主席访北欧，每到一个国家，当地使馆工作人员、留学生、华侨，都向我问及这宗非同寻常的假画案的真相。

这样黑白分明的事实，加之已有明文立法，我起先将事情看得很简单，以为很快就能解决，然而一年多的时光流去了，事不息，人不宁，我依然不能恢复正常的创作生涯。一寸光阴一寸金，七十五岁晚年的光阴，实在远非黄金可补偿，黄金万两付官司，我低估了人的生命价值。

一年来，我天天默念着朱自清的《匆匆》，还有法国19世纪诗人拉马尔丁的《湖》。《湖》是情诗，但其对生命流逝的敏感深深刺入我心，试译其开篇第一句（写湖水）：“就这样！永远推向新的边岸，我们能够？曾经能够？抛一天锚，仅仅一天！”我抛不了锚，虽来日无多，眼看光阴白白流逝，也无法抛锚。我企望我家第四次电话铃响的高潮，谁知何时？

牌坊其厄

朵云轩与永成联合拍卖，很明显，是利用朵云轩老字号的信誉招徕买主。荣宝斋也几度与香港“协联”联合拍卖，荣宝斋负责作品真伪的鉴定。有一回他们的拍卖目录中，出现了冒我之名的伪作，我电话通知荣宝斋，他们立即撤下伪作，保护老字号的声誉。最近报道荣宝斋拒绝回扣，只凭货真价实做经营，这是值得表扬的老字号风格，也只有这唯一的正道，才能建立、保持名店信誉。正规拍卖行如失误拍出了赝品，买主在一定期限内证实其伪，则可退货。信誉建立在有错必纠、实事求是的作风中。遮丑，欲盖弥彰，则将彻底摧毁百年老店。令人痛惜的是，名店、名牌在经济大潮中眼红假冒伪劣能轻易获暴利，便大胆出卖自己的声誉，杀鸡取卵。朵云轩推脱该伪作是永成所提供，管不了对方。中外合资或合作，首先应考虑到民族利益与国家信誉，联合拍卖中如对方提供黄色、反动的作品，你朵云轩又管不了对方，咋办？

新华社四川分社主办的《蜀报》于1993年8月21日报道了一条新闻，标题是《上海朵云轩首次拍卖蜀中画家作品——彭先诚〈贵妃出浴图〉竟是赝品》，文如下：

《蜀报》成都讯（记者蒋光耘） 记者近日获悉，在解放前就开始经销字画的上海老字号朵云轩首次举行的拍卖活动中，拍卖一幅四川著名画家彭先诚的彩墨画《贵妃出浴图》，竟是一幅极为低劣的赝品。据画家自己介绍，此事他是今年5月从一朋友口中得知的，当即便给上海朵云轩去信，讲明此画系别人仿制的赝品。朵云轩艺术品拍卖公司在复函中称：这是由于他们工作中的缺点和考虑不周所致，但现在他们是受客户委托拍卖，已刊入拍卖图录之中，公司单方无权撤下。

据悉，这幅编号117，底价为1.2万—1.5万元的《贵妃出浴图》，在6月的拍卖活动中，以2.2万元成交……

报道不必再抄下去，赝品之出手沾了老字号的光。记者问画家为何不诉诸法律，画家说打官司是件相当耗精力的事，只希望国家能尽快整顿一下字画市场。那次朵云轩是单独经营拍卖，不存在管得了管不了对方的问题，于是创造“印入图录便无权单方撤下”的弥天大谎，这是你家行规？真是欺侮老实人，欺侮老百姓。

我曾年年走江湖，踏遍祖国的角角落落，看到一些尚残留的贞节牌坊。封建时代的贞操观已不适应于今朝，但当年的贞节烈女牺牲了终生生活的幸福，牌坊之矗立是以生命为代价的，来之不易，非一般人所能企及，因之乡间骂人“又要当婊子，又要立牌坊”，含义是广泛的，不仅仅指荡妇。贞节牌坊早已淘汰，烈士纪念碑永远受人朝拜。我想起牌坊或烈士碑，都缘于有感成功或荣誉来之不易。但唯利是图的经营方针中，名店名牌已在变质，牌坊其厄！有人来传言，朵云轩想和解了，我问什么前提，答：吴先生既说是伪作，他们尊重吴先生的意见（仍保留他们认为是真作的意见——其实就是保个面子）。他们想这样保住自己的名声，这是他们想保住老店信誉的最后上策吧，牌坊其厄！

唐僧之肉苦

老伴大病后，尚未痊愈，夜静灯明，我陪她并坐沙发上闲话，话题总围绕共度的五十个春秋之往事。我先学工程，弃而从艺，一味苦恋美术而不考虑生计，真是太任性了。我们恋爱时，她的父亲就担心学艺术的日后总是贫穷，为她着想，不同意我们的结合。她年轻单纯，也任性了，随我投入了预料中的贫穷苦难之海。人生一瞬，今日白发已满头，不意我的画价不断上涨，我成了海内外商人眼中的唐僧肉，被啮咬得遍体鳞伤，我们几乎遭到杀身之祸。

约四年前，自称“来自国防前线的战士”送来一封信，要我给他们战士画若干幅画，必须是精品，同时告诫我考虑我及家人的安全。我们报了案。感谢北京市公安局的同志们，经几个月认真、细致的侦查、研究，某一天，他们突然来到我家蹲点，说“战士”当天就可能上门作案，吓得我家小保姆直发抖。大约过了一小时，公安人员手中的电话报警，告知案犯已在来我家途中被截获。据后来报道，这伙案犯中的主犯在济南已有杀人前科，早在追捕中，这次被捕获，很快便被枪决了。

70年代末，为人民大会堂湖南厅制巨幅湘绣《韶山》，湖南省委邀我到长沙绘巨幅油画《韶山》做绣稿。我被安排住入湖南宾馆，因那里的大厅便于作巨幅油画。画成后，湖南宾馆要求我作一幅巨幅水墨悬挂厅堂。我便作了巨幅《南岳松》，画面大于整张丈二匹宣纸，宾馆酬我一箱湖南名酒白沙液。此画曾发表于某刊物，事隔二十余年，渐渐淡忘。终于出事了，约两三年前，有妇女携女儿从湖南来京找到我家旧居，哭哭啼啼要见我，我儿子接见了她们。湖南宾馆那幅《南岳松》被换成了一幅伪作，在宾馆开省政协会议时，被一位有眼力的政协委员发觉，于是案发。后来破案了，人赃俱获，巨画尚未出手，案犯就是来京找我求诉的那位妇女的丈夫。当地估价此画值一百万元，盗窃物价值一百万元，该判何罪？我没有接见不明其真相的啼哭妇女，我也无由插手案件。后来案犯的律师又从湖南赶来找我，我也无接见的必要。事隔大约两年，不相识的案犯从狱中给我来信，表示忏悔，并说出狱后要学习绘画云云。我愿他先学做正直的人。

作完巨幅油画《韶山》，湖南省委征求我对报酬的意见，我只提一个唯一的愿望：派一辆专车让我在湖南省内寻景写生。就是这一次，我无意中发现了张家界，大喜，撰文《养在深闺人未识——一颗失落的风景明珠》，发表在1980年元旦的《湖南日报》上。后来张家界扬名海内外，成为旅游热点，最早的导游手册上，将我的撰文列于篇首。我们在张家界住在工人们的工棚里，我借工人伙房的擀面大案板，由几个人帮助抬到大山脚下当写生画板，画了几幅水墨风景。其中宽于两米高于一米的一幅，曾公开展出，印入画集，后经人要求赠给东北某大宾馆，还付给我300元材料费。事过二十余年，有人于几个月前，由友人介绍求我给鉴定一幅画，说那画来自哈尔滨外事办公室，原来就是那幅宽于两米的《张家界》，大幅画被叠成了一本杂志大小的一厚叠块块，这能是堂堂正正拿出来的吗？

北京一家著名周刊××年纪念时，我应邀赠了一幅《春笋》，被印入该刊纪念刊中。约四年前，海外藏家买到了这幅落款××周刊纪念的作品，消息反馈到周刊办公室，令人感到惊讶，一查，此画曾由某美编借出，留有收据。便问这位美编，答：此画由吴先生本人借去出版了。追问：应请吴先生写个借条。答：吴先生已定居香港。办公室很快与我直接取得了联系，眼看破案在即，美编说画已取回，他照印刷品仿了一幅伪作。

故事实在数不清了，我曾在《光明日报》发表过一文《点石成金》，倾吐情谊被金钱吞灭的悲凉。新故事仍在不断发生。由于价高，买方千方百计通过各种渠道要让我亲眼鉴定，因之海内外接连不断寄照片来请我鉴定，百分之九十以上是伪作，偶有真的，则其间往往潜藏着令人惊讶的故事。有些画商也许会感到请吴冠中鉴定他的作品，总说是假的。我能冒领儿女吗？我觉察冒我名的伪作正在大量繁殖，蛆虫的繁殖速度何其惊人！

《西游记》其实早就告诫人们，唐僧肉是苦的。据说朵云轩也在诉苦，他们不得不吞下自已酿造的苦酒、黄连。

老伴体弱，说多了话便累，我们不想再回忆如许丑闻，倒是在丑事中，我们更了解到人际关系的底层。善良的人们，年轻的朋友，你们见到的人不少，你们几曾见过人的心魂？我不幸成为唐僧之肉，却有幸窥见了形形色色的白骨精、黑骨精，光怪陆离的人间变幻之景！

娄阿鼠新市场

“儿子无才能，找些小事情做做，千万不可当空头文学家和美术家。”我忠实遵循了鲁迅先生的遗教。蒋南翔任高教部长时，在一次报告中谈道：“给我足够的条件，我可以培养出五十个杰出的科学家，但我不敢保证培养出一个杰出的艺术家。”我当时一听便起共鸣，并因有理解艺术本质的高教部长而深感欣喜。谁培养了鲁迅？半殖民地的祖国、苦难落后的人民、专制独裁的统治、传统文化的深厚功底、西方文化的素养、犀利的目光、敏锐的感觉、超人的智慧……还有硬骨头。谁能集中那么多条件和机遇呢？而成功出色的艺术家，确乎有其非一般人所具备的条件和机遇。我不让我的孩子学画，怕他们当空头美术家。但我一辈子当美术教师，学生们既然进了修道院，我严格要求他们同我一样当苦行僧，否则不如还俗。西方古代有一位国王说：“诗人像一匹马，不能不给它吃，不吃要饿死；又不能吃得太饱，吃得太饱它就跑不动了。”这番话，正道出了艺术家的命运。虽甘于苦难，学艺者没有不想获得惊人成就的，但绝于捷径。凡·高、李贺等短命天才，毕竟只是凤毛麟角，艺术之成长大都依凭漫长岁月的艰苦耕耘，“大器晚成”是艺术成熟的普遍规律。王母娘娘的蟠桃三千年成熟，倒像是揭示了艺术创作规律。最近一位人过中年的画家请我题词，我赠言：“佳酿晚晴熟，霜叶吐血红。”

我年轻时进艺术学校，发现同学们的文化水平普遍偏低。当时确有不少学生因考不取正规中学或大学，便只好学美术、音乐及体育等最不受重视的学科。我的大量同学、学生早改行了，被淘汰了，固然大都由于社会环境，迫于生计，但也有自身的因素，缺乏较深的文化素养，在艺术道路中难于不断深入探索。路遥知马力的“力”，往往体现在文化素养中，故解放后的艺术院校，对文化课的要求日益严格。绘画绝非那么轻易能获得成就的，它是苦难的事业，学画甚至是灵魂的冒险，却反被误会为最方便的行当，涌入这个行当的人越来越多，专业的、业余的、速成的，空头美术家满天飞舞。书画被作为业余爱好，修身养性，美意延年，是普及美育的方向，应予以鼓励提倡。但今天书画有了价，于是“书画家”遍地崛起，如雨后春笋。空头美术家之易于成活，也因环境优越，寰宇美盲多。

真正优秀的文学艺术之诞生，都是作者真诚感情的倾吐，感到非写不可，非画不可，动机毫无功利目的。优秀作品最终产生社会价值、商业价值，往往为作者始料不及。如今逆其道而行之，一味为赚钱、骗钱而粗制滥造，画家等同于乞食者。无论东方西方，外国街头近乎乞食者的卖艺人也不少，但外国的穷艺人倒是本本分分凭自己的手艺谋食，冒名伪造他人作品的情况少见。到巴黎蒙马特广场去买一幅画，你看中了，质量价格合适就可买，价钱不高，上不了大当，那里也绝不会有假冒马蒂斯等名家之作。外国人，老外，来到中国，也许觉得东西都便宜，买了冒名伪作书画的情况比比皆是，他们先是感到震惊，于是了解到某些中国人真狡猾，无道德，无耻。一位香港客人来北京买画，打电话问 × 画店有没有 ×× 名家的作品，回答说有。××× 的呢？也有。×××× 的呢？也有。任你点任何名家的作品，货色齐全。客人于是请了一位画家朋友一同去画店选画。老板一见同来一位知名画家，回答说，管仓库的将钥匙带走了，今天看不成。

《著作权法》的颁布不是为了锦上添花，而是为了确切保护知识产权，促进我国文化事业的健康发展。法律不是抽象的，有具体明文规定，凡制作或销售冒名假画均属侵犯艺术家著作权的行为，违法所得数额巨大或情节严重的，除处罚金外，可判三年以上七年以下有期徒刑。而朵云轩竟公然宣称他们的拍卖行规，说拍卖作品真伪无须画家本人认可，否则他们以后拍卖就无法进行。此话有“道”，否则作伪者们凭什么生存呢？作伪者之族真要感谢朵云轩的救苦救难，不，岂止救苦救难，更为他们开辟了广阔的新市场。伪作《炮打司令部》的作者尚躲在法纪之外，正在庆幸吧？你，你显然学过画，你显然知道王为政，知道我，你可能还认识我们！无疑，你识字，但不知你写不写日记，自从《炮打司令部》案发后，你怎样记日记呢？如果将这本真实的日记发表出来，倒是震撼人心的不朽之作。你在狞笑、内疚、战栗？……你仍平静地生活着，与妻、儿、父、母、朋友天天见面，谈笑自若？尼采宣布上帝已死亡，只有你，能够站起来宣布“真人复活了！”。但你毕竟只能永远躲在阴暗里。看来也许你比娄阿鼠幸运多了，因为况钟比你早死。今日呼吁况大人，只缘阿鼠太猖狂！

文中所涉事和人如有差误，本人完全负责，与报刊无关。

吴冠中

1995年元月

（原载于1995年1月《光明日报》）

毁画

二十年前我住在前海北沿时，附近邻居生了一个瞎子婴儿。我看着这双目失明的孩子一天天成长，为他感到悲哀：他将度过怎样的一生。我想，如果这孩子是我自己，我决不愿来到人间。但父母总是珍惜自己的小生命，千方百计养育残疾的后代。作者对自己的作品，当会体会到父母对孩子的心情。学生时代撕毁过大量习作，那是寻常情况，未必总触动心弦。创作中也经常撕毁作品，用调色刀戳向画布，气愤，痛苦，发泄。有时毁掉了不满意的画反而感到舒畅些，因那无可救药的“成品”不断在啮咬作者的心魂。当我在深山老林或边远地处十分艰难的条件下画出了次品、废品，真是颓丧之极，但仍用油布小心翼翼保护着丑陋的画面背回宿处，是病儿啊，即使是瞎子婴儿也不肯遗弃。

数十年风风雨雨中作了大批画，有心爱的，有带缺陷的，有很不满意但浸透苦劳的……任何一个探索者都走过弯路和歧途，都会留下许多失败之作、蹩脚货。暴露真实吧，何必遮丑？然而，换了人间，金钱控制了人，进而摧毁了良知和人性。作品于今有了市价，我以往送朋友、同学、学生甚至报刊等等的画不少进入了市场，出现于拍卖行。50年代我作了一组井冈山风景画，当时应井冈山管理处的要求复制了一套相赠作为藏品陈列。后来我翻看手头原作，感到不满意，便连续烧毁，那都属于探索油画民族化的幼稚阶段，但赠管理处的那套复制品近来却一件接一件在佳士得拍卖行出现。书画赠友人，这本是我国传统人际关系的美德，往往不

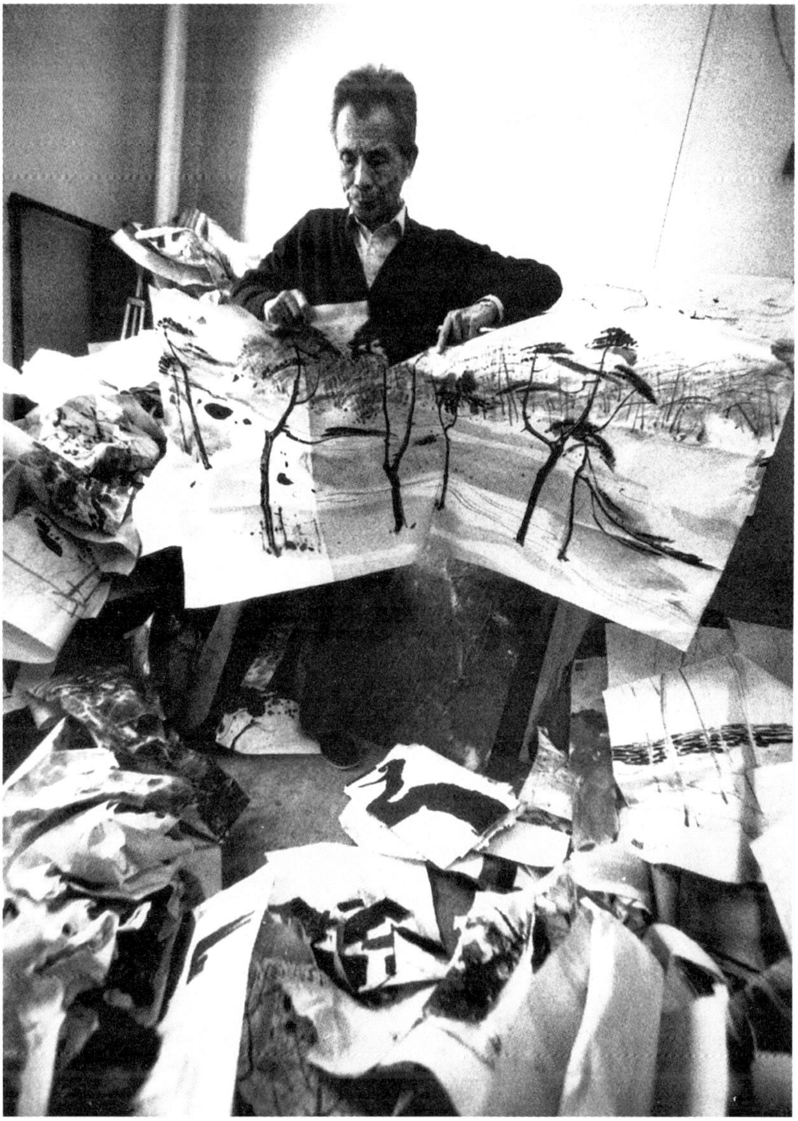

1991年秋，吴冠中在家中整理存画，毁掉二百余幅不满意作品

看金钱重友情。郑板桥赠友之作并不少，他那篇出色的润笔词我是当作讽刺人情虚伪的鲁迅式杂文来读的。

艺术作品最终成为商品，这是客观规律，无可非议。但在一时盛名之下，往往不够艺术价值的劣画也都招摇过市，欺蒙喜爱的收藏者，于市场上来回倒卖，买卖者互相欺骗。我早下决心要毁掉所有不满意的作品，不愿谬种流传。开始屠杀生灵了，屠杀自己的孩子了。将有遗憾的次品一批批、一次次张挂起来审察，一次次淘汰，一次次刀下留人，一次次重新定案，一次次、一批批毁。画在纸上的，无论墨彩、水彩、水粉，可撕得粉碎。作在布上的油画只能用剪刀剪，剪成片片。作在三合板上的最不好办，需用油画颜料涂盖。儿媳和小孙孙陪我整理，他们帮我展开六尺以上的巨幅一同撕裂时也满怀惋惜之情，但惋惜不得啊。我往往叫儿媳替我撕，自己确乎也有不忍下手的隐痛。画室里废纸成堆了，于是儿媳和阿姨抱下楼去用火烧，我在画室窗口俯视院里熊熊之火中飞起的作品的纸灰，也看到许多围观的孩子和邻居们在交谈，不知他们说些什么。画室里尚有一批覆盖了五颜六色的三合板，只能暂时堆到阳台上去，还不知能派上什么用场，记得困难时期我的次品油画是用来盖鸡窝的。生命末日之前，还将大量创作，大量毁灭，愿创作多于毁灭！

（**转载于文汇出版社 1998 年版《吴冠中文集》**）

他和她

1987年夏天，他访印度后返国，经曼谷转机，停留两天。画家，他爱走遍天涯，到处寻找形象特色。第一次到曼谷，当然要抓紧时间看风光。但这回异乎寻常，他住下后第一件事便是跟同机到曼谷的驻外使馆的夫人们去金首饰店，买了一个金镯子。他根本不懂首饰的质量和行情，只听这些夫人说曼谷的金首饰成色最好，又便宜，她们都不会放弃这个好机会，于是他跟去买了这只手镯，式样是老式的，而别人都买新潮型的项链。夫人们问他为什么买这老式手镯，他感谢她们旅途互相照顾，又带他这个大外行来买金首饰，便吐露了自己的故事和心愿：1946年他考取公费留学要到法国去，没有手表，很不方便，但没有余钱买表，他新婚的妻子有一只金手镯，是她母亲送她的，他想将手镯卖了买手表，她犹豫了，说那是假的，不值钱。她在母亲的纪念与夫妻的情意间彷徨了。可几天后，她说那是真金的，让他去卖了买手表。风风雨雨四十年过去了，她老了，他今天终于买到了接近原样的金手镯，奉还她。

她如今不爱金镯子，年轻时也并不爱金镯子。他出国留学时，她初怀孕，其后分娩、喂奶，便无法再在南京教小学，于是住到了他的老家，江南一个小农村里，自然更不需要金镯子了。三年的农村生活很清苦，但他的父母很疼爱这位湖南媳妇，无微不至照顾她，胜过亲生的女儿，家务都不让她做，她专心抚育新生的孩子，孩子的没有见过面的爸爸远在巴黎，小孙孙更是爷爷奶奶的掌上明珠。乡村

1956年春，吴冠中夫妇在北京西郊圆明园

生活平淡而单调，她给他的信总是日记式的平铺直叙。有一次她跟婆婆坐着小木船到十里外小镇上去给孩子买花布做衣裳，她描写途中的风光和见闻，便是书信中最有文采的情节了。从农村寄一封信到巴黎，邮资是不小的负担，她不敢勤寄，总等积了半月以上的日记才寄一次。信到巴黎，他哆嗦着拆开，像读圣经似的逐字逐句推敲，揣摩。有一回他一个半月没收到她的信，非常焦虑，何以他父亲也不代复一信呢！原来她难产，几乎送命，最后被送到县里医院全身麻醉动了大手术，母子侥幸脱险，她婆婆为此到庙里烧了香，磕了头。

他的公费不宽裕，省吃俭用，很想汇点钱给她，但外币的黑市与官价差距太大，无法汇。有一次他用一张十美元的票子夹进名画明信片，再装入信封挂号寄回国，冒险试试，幸而收到了，她的喜悦自然远远超过了那点美元的价值。有一年秋天丰收，村里几家合雇一条大木船到无锡去粜稻，公公和婆婆要让她搭船到无锡去玩，散散心，城里姑娘在这偏僻农村一住几年，他们感到太委屈她了，很内疚。但她看到家里经济太困难，玩总要花点钱，不肯去，说等他回来再说吧。她的哥哥在南京工作，有一回特地赶到乡下来看她，她教孩子叫舅舅。那真是一次贵客临门的大喜事，引得邻居们都来看热闹：来了一个湖南舅舅。农村里婚嫁都局限在本村本乡，谁也没见过湖南亲家。

他和她萍水相逢于重庆，日本人打进了国土，江南农村的他和湖南山村的她都被赶到了重庆。他于艺术院校毕业后在沙坪坝一所大学任助教，她于女子师范学校毕业后也到了那所大学的附小任教，由于他的同学当过她的美术老师，他们相识了，同在沙坪坝住了四年，四年的友谊与恋爱，结成了终身伴侣。他眼里的她年轻、美貌、纯洁、善良。他事业心很强，刻苦努力，一味向往艺术的成就，但她并不太理解或重视他的这些品质，只感于他的热情与真诚。她的父亲曾提醒过她，学艺术的将来都很穷。她倒并不太在乎穷不穷，她父亲是一个普通公务员，家里也很拮据，她习惯于俭朴，无奢望，她只嫌他脾气太急躁，有时近乎暴躁，在爱情中甚至有点暴君味道。她几次要离开他，但终于又被他火一样的心摄住了，她不忍心伤他，她处事待人总不过分，肯随和。但后来她亦常有怨言：除了我，谁也不会同你共同生活。1946 年暑天，他考全国范围的公费留学，虽只有两个绘画名额，他下决心要考中，她不信，后来真考中了，她虽高兴，也并非狂喜。此后，她成了妻子，生育、抚育孩子，放弃了自己的工作，忍受别离，寂寞地，默默地，无怨地。

他唯一的一件毛衣，红色的，是她临别时为他赶织的，他很珍惜这件毛衣。有一年春天，他同一位法国同学利用假期带着宿营的帐篷，驾仅容两人的轻便小舟顺塞纳河而下，一路写生。但第一天便遇风暴，覆舟于江心，他不会游泳，几乎淹死，他身上正穿着那件红毛衣，戴着那只金镯子换来的手表，怀里有她的相片。幸而他最后还是获救了，直到他回国后她才知毛衣、手表和照片曾陪他一同淹入过美丽的塞纳河。有一回他托使人带给她很漂亮的毛线，想让她自己织件红毛衣，那是 1949 年巴黎最流行的一种玫瑰红，她用来织了两件小孩子的毛衣，第一件先给他老家的侄儿，第二件才给自己的孩子。她长得美，自己不稀罕打扮吧！

野心勃勃的他一心想在巴黎飞黄腾达，然后接她到法国永远定居。有人劝他不要进学校以免落个学生身份，这对成名成家不利，但他还是认为应进学校认真学习，摸透人家的家底，同时他是公费生，按规定也必须进正式学院。无疑，他学习是拼命的，对爱情和艺术他永远是那么任性，自信。三年下来，他感到已了解西方艺术，尤其是现代艺术的精髓，但更明悟到艺术的实质问题，艺术只能在纯真无私的心灵中诞生，只能在自己的土壤里发芽，他最爱凡·高，感其虔诚。他吃了三年西方的奶，自己挤不出奶来，他只是一头山羊吧，必须回到自己的山里去吃草，才能有奶。祖国解放的洪流激起了海外游子的心花，他想立足于巴黎的“意志”开始动摇。他在给她的信中谈这个最最要紧的问题时，她拿不定主意，不知如何答复，她确乎不很理解艺术，更不理解艺术家创作的道路，但她愿他的事业能如愿，大主意只能由他拿，而她自己并不想一辈子住到外国去。她经常做梦了，梦里永远为他不再来信而焦急，一直到今天，头发斑白了的她，还偶然在梦中因等不到他在国外的来信而忧虑。他比她自私，他太重视自己的艺术生命，在回国与否的决定性问题中她不过是天平上的小小砝码，但在关键时刻，小小的砝码却左右了大局。

1950 年秋，他终于回到了北京，他接她和三岁的孩子到北京定居，开始过团聚的小家庭生活。他在美术学院任教，他的美术观点总遭到压制、批判，他被迫搞年画、宣传画，心情很不舒畅。她又开始小学教师的工作，整天在学校里忙，晚上还带回许多要批改的作业。她疲于应付工作和生活，爱情吗，似乎将忘怀了。当又怀了第二个孩子时，她将分娩，在家休息，阵痛难受，而他正专注于一幅关于劳模题材的创作，对她体贴很不够，她感到伤心，作画的事有那么要紧吗？而他既没有画好这幅画，又未能索性停笔坐在床前守着痛楚中的她，他为此永远感到内疚，深深谴责自己的自私，这样的灵魂深处能诞生艺术之苗吗？

他后来终于被排挤出美术学院，调至大学建筑系任教，教绘画技巧，倒也避开了“左”的文艺思潮的压力。她也一同调到了大学的附小任教。他们居住的条件改善了，他的母亲从农村来到北京，照管小孙孙们。他的野心，或者说他对艺术的抱负并不因被批判而收敛，他不服气，更加发奋作画，奋力画无从发表或展出的自己想画的画。他经常因作画耽误吃饭的时间，又将有限的工资花在作画的材料上，寒暑假还自费去井冈山等远地写生。她开始不满，甚至有些气愤，认为没有必要这样自讨苦吃，凭已有的能力教课不是绰绰有余了吗？她回忆在沙坪坝时他专心攻读法文，那是为了想到法国去，既然已留学回来，何苦还这样苦干，总是生活得那样紧张，她从心底不高兴，她不止一次地发誓：不管你有多大本领，下辈子再也不嫁你了。他听了何尝不感到深深的委屈和苦恼。他与她的恋爱起步于年轻和热情，如今却逐渐暴露出彼此的巨大差异，他们不是同路人，他们间的距离在一天天扩大。他们已有了三个孩子，她担负着整个家庭的安排，照样照料他的生活，他很少管家务，一味钻研自己的艺术，能说不是自私吗？他也感到痛苦的内心谴责，但不能自拔。

一次工作的调动逐步消除了他与她之间在不断扩大的隔阂。自从提出了“双百”方针，文艺界松了一口气，他被调到新成立的艺术学院，回归美术教学的本职。接着，她也被调到这学院搞美术资料工作。她教孩子们时一向认真负责，并感到是生活中的安慰，如今面对这外行工作，接触的又都是大学生了，很心虚。她本来只关心他的饮食起居，不过问他的艺术，她嫁他，并非由于重视他的艺术，当他留学归来在高等学府任教，她感到就可以了，她看到他带回的大批高级画册，许多都是裸体画，她不欣赏，尤其还有近代的马蒂斯、马迪里尼等等，很反感。至于他自己的作品，她也无从辨其优劣，她根本不评论，那与她有什么相干呢？而现在，她整天要同美术画册、画片、史论著作打交道，不得不开始向身边的他请教了。古今中外，她淹没在美术的海洋中，他教她游泳，他收了一个新学生，他们像是被介绍而初相识的朋友。不过她并不肯完全听他的话，她认为他太主观。他每次陪她一同看画展，在每一件作品前讲解给她听，教她，她有时肯听，有时不接受，他往往为她不接受自己的意见而生气，他教的学生远比她听话，他对她盛气凌人：“教了你还不服受教。”但同事和学生们都对她的印象很好，说她耐心、认真、谦虚，对业务也开始熟悉了。一年、两年、二年、五年……她一眼就能认出范宽、沈周、弘仁、波提切利、尤特利罗、蒙德里安，而且从马约和雷诺阿的胖裸体中能区别出壮实与宽松的不同美感来。

从50年代中期开始，他每年几次背着油画箱到深山、老林、穷乡、僻壤、边疆写生，探索油画民族化的新路。三十余年苦行僧的生涯，一箱一箱的油画堆满了小小的住室，她容忍了，同情了，并开始品评作品的得失。有一回他从海南岛写生后，因将油画占着自己的座位，人一直从广州站到北京，腿肿了，她很难过，其实他写生中的苦难远远不止于此，他不敢全对她讲，怕她下次不放心他远走。

他后来写过一些风景写生回忆录，有一则记叙了她第一次见他在野外写生并协助他作画的事。那是1972年年底，各艺术院校师生正在各部队农场劳动。他们尽了最大的努力，总算获准短短的假期，到贵阳去探望她老母的病。路经桂林下车几天，到阳朔只能停留一天一夜。多年来他似乎生活在禁闭中，早被剥夺了拥抱祖国山河的权利，即使只有一天，他渴望在阳朔能作一幅画。要作画，必须先江左江右、坡上坡下四处观察构思，第二天才好动手。但住定旅店，已近黄昏，因此他只好不吃晚饭，放下背包便加快步子走马选景。其时社会秩序混乱，小偷流氓猖獗，她不放心在这人地生疏暮色苍茫的情况下让他一人出去乱跑，但她知道是无法阻止他这种强烈欲望的，而他又不肯让她陪同去疾步选景，以免影响他的工作，她只好在不安中等待，也吃不下晚饭。当夜已笼罩了阳朔，只在稀疏的路灯下还能辨认道路，别处都已落在乌黑之中。他一脚高一脚低，沿漓江捉摸着方向和岔道回旅店去，心里很有些着急了。快到旅店大门口，一个黑黑的人影早在等着，那是她，她一见他，急得哭起来了。他彻夜难眠，构思第二天一早便要动手的画面。翌晨，却下起细雨来。他让她去观光，自己冒雨在江畔作画，祈求上帝开恩，雨也许会停吧！然而雨并不停，而且越下越大了。她也无意观光，用小小的雨伞遮住了他的画面，两人都听凭雨淋。他淋雨作画曾是常事，但不愿她来吃这苦头。她确乎不乐于淋雨，但数十年的相伴，她深深了解劝阻是徒然的，也感到不应该劝阻，只好助他作画。画到一个阶段，他需搬动画架变动写生地点，迁到了山上。雨倒停下来了，但刮起大风来，画架支不住，他几乎要哭了。她用双手扶住画面，用身体替代了画架。冬日的阳朔虽不如北方凛冽，但大风降温，四只手都冻得僵硬了。他和她已是鬓色斑斑的老伴，当时他们的三个孩子：老大在内蒙古边境游牧，老二在山西农村插队，老三在不断流动的建筑工地，他俩也不在同一农场，不易见面，家里的房子空锁着已三四年，这回同去探望她弥留中的老母，心情是并不愉快的。但她体谅到他那种久不能作画的内心痛苦，在陪他淋雨、挨冻中没肯吐露心底的语言：“还画什么画！”

这之前，还在“文革”前一年，因院系调整，他调到另一所美术学院，她调到美术研究机构。后来“文革”中便随着各自的单位到不同地区的农村由部队领导着劳动，改造思想。因几次更换地区，有一段时期，他和她单位的劳动地点相距只十余华里，有幸时能获得星期日被允许相互探望。探望后的当天下午，他送她或她送他返驻地，总送到半途，分手处是几家农户，有一架葡萄半遮掩着土墙和拱门，这是他们的“十里长亭”。当下放生活结束他们将返京时，他特意去画了这小小的农院，画面并飞进了两只燕子，是小资产阶级的情调了，不宜泄露天机。

回顾“文革”初期，他得了严重的肝炎，总治不好，同时痔疮又恶化，因之经常通宵失眠。她看他失眠得如此痛苦，临睡时用手摸他的头，说她这一摸就一定能睡着了，她很少幻想，从不撒谎，竟撒起这样可笑的谎来，而他不再嘲笑她幼稚，只感到无边的悲凉和无限的安慰。恶劣的病情拖了几年，体质已非常坏，她和他都感到他是活不太久了，但彼此都不敢明说，怕伤了对方。后来，他索性重又任性作画，自制一条月经带式的背带托住严重的脱肛，坚持工作，他决心以作画自杀。他听说他留在巴黎的老同学已成了名画家，回国观光时作为上宾被周总理接见过，他能服气吗？世间确有不少奇迹，他的健康居然在忘我作画中一天天恢复，医生治不好的肝炎被疯狂的艺术劳动赶跑了。肝炎好转后，又由一位高明的卢大夫动大手术治愈了严重的痔疮脱肛。他终生感激卢大夫还给了他艺术生命。面对着病与贫她熬过了多少岁月，她一向反对他走极端。她劝他休息、养病，但她说不服他。而今他的极端的行动真的奏了效，她虽感到意外欣喜，但仍不愿他继续走极端，她要人，不要艺术，而他要艺术，不顾人。

为了躲避“破四旧”，他的大量作品曾分藏到亲友家，他深信他火葬后这些画会成为出土文物，让后人在中西结合中参考他探索的脚印。三中全会的春风使他获得了真正的解放。他受过的压抑、他的不服气、近乎野心的抱负都汇成了他忘我创作的巨大动力。他在三十余年漫长岁月中摸索着没有同路人的艺术之路，寂寞之路，是独木桥？是阳关道？是特殊的历史时代与他自己的特殊条件赋予了他这探索的使命感。他早先也曾在朦胧中憧憬过这方向，并也犹豫过。终于真的起步了，不可否认，她确是其中一个决定性的偶然因素。在苦难的岁月中，他说他的命运是被她决定的；当他感到他幸而走上了真正的艺术之路时，他说他的成就归属于她的赐予。是怨是颂，她都并不为之生气或得意，她平静，客观。他的小小画室里每年、每月、每周诞生出新作品来，如果一个月中不产生更新颖的作品，他便苦恼。她劝他：哪能每月创新，那样的创新也就不珍贵了。这劝慰对他毫不起作用，她为之生气，她尤其生气吃饭时刻他不肯放下工作，孩子们都独立生活了，只剩老两口一起吃饭，还一前一后，她做好了饭往往一个人自己吃。他事后道歉，但下次又犯，恶习难改。

她退休了。一辈子守着工作和家庭，除了下放农村那年月，她几十年来没离开北京去外地旅游。如今，她每次跟他一同到外地去写生，崂山、镜泊湖、小三峡、黄河壶口、天台山村、高原窑洞……不过他已有名气，每到一地总有人接待，邀请，条件很好，她吃不到苦了，她本想多了解和体会些他一辈子风雨中写生的艰辛，但太晚了，等待他的已是舒适和欢笑。她紧跟着他在山间写生，帮他背画夹，找石头当坐凳，默默看他作画，用傻瓜相机照他作画中的状貌，也帮他选景。她选的景有时真被他采纳了，而且画成了上等作品，她感到从未享受过的愉快。她眼中平常的景物，经他采撷组织，构成了全新的画面，表达了独特的意境，她很受启发，她虽看过无数名作，但从未观察过作品诞生的全过程。她陪他一同出来写生，一方面因已晚年了，想到处走走散散心，也为了一路照顾他的生活，近乎做伴旅游。但意外，她窥见了人生的另一面，那是他生活的整个宇宙，她以前确乎不很理解这宇宙里的苦乐，她与他共同生活了几十年，却并未真正生活在同一个宇宙里。她以帮他发现新题材为最大的快乐，他也确乎开始依靠她了，自己的着眼点总易局限在自己固有的审美范畴内，她的无框框的或天真的爱好给予他极大的启迪。每次外出写生回家后，他都依据素材创作一批作品，她逐步了解他工作的分量及每件作品的成败得失，她毫不含糊地提意见，她，旁观者清。她比他更能代表一个普通中国人的欣赏水平和审美情趣。他总考虑到他的作品前应有两个观众，一个是西方的大师吧，另一个是普通中国人，那么她就是这个中国人，或者说她是他最理想最方便的通向群众的桥梁。她不仅是他作品的第一个读者，并逐渐成为他作品的权威评论者，哪件作品能放出画室，哪件该毁掉，他衷心尊重她的意见。因为有无数次刚作完画时，他不同意她对新作的评价，但过了几天，还是信服她的看法，承认自己当时太主观。在那幽静的山林或乡村，他一写生就是大半天，

1974年夏，吴冠中全家于北京前海北沿旧宅

她看得不耐烦时，自己到附近走走。有一回住在巫峡附近的小山村青石洞，到沿江一条羊肠小道上写生，俯视峭壁千仞，十分惊险，她缓步走远了，他发现她许久未回，高呼不应，认真着急起来，丢开画具一路呼唤，杳无回音，急哭了。在今天的天平上，她已远远重于艺术，他立即回忆到未体贴她分娩阵痛的内疚，他只要她，宁肯放弃艺术了。终于在两华里外找到了她，她正同一位村里的老婆婆在谈家常，重温她的四川话。她自己也备个速写本，有时坐在他身旁也描画起来，反正谁也看不见，不怕人笑话。他却从她幼稚的笔底发现真趣，他有些作品脱胎于她的初稿。她一辈子中不知借给了他多少时间，节约了他对生活的支付，如今她又开始提供艺术的心灵了，他欠她太多，永远无法偿还。

他在家作大幅画时，紧张中不断脱衣服，最后几乎是赤裸的，还出汗。她随时为他洗刷墨盆色碟，频频换水，并抽空用傻瓜相机照下他那工作中的丑态，她不认为是丑态。这种情况下他不吃饭，她是理解的，同情的，但当并不作这么大的画时他仍不能按时吃饭，她才为之生气。她总劝他，要服老，将近七十岁了，工作不能过分。他不止一次向她吐露心曲：留在巴黎的同学借法国的土壤开花，我不信种在自己的土地里长不成树，我的艺术是真情的结晶，真情将跨越地区和时代，永远扣人心弦，我深信自己的作品将会在世界各地唤起共鸣，有生之年我要唱出心底的最强音，我不服气！他一再唠叨这些老话，像祥林嫂不断重复阿毛被狼吃掉的经过，她实在听腻了：不爱听，不爱听！她认为他实在太过分，全不听她的劝告，真生气了。而他被她泼了满头冷水，也真伤心了，各自含着苦水彼此沉默了许多天，往往要等到小孙孙们来家时才解开爷爷奶奶间难以告人的疙瘩。

她退休后在家更忙，为他登记往来的画稿、稿费，到邮局退寄不该接受的汇款和包裹，代复无理的来信……她深入了他的社交关系，了解哪些是真诚的朋友，哪些是假意的客人，什么样的电话才叫他亲自接，她轻易不惊动作画中的他。他的画室不让小孙孙们进去捣乱，她什么都迁就小孙孙，但禁止小孙孙进画室去，孩子哭闹着要进去时，她抱着他们进去一转就出来，在孩子们的眼中，爷爷的画室最神秘。

她并不喜欢来访的外国人，外国客人走后接着来朋友或昔日的学生时，她感

1989年6月，吴冠中夫妇在美国西海岸

到分外愉快自如。1987 年她随他到香港参加他回顾展的开幕式，她第一次离开大陆，飞在高空时心情很不平静，倒并非急于想看看未曾见过的花花世界，只为他的作品将在海外受到考验而心潮起伏；而他却是那样自信，自己知道自己的分量，市秤或公斤并不能改变物体本身的重量。国外的邀请展多起来，她随他飞新加坡，飞日本，也将飞美国与欧洲去吧，她比较感兴趣的是巴黎，想看看他年轻时留学的环境，想看看他几乎淹死在其间的塞纳河。不过她并不喜欢这样在国家间飞来飞去忙于展出，劝他偃旗息鼓，要他休息，每年一同到国内幽静的乡间寻找新素材，画出新颖的作品来就是最幸福的晚年了。他虽也深深同情这样的心态，向往在田间生活，在宁静中相互搀扶着走向夕阳，但不时又感到尚未吐出胸中块垒。

他和她总不能同一天离开人间，他们终有一天要分手，永远分手。

1988 年 10 月

（转载于文汇出版社 2006 年版《横站生涯五十年》）

1991年的早春，她突然病倒，病情严重：脑血栓。他们住宅附近的龙潭湖公园里杨柳转青，桃花吐蕾，正编织着点线朦胧的彩色诗境，而经常来此漫步的他和她消失了，他们一同堕入了恐怖的深渊，已看不见身外的世界。

以前她很少生病，但1989年春，从巴黎回来后身体感到不适，终于确诊患了冠心病。在巴黎一个月，她太累了，不懂法语，一步也离不开他，而他除陪她参观以外，主要是作画，因此拖着她市内郊区到处跑，吃饭的时间不规律。在他作画时，她有时在附近椅子上休息片刻，但3月的巴黎多雨，她又往往忙于打着伞保护他作画。虽然辛苦，她还是满意的，她喜欢巴黎，她终于看到了他当年学习的旧地，她参观了他当年学习的教室及庭院，那所巴黎美术学院今天看来并不壮观，却是她在他故乡农村时日日惦念中的神秘殿堂。近几年来她已去过东京、纽约、华盛顿、波士顿、洛杉矶、旧金山、新加坡……看够了花花世界，但她最喜欢巴黎，喜欢巴黎的艺术气氛，巴黎又有他们知心的朋友朱德群和熊秉明，情谊亲切。大家一同去访莫奈故居，扫凡·高之墓，实在难得，真是愉快，她总怀疑是在做梦吧。在这里，他们不用翻译，两人自由行动，当年在此写给她的大量书信中所谈的一切，他今天都想竭力给她印证，而那大批两地情书却在“文化大革命”中烧毁了。

被确诊为冠心病后，她听医嘱服药，散步，注意休息，两年来一直未发病，健康情况很稳定，这次偶然出现头晕，先以为是心脏病影响，到协和医院急诊，查心电图仍无异常，便不介意。但一周后头晕加剧，呕吐、耳鸣，脸部及手脚有麻痹感，嘴亦开始歪斜……连夜赶到三〇一医院急诊留观，经多方检查，确诊是脑椎底动脉系统血栓形成，而且血栓在要害部位，医生说潜伏着生命危险，情况非同小可。他和他们的儿子、儿媳们奔走求名医，找病房。亲友、学生们都想来帮忙，但谁也帮不上忙，她也不愿别人来看她，她头晕不止，说话费力，发音含糊。小孙孙采了花要送去病房，不让去，在家哭闹："我要看奶奶，是我的奶奶，我要去！"这时候，他们的长子在新加坡，正有一家大出版公司要聘他任编辑，他一面等工作准许证明，一面又犹豫是否留下工作或返京。电话打到家里总听不到妈妈接，感到有些反常，爸爸骗他说妈妈到弟弟家住了，并咬着牙回答：家里一切都好。除非二十四孝的美德能救母病，否则徒增海外游子在关键时刻的彷徨。他到病房告诉她这情况，她主张都让他们走，各家只能走各家的路，我们留住他们也无济于事。但她掩不住内心的凄怆："你把最好的名医都请来了，我的病看来已难治，你自己也做好安排吧！"其时病情仍在发展中。各自忍着泪，怕伤了对方，话不再说下去。

忙碌的他，一向被时间追赶，追赶时间，如今却被时间抛弃了，像被囚在一个死角，什么也干不下去，并不再有时间观念。块垒在胸中沉淀，无处倾吐，夜来，回到卧房，哭吧，反正她听不到，抱着她的枕头痛哭，是死别了！泉涌的泪似乎冲走了一些郁闷，哭罢倒似乎舒畅些，便吞安眠药睡去。夜半突然醒来，依然失落在恐怖的深渊中。她走得太早，才六十六岁，她狠心摧毁了他最后的十年艺术生涯。他自恃坚强，其实脆弱，他继承了中国文人的气质和情思：人间信有鸳鸯鸟。

她平生最怕蛇，电视里《动物世界》出现蛇的时候，便闭上眼睛，甚至走开。怕蛇，也怕鳝鱼，但他最爱吃鳝鱼，他们在重庆沙坪坝初恋时，他第一次请她吃饭，点了一个自认为最好吃的菜：鳝鱼。她不吃，又不好意思说原因。凡蛇皮做的鞋、手提包及一切工艺品，她都不敢触摸。而如今偏偏要用毒蛇来治她的病。用由蝮蛇毒液提炼的抗栓酶，输入血液，是目前治脑血栓较新的疗法。她听到要用蛇毒，先是吃惊，但是很快就接受了，天天让蛇毒注入自己的血液，见不得蛇的她，如今盼望蛇毒救她的性命了。蛇毒的治疗使病情缓解，逐步好转，虽然见效很慢，毕竟前景显现光亮了。他随之珍惜毒蛇，体谅它吐毒原只是为了保卫自身。爱护毒蛇吧，应捕杀的倒是恶毒的人，比蛇更毒的人正多着呢！

在病院里缓慢地度过了三个月。躺卧了三个月，她开始听到鸟鸣，啊，耳聋好转了！窗外柳絮乱飞，不是雪花，视力也有了进步，歪的嘴也回复接近原位。陪住的小阿姨扶她到院里小坐，她仰首看看蓝天，看到浮云，大自然仍那么悠闲，并未注意到她的病倒。虽然依然有些头晕，她愿被扶着自己试走，走，像学步的孩子，争着想自己独自走，走进人生去，她要走回人间。

又是初夏了。每年夏季的傍晚，他和她总要到附近农贸市场散步一圈，欣赏各式各样的菜蔬果品，观察卖菜农民们的行动和心态，这往往引起他们对在他故乡农村居住时的种种回忆。从医院回来，他偶然一个人也去散步一圈，回忆他们一同散步的情景，自然那是另一种孤独心情了。突然，一只小手从背后伸过来抱他，他的小孙孙追上来："爷爷，奶奶叫我陪你散步，前天我跟妈去医院时奶奶悄悄说的。"

她的病情刚开始缓解，另一种急剧的情绪向他袭来，那是永远在啮咬他、吞噬他的恶魔，或许有人认为那是艺术之神，是天使，但他却为之付出全部身家性命而不得解脱。他曾转念这回跟她走了，也就逃脱了魔掌，安息了吧，他总记得凡·高的最后一句遗言：苦难永不会终结。他突然翻开尘封的画具，展开素纸，思绪纵横，落笔泼墨失去指挥，挥毫似撒网，春如线，理还乱，网不尽人间欢笑哀怨，他抒写的也许就是情网。他愤怒了，巨笔落浓墨，团团黑，绘成不祥之花黑牡丹，自题：妻病，心情恶，丹青久闲搁，落墨成黑花，有人遭身戮。

多年来她经常记日记，她不推敲文辞，只记下生活中的真情实事，记的都是关于他或小孙孙们的事，不谈她自己。别人发表了他的年谱，错误多，要校正，他们的儿媳担任校正工作，主要的依据便是她抽屉里那一堆大大小小的日记本。病倒后，日记中断了，他想为她续写，写她，但心忧如焚，写不下去。病情缓解，痛定思痛，夜阑人静，是回忆病房朝暮的时候了。

急诊观察处在地下室，条件不好，护理人员少，她的儿媳喂她饮食时，她坐不住，他用胸顶着她的背，维持她上身的平衡。曾有人发表过文章，说他在野外写生时，因限于环境条件，她曾用自己的背为他当画板，这说得太夸张了，她只

2003年10月，吴冠中夫妇在家中

是在大风中帮他扶住画架，助他完成作品。今天他用自己的胸顶住她病中的背，苦于仍不能解除她丝毫痛苦。她只吃几口饭或喝几口水，就累得满头大汗，甚至呕吐，他看着她那痛苦的模样，伸手抚摸她的额头，想缓解她的苦难，他记得，当年他患严重的失眠时，她用手抚他的额头，并发誓保证：我这一摸，你定能入睡。但今天她却意识不到他抚摸她的心情与隐痛，只立即肯定地、科学性地做出反应说：不发烧。他明知她不发烧，她大概以为不发烧便足以安慰他了。

香港寄来一份英文版《亚洲周刊》，其中发表了他和她的几幅彩色大照片，是他们去年应香港土地发展公司之邀，在香港街头作画被记者采访时拍摄的，她显得健康而愉快。小孙孙抢着要将画报送去病房给奶奶看，他挡住了，奶奶的嘴正歪得厉害，五官不正，病情恶化中，看了她会更难过。后来，脸部肌肉瘫痪好转，嘴也正过来，便给她看画报，她显得很平静，她从来不爱出头露面，更不愿以他的荣誉来增自己的光彩。1990 年新加坡电视台拍摄他的专题片《风筝不断线》，她被劝说多次才肯出场，她顽固地继承了中国妇女的传统素质。

他们虽都已退休，但昔日的学生来问候及探望的仍不少，她同他一样了解每个学生的业务水平、人格品德、艰苦条件及不同的遭遇。他构思要搞一次师生画展，因感到自己这一页将被历史翻过去，该学学钟馗嫁妹，了却心头夙愿。她虽深感搞展览太麻烦，但却很同意组织并资助这样的展览。后来又有海外友人热心资助，促成了展出，并出版了《师生作品选》。5月间，展览在中国历史博物馆的正厅开幕时，情况热闹，展览性质和展品质量也颇引人注目，但遗憾她无法出席。各届毕业学生，包括从外地赶来的，都在展厅找她，才知她已病倒，他们要集体去医院看她，几番联系，她都婉谢了。前些时，他的一位研究生曾偷偷打听了地址到病房看她，一见她的模样便止不住流泪，怕影响她的情绪，便借口她该休息，急匆匆离去，而她已深深感受了彼此一晤间的悲凉。

从劲松的家到五棵松的医院，相距甚远，轿车要跑一小时，乘公共汽车或地铁要近两小时，她的儿子儿媳们几乎整天轮流奔走在拥挤的交通道上。他们不让他走公共交通路线，怕他心绪不宁，路上走神发生意外。他只能每次雇出租车往返医院，每月工资不足付车钱。他绝不吝啬车钱，但感到让车在医院等太不自在。有一天下午，他突然想去医院，但事先并未定好车，便自己偷偷乘公共汽车赶去看望她，抵达医院已值下班时刻。她惊讶他的突然来临，怨言甚于喜悦，她叫陪住的小阿姨电话通知他们的儿子，儿子临时约他学院的轿车来接他。司机正要吃晚饭，等饭后赶到医院已晚上九点。他回到家大约已过十点，小阿姨及儿子们相继来电话询问是否平安抵达。她的不安的心态及孩子们的周密安排，使他不再能随时任性去看她，他感到失去了自由，感情的自由。

她虽然头晕、眼花、听力差、说话困难，但神志却始终很清晰。几年来在东西方各国的见闻，参加了各种场合的活动，接触到各式各样的人，都增加了她淡泊处世的意愿，她劝他悬崖勒马，远离名利，经常到祖国幽静的山林与小村子里享受轻松的晚年，没有真正的新意就不必再作画，他逐渐被她说服，倾向于接受她的观点，以后一同多往偏僻的山野走，少出国或不再出国。这场恶病的剧变，却又粉碎了他们向往隐遁生活的晚年梦。失去了谁，就失去了所有的路，通向闹市和通向僻壤的路，通向荣誉或通向淡泊的路。当他长期在逆境中搏斗、挣扎，在不断遭批判中能坚决走自己的路，她的淡泊与善良始终是他精神上的保护伞。如今他老了，曾经沧海，即使无风雨，似乎依然永远离不开那保护伞了。他曾经常怨她拖后腿，因她总劝他少作画。今日病重而神志清晰的她，却劝他少来医院，叫他回家作画，她深知他只有作画才能忘我，但这回不，他不画了。当她病情好转，他真的又想作画了，他想将方庄新住所的画室先收拾起来，以便作巨幅。方庄的新住所将是他俩的新居，画室较宽敞，若不是因为她的病，则已搬新居了。但她听说他想一人去新居作大画，太不放心了，立即叫儿子儿媳们阻止，决不让他一人去作画。她心里确也没有了蓝图，她不知他们的明天，明天的他和她。

5 月中旬的一个下午，他在卧房独坐，似乎什么也不想，听凭时光流逝。电话铃响了，他懒于接电话，电话总是太多，如果她在家，所有的电话几乎都是她先接，过滤，尽量不打扰他的工作。话筒里直呼他的名，是女人的声音，他估计大概是哪个老同窗来问候她的病情吧，但，偏偏是她本人，她居然从病房被扶到电话机前自己同他直接通话了，他居然听不出她的声音，这突然和偶然使他丧失一切经验和理解，他哭了，哭她复活了。人们哭死亡，哭生离死别，恐很少哭过复活。第二天傍晚他出门散步，回家后儿媳告诉他这期间妈（她）来过电话。于是他几乎每天不敢出门，但她并没有再来电话，她为了显示病情的好转，挣扎着去打电话，其实是颇费力的。

因为长子已确定在新加坡工作，儿媳和小孙孙必然将离开爷爷奶奶，并已开始办理出国探亲手续，十岁的小孙孙似乎也已看到未来的情况。自奶奶发病住院后，每周总有一两次中午饭只有爷爷和孙孙两人吃，爷爷等孙孙放学回家后商量如何做饭，其实只需煮面条，菜在冰箱里，是儿媳早晨去医院探望前先准备好的。虽然这样简单，还是孙孙指导爷爷煮面及弄菜的步骤，爷爷平时全不懂厨房里的任何操作程序。孙孙叫爷爷趁早跟他妈妈学做饭，担心日后谁来做饭呢，这本是奶奶操心的问题，奶奶似乎管不着了，但她真能不再操心吗？而他自己倒真没操心到吃饭问题。他告诉小孙孙，说爷爷在抗日战争年代当穷学生时，曾经用脸盆煮一盆饭和青蚕豆，分三天吃，就是说煮一次吃三天。

树枝冒芽一经发现，那芽便日夜不停地生长、展叶，不多久就绿树成荫了。

病房设在一个部队的大院之中，这里也许原是郊区丛林墓地，今日保留着松林乔木，又掺种了各类灌木花果，蔷薇与月季吐开了一簇簇红、白花朵。随着病人情况的逐步好转，探病人觉察了花开花谢的生命递变，生，长，显然都是奔向消亡，那又何必急匆匆追赶呢？但生命的旅程既停不了脚步，也放缓不了脚步，都由不得自己。他扶着她到病房旁幽静而寂寞的林园里小坐，她看到松林里有一棵白皮松，感到很亲切，指给他看：这不是白皮松吗！她知道他一向爱画白皮松。芍药已经开过，只剩下叶丛，她记得她母亲当年在景山公园买了一束鲜艳的芍药，送家来给他画，他画了一幅油画及一幅水彩，那水彩送了朋友，前几天香港画商寄来这幅水彩的照片，要求鉴定真伪。同时寄来的还有一幅葫芦，小孙孙说爷爷从未画过葫芦，肯定是假的。奶奶说："我们住前海大杂院时种过葫芦，爷爷画过葫芦，那时你爸还是小学生，不过这幅葫芦画得不好，像是别人伪作。"病中的她，不愿现实的事来干扰，也不愿过问现实的事，但遥远的事却桩桩件件浮现到眼前来。到林园小坐逐渐成了每天的功课，医生也说今后要多靠自己锻炼。她试着独自走，围绕一个椭圆形花坛走，如头晕或感吃力，随时可扶住花坛的水泥围栏。她已绕过一个花甲的人生，又回到了幼儿时代的小圈子里打转转，脱落了枯叶的枝干等待再度冒新芽。

医院春秋，几家欢乐几家愁，逐渐恢复健康的病人早晚都挣扎着到园里学步，学步中的病友彼此虽并不熟识，但相互显得颇关心，大家知道她不久将出院了，恭贺她，羡慕她。她向来探望的他谈得最多的便是一个个病友的病情，各人走路的姿势和症状的要害。已潜伏在深水几个月，她观察和熟悉的只是身边各种鱼类的活动。

出院的日子一天天接近，她将浮出水面，回家去。他记得他们在南京结婚后一同回到他农村的老家时，他的家人放爆竹欢迎她这位湖南新娘。法国文化部将授予他文化勋位，授勋的日子正巧是她出院的日子，他愿以这荣誉作为她回家的志庆。但因法国大使临时回国，授勋活动改迟一个月，他因她而为此感到遗憾。在没有爆竹、没有荣誉的平淡中她被接回家了，守大门的老大爷、扫院子的老阿姨，亲热地过来叫她大姐，恭贺她的归来。由小阿姨搀扶着，她自己一步一步缓慢地

2001年10月，吴冠中在安徽宏村写生

登上三楼，他帮着搀扶，她不要，嫌他不会扶，她在住院时已和小阿姨合作着试登过多次楼梯了，她早已练习攀登，为了攀登到自己的家。

她确乎感到又回到人间了，抚摸着卧床、桌椅、衣柜，自己走，自己坐到沙发上，自己摸进厕所，又摸到他的画室。为了让她有较宽的步行余地，他收起了画室的大案子，这阶段只缩在一角画小幅油画。晚上，在新加坡的儿子来电话，急于想听到病后母亲的声音，至少已四个月没听到慈母之音。通话很短，遮掩了口齿发音不甚清晰的症状，也避免了情绪的激动，这是家人最担心的一个电话，此后，便切断了她卧室的电话，隔离红尘，让她安心静养，照常服药，病状并未完全消失。

吃饭的时候，她起来坐到桌前吃。病前，只是她和他两人吃，儿子儿媳一家在另一室吃，如今儿子远在新加坡，儿媳和小孙孙便和爷爷奶奶一同吃。小孙孙叫吴言，但她几次都叫他可雨，引得小孙孙大笑，因他爸爸才叫可雨，奶奶把他当爸爸了，奶奶说病了便糊里糊涂，弄错了。其实不怪她弄错，她自己觉得回到人间了，真真实实回到人间了，她从头开始生活，她回到了年轻时代，给孩子喂奶，小孙孙吴言和儿子可雨小时候又长得那么相似。

有一回她自己学着从暖瓶里倒出开水来，沏了茶自己举着茶杯送到正在作画的他的面前，叫他休息喝茶。他从无作画中停下来喝茶的习惯，以往她每叫他停下喝水，他都反感，不听她的劝。这回他接过她颤巍巍送来的茶，眼前浮现出孟光的故事。她的病像天气阴晴般变化，感情也随着变动。另一回，当他为急于赴宴而找不到袜子着急时，她责备他，并抱怨自己过去照顾他太多了，这些生活琐事本该自己处理。在她病后家里早已凌乱不堪，里里外外的事已忙得他头脑超载，心烦意乱接近精神错乱的边缘，再听她责怪，几乎想砸烂衣柜发泄闷气，屈于她的病，他捺下了难耐的暴躁，也许将由此孕育某种恶症吧。

北京遇上一个多雨的夏天，林阴道上总是湿漉漉的，清晨更是凉爽。保留了住院的作息习惯，她六点多钟便起床，由小阿姨扶着下楼，沿着穿绕楼群的林阴道练习走路，他跟着走。每过一片小树林，总有三五成群的老年人在默默锻炼身体，蝉尚未开始高唱，很寂寞，挂在枝头鸟笼里的百灵鸟的鸣叫成了晨曲中的主旋律。她谨慎地、认真地走，唯恐头晕或摔倒，顾不得欣赏叶上的水珠，也不听鸟的歌唱，倒往往停步注视老人们锻炼的姿势，猜测别人的病情。人，最注意同路人。在与疾病搏斗的险途中，她觉得自己是孤独者，失去了生活的情趣，失去了笑容，他不被认为是同路人，他感到被她冷漠的无名悲凉。如果她的病不再能完全康复，他不知他和她将坠入怎样相同或相异的苦难中去，他似乎逐渐明悟到生、老、病、死的人生之所以会酿造佛的宇宙，他能入禅吗？他一向嘲笑佛与禅的虚妄。

7 月 17 日，法国驻华大使克洛德·马尔当先生代表法国文化部给他授勋，授予法国文化最高勋位。马尔当先生在授勋仪式的致辞中介绍了他的简历，准确地点到了其历程之艰难，并热情洋溢地评价了他的艺术特色及对中、法两国人民的影响，致辞的真挚触动了他的心弦，他原以为大使先生只是执行一种官方的手续。他的答辞只说自己诞生于农村，是土生土长的中国人，接受了中国的传统文化教育，留学法国也使他爱上法国的文化、人民和土壤，那里确是他学习中的第二故乡。这时他脑海中又泛起了当年回国与否的旧矛盾、旧波涛，波涛中呈现出她的形象，她不是洛神，鬓色斑斑的她此刻正躺在病床上。他持回勋章和法国文化部部长杰克·郎先生签名的证书给她看，这本是他曾盼望作为迎她出院的喜讯，如今喜讯迟到了。但她对此颇为淡泊，不急于看，让小孙孙抢着金光闪闪的勋章先看，只从旁补了一句：“你也真不容易。”他想回答：“你也真不容易。”但他没说出口。这毕竟是一种荣誉吧，但是苦难织成的荣誉，而且是两个人的苦难。荣誉及有关荣誉的一切都来得太晚，对他俩已是昨日的花。他想起印象派的猛士莫奈，在被官方嘲笑和咒骂中探索了一辈子，当其艺术被世界鼓掌时，法兰西学院终于提供一把交椅，请八十高龄的大师进入这堂皇的殿堂，莫奈婉谢了。“文化大革命”前，北京人民美术出版社已印就石鲁画集，但被迫要抽掉《南征北战》一幅作品，不得不征求作者的意见，石鲁断然拒绝，并退回了稿费。他崇敬这些忠贞于艺术的探索者，感到自己确乎不该享有法国文化部的勋章，何况目下北京的《美术》杂志还发表讥讽他的文章，他并未到达真正的坦途，探索中本来永无坦途。

他和她也许正挣扎在夕阳中，夕阳之后又是晨曦，愿他们再度沐浴到晨曦的光辉。

1991 年 7 月

（转载于文汇出版社 2006 年版《横站生涯五十年》）

图书在版编目（CIP）数据

永无坦途：吴冠中自述 / 吴冠中著；吴可雨，柳刚永编．—长沙：湖南美术出版社，2015.8

ISBN 978-7-5356-7209-4

Ⅰ．①永…　Ⅱ．①吴…　②吴…　③柳…　Ⅲ．①吴冠中（1919—2010）—自传　Ⅳ．①K825.72

中国版本图书馆 CIP 数据核字 (2015) 第 114085 号

永无坦途　吴冠中自述

No Royal Road to Success　Autobiography of Wu Guanzhong

出 版 人：李小山
著　　者：吴冠中
编　　者：吴可雨　柳刚永
策　　划：熊　英
责任编辑：林广平　戴　宇　张抱朴
装帧设计：戴　宇
责任校对：徐　盾　王玉蓉
出版发行：湖南美术出版社
（长沙市东二环一段622号）
经　　销：新华书店
印　　刷：北京天宇万达印刷有限公司
（北京市海淀区苏家坨镇草厂村南）
开　　本：787×1092　1/16
印　　张：22.5
版　　次：2015年8月第1版
印　　次：2015年8月第1次印刷
书　　号：ISBN 978-7-5356-7209-4
定　　价：68.00元